rowohlt

Christoph Drösser

Hast du Töne?
Warum wir alle
musikalisch sind

Rowohlt

1. Auflage Juli 2009
Copyright © 2009 by Rowohlt Verlag GmbH,
Reinbek bei Hamburg
Alle Rechte vorbehalten
Lektorat Christof Blome
Satz Foundry Old Style PostScript (InDesign)
bei KCS GmbH, Buchholz bei Hamburg
Druck und Bindung CPI – Clausen & Bosse, Leck
Printed in Germany
ISBN 978 3 498 01328 8

In memoriam
Konrad Heidkamp
(1947–2009)

Inhalt

Vorwort   9

1. Thank You for the Music – Eine Einleitung   13

2. Children of the Evolution – Woher kommt die Musik?   22
Sonate für Saxophon, Klavier und Wal 23 ♪ Auditiver Käsekuchen 25 ♪ I want your Sex 29 ♪ Schlaf, Kindchen, schlaf 33 ♪ Wo man singt, da lass dich ruhig nieder 35 ♪ Mmm Mmm Mmm Mmm 39

3. Horch, was kommt von draußen rein – Vom Ohr ins Hirn   45
Ein Tempel für die Musik 46 ♪ Der feinste aller Sinne 49 ♪ «Musikalische» und «unmusikalische» Töne 56 ♪ Concerto grosso im Kopf 63

4. Stairway to Heaven – Von Takten und Tonleitern   71
Das Universum der Töne 72 ♪ Treppe mit Stolperfalle 75 ♪ Pythagoras' Albtraum, Bachs Freude 81 ♪ Andere Länder, andere Skalen 83 ♪ Das absolute Gehör 86 ♪ Melodien für Neuronen 92 ♪ Die Farbe der Töne 94 ♪ Slave to the Rhythm 100 ♪ Vom Rhythmus zum Takt 107 ♪ It don't mean a thing if it ain't got that swing 115

5. Man müsste Klavier spielen können –
Was heißt «musikalisch»?   119
Amusie 121 ♪ Selbstdiagnose: «tontaub» 127 ♪ Singen? Bloß nicht! 129 ♪ Kann jeder singen? 131 ♪ Die Musikalität des Hörers 139

6. Feel – Musik und Gefühl 145

Sentimental Journey 146 ♪ Auf der Suche nach dem universellen Chill 149 ♪ Gedudel überall 152 ♪ Wie erzeugt Musik Gefühle? 153 ♪ Zwischen Wohlklang und Missklang 159 ♪ Dur und Moll 166 ♪ «Neue Musik» 174

7. The Logical Song – Die Grammatik der Musik 179

Die Biologie der Erwartung 181 ♪ Ein Sinn für die Zukunft 185 ♪ Das grammatische Gehirn 193 ♪ Über die allmähliche Verfertigung der Gedanken beim Musizieren 198 ♪ Die Musikmaschine 204

8. Can't Get You Out of My Head – Woher unsere musikalischen Präferenzen kommen 219

Das musikalische Lexikon 220 ♪ Hallo, hallo, ich bin dein Ohrwurm! 231 ♪ Der Soundtrack des Lebens 234

9. Doctor, Doctor – Musik und Gesundheit 253

Zwischen Esoterik und Evidenz 254 ♪ Es begann mit einem Kribbeln 256 ♪ Der Ton im Kopf 261 ♪ Gestörtes Gefühl 263

10. I'd like to teach the world to sing – Was Musikunterricht mit uns macht 268

10 000 Stunden üben 269 ♪ Der «Mozart-Effekt» 280 ♪ Aufbautraining fürs Gehirn 284 ♪ Späte Liebe 292 ♪ Das unbeliebte Schulfach 299

Bibliographie 304
Register 308

Vorwort

Über Musik zu schreiben ist nicht einfach. Es ist so ähnlich, wie im Radio über eine Gemäldegalerie zu berichten. Ich habe stets die Musikkritiker bewundert, die mit ihrer Sprache ein Konzert oder eine Platte so beschreiben können, dass man fast glaubt, man hätte die Musik selbst gehört. Man kann allerdings auch herbe Enttäuschungen erleben, wenn man sich aufgrund einer solchen Rezension eine CD kauft.

In diesem Buch schreibe ich selten über konkrete Musik, sondern vor allem über das, was man in den letzten Jahren über Musik herausgefunden hat. Die meisten Erkenntnisse, die ich zitiere, sind nach dem Jahr 2000 veröffentlicht worden, und das zeigt, dass hier ein Forschungsgebiet geradezu explodiert, und die Resultate insbesondere der Hirnforscher erschüttern so manche alte Überzeugung. Vor allem die, dass die meisten Menschen unmusikalisch wären. Musikalität ist vielmehr eine Eigenschaft, die praktisch jeder von uns besitzt. Trotzdem hören wir zwar immer mehr Musik, aber wir musizieren immer weniger. Ich würde gern ein bisschen dazu beitragen, dass sich das ändert.

Auf dem Umschlag ist ein Posaunenmundstück abgebildet, und wir haben bewusst ein Instrument gewählt, das in vielen Musikstilen verwendet wird. In meiner Hamburger Lokalzeitung gibt es alle paar Wochen eine Seite, die sich «Musikseite» nennt. Da wird man von einem älteren Herrn begrüßt, und auf der Seite stehen nur Artikel über klassische Musik. Selbstverständlich berichtet die Zeitung auch sonst über Musik, täglich sogar, bunt gemischt, aber offenbar behält sich dieser Herr die Deutungshoheit über die «richtige» Musik vor. Die Unterscheidung zwischen U und E, die Trennung zwischen Unterhaltungsmusik und ernster Musik, sie existiert in Deutschland tatsächlich noch in vielen Köpfen.

Und natürlich in der Praxis: Die Musikhochschulen werden noch immer von den Klassikern dominiert – einfach weil die meisten klassischen Musiker über die Hochschulausbildung in ihren Beruf kommen, während das bei Rockern und Jazzern noch die Ausnahme ist. In diesem Buch dagegen stammen die meisten Beispiele aus der populären Musik. Das liegt einfach daran, dass ich mich damit besser auskenne. Ich bin aber beileibe kein Klassikfeind, meine Biographie hat irgendwann einfach eine andere Richtung genommen. Mit Musik ist in diesem Buch immer die gesamte Musik gemeint!

Bücher sind stumm – das ist ein Handicap, wenn sie von Musik handeln. Insbesondere bei den theoretischeren Ausführungen zu Tönen, Tonleitern und Akkorden war es mir wichtig, dass der Leser auch die Möglichkeit hat, sich die Beispiele anzuhören. Deshalb habe ich eine Internetseite eingerichtet, auf der Sie diese Beispiele hören können: www.hast-du-toene.net. Immer, wenn Sie im Text ein Lautsprechersymbol sehen (🔊), können Sie im Netz das entsprechende Tonbeispiel anklicken. Außerdem gibt es auf der Website weiterführende Links und Ergänzungen zum Buch, und ich möchte dort auch mit meinen Leserinnen und Lesern in Dialog treten.

Ich habe lange hin und her überlegt, ob ich in dem Buch Notenschrift verwenden soll, und mich schließlich dagegen entschieden. Ich glaube, dass ein großer Teil meiner Leser nicht besonders firm in dieser Notation ist und sich vielleicht unangenehm an die Schulzeit erinnert fühlt. Die Notenschrift ist ein historisch gewachsener Code, der nicht immer logisch ist und einiges an Vorkenntnissen erfordert. Stattdessen habe ich eine Form der Notation gewählt, die sich an moderne Musik-Computerprogramme anlehnt: Die Töne sind kleine Balken, deren Länge ihrer Dauer entspricht, und die Höhe kann man direkt ablesen, ohne sich um Vorzeichen zu kümmern. Zur Orientierung für musikalisch Versierte steht auch immer am linken Rand eine Klavier-Tastatur.

Schließlich möchte ich noch einigen Menschen danken: meiner Agentin Heike Wilhelmi für das Einfädeln des Buchvertrags. Christof Blome und Uwe Naumann vom Rowohlt Verlag für die Betreuung beim Schreiben und für die Nachsicht, als ich den Abgabetermin überzogen habe. Stefan Koelsch und Eckart Altenmüller für fachliche Diskussionen und Hinweise. Meiner A-cappella-Band No Strings Attached für den wöchentlichen musikalischen Kick. Meinem Sohn Lukas Engelhardt für einen großen Teil der Graphiken in diesem Buch. Und meiner Frau Andrea Cross für den Anstoß, über dieses Buch nicht nur zu reden, sondern es tatsächlich in Angriff zu nehmen.

Hamburg, im Juli 2009
Christoph Drösser

1. Thank You for the Music
Eine Einleitung

> Information ist nicht Wissen,
> Wissen ist nicht Weisheit,
> Weisheit ist nicht Wahrheit,
> Wahrheit ist nicht Schönheit,
> Schönheit ist nicht Liebe,
> Liebe ist nicht Musik,
> Musik ist das Beste.
> *Frank Zappa*

Lieben Sie Musik? Es gibt wenige Menschen, die auf diese Frage mit «Nein» antworten. Sind uns Leute, die mit Musik nichts anfangen können, nicht irgendwie suspekt? Müssen das nicht völlig gefühllose Sonderlinge sein? Musik mag irgendwie jeder, sie gehört zu unserem Alltag dazu. Für die einen ist sie Lebenszweck, für die anderen angenehme Begleiterscheinung. Oder eine Dauerberieselung – man schaue sich nur morgens in der U-Bahn um: Ich schätze, dass mittlerweile mindestens die Hälfte der Fahrgäste mit Stöpseln im Ohr den Soundtrack zum eigenen Leben hört. Eine Welt ohne Musik kann sich kaum jemand vorstellen. Es würde etwas Entscheidendes fehlen.

Sind Sie musikalisch? Wenn man diese Frage Studenten stellt (die meisten psychologischen Studien werden an Studenten durchgeführt), dann antworten etwa 60 Prozent mit «Nein». Stefan Koelsch, der Hirnforscher von der Universität Sussex, der in diesem Buch noch mehrmals vorkommen wird, erzählte mir von einer typischen Reaktion seiner Probanden, wenn sie erfahren, dass es in einem Experiment um musikalische Fähigkeiten geht: «Die entschuldigen sich, dass sie vorher den Termin nicht abgesagt haben, weil sie ja völlig unmusikalisch seien und bei ihnen im Gehirn bestimmt nichts zu sehen sei.»

Und selbst die Forscher, die wissen, dass da sehr wohl etwas zu sehen ist, sind befangen, sobald es um ihre eigene Musikalität geht. Ich habe für die Recherche dieses Buches einige musikwissenschaftliche Konferenzen besucht, und dort kommt es oft vor, dass ein Referent während eines gelehrten Vortrags erzählt, wie er und sein Team Versuchspersonen mit Hilfe einer simplen Melodie getestet haben – und dann einen hochroten Kopf bekommt, wenn er diese kurze Melodie vorträllern soll. «Entschuldigung, ich bin ein schlechter Sänger» ist auch unter Musikforschern eine häufige Floskel.

Warum ist das Singen – oder das Musizieren allgemein – so sehr mit Ängsten besetzt? Warum empfinden wir es als so peinlich, dass die meisten ihre Hemmungen nur unter der Dusche oder unter dem Einfluss von Alkohol aufgeben? Es hat mit einem großen Vorurteil zu tun, das in unserer Kultur herrscht: dass Musikalität eine «Gabe» ist, über die nur wenige Ausnahmetalente verfügen. Dass man sie besser den Profis überlässt. Dass man eine musikalische Ausbildung als Kind beginnen muss und der erwachsene Mensch kein Instrument mehr erlernen kann. Dass in puncto Musik der größte Teil der Menschen zum Zuhören verurteilt ist.

Alles das ist nicht wahr, behaupte ich. Und das ist nicht nur meine persönliche Meinung. In diesem Buch werde ich Belege dafür bringen, vor allem neue Erkenntnisse aus dem Gebiet der Hirnforschung, die zeigen: Musikalität ist eine menschliche Grundfähigkeit – wir alle besitzen sie. Wir werden mit einem universellen Faible für Musik geboren, das wir in unseren ersten Lebensjahren zu einem erstaunlich sensiblen Sinn für die Musik unserer jeweiligen Kultur ausbauen.

Auch der Laie, der selbst nicht musiziert, verfügt über verblüffende Fähigkeiten, deren er sich meistens nicht bewusst ist. In Radiosendern ist es ein beliebtes Quiz, den Hörern ultrakurze

Ausschnitte aus bekannten Hits vorzuspielen. In diesen wenige Zehntelsekunden langen Clips hört man keine Melodie, kein Wort Text, sondern nur einen Klang – und trotzdem können wir solche Schnipsel identifizieren. Wenn man aufschlüsselt, was das Gehirn dabei leistet, dann kann man nur noch ehrfürchtig staunen. Nicht ein guter Hörsinn oder die Fingerfertigkeit auf einem Instrument machen Musikalität aus – die Musik spielt im Kopf. Unser Gehirn ist das eigentliche Musikorgan, über das jeder verfügt.

Bevor ich die wissenschaftlichen Belege dafür bringe, soll vorerst ein Vergleich genügen: Zu Recht bewundern wir großartige Sportler (zumindest die ungedopten), verehren die Fußballnationalmannschaft an ihren guten Tagen, sind fasziniert von schnellen Läufern, grazilen Turnerinnen und wendigen Skifahrern. Selbst mit viel Training werden wir nie an deren Leistungen heranreichen. Aber ist das ein Grund, sich beim Sport aufs passive Zuschauen vor dem Fernseher zu beschränken?

Natürlich nicht – im Gegenteil. Der Wimbledon-Sieg des 17-jährigen Boris Becker hat 1985 in Deutschland einen Tennis-Boom ausgelöst. In Sportvereinen kann man sich auf vielen Leistungsstufen betätigen, und selbstverständlich würde kein Arzt seinem vielleicht etwas fülligen Patienten sagen, er sei leider für den Sport ungeeignet, weil er nie eine Olympia-Medaille gewinnen könne. Im Gegenteil, gerade für die «Unsportlichen» ist die körperliche Betätigung lebenswichtig, schon einmal pro Woche ein bisschen zu joggen ist besser als gar nichts. Und kaum jemand von uns muss eine Schwellenangst überwinden, wenn er ein Sportgeschäft betritt – es wird kein Leistungsnachweis verlangt, bevor man sich ein paar schicke Sneakers zulegen darf.

Vor allem bezweifelt beim Sport niemand, dass jeder es mit Training zu einer gewissen persönlichen Leistung bringen kann. Die Männer, die in ihren Vierzigern anfangen, Marathon zu laufen, sind ja fast schon ein Klischee, auch ich habe einige in meinem Bekanntenkreis (die ich sehr dafür bewundere). Aber wer fängt in diesem Alter noch an, Klavier zu spielen? Da ist schnell der Spruch bei der Hand, dass Hans nimmermehr lernt, was Hänschen nicht gelernt hat. Und außerdem sei ja Musik vor allem eine Sache der Begabung. Man hat's, oder man hat's nicht, und leider haben es nur sehr wenige.

Es ist wohl kein Zufall, dass gerade Hirnforscher, die sich mit der Musikalität des Menschen beschäftigen, vehemente Gegner dieses Begabungs- und Geniekults sind. Stefan Koelsch hat ein ganzes Buch zu dem Thema geschrieben: *Der soziale Umgang mit Fähigkeit,* Untertitel: «Die geschlossene Gesellschaft und ihre Freunde». Das Wort «Begabung» benutzt er nur mit Anführungszeichen, es ist für ihn ein soziales Konstrukt. In Diskussionen werde ihm als Beispiel für ein Genie, dessen Fähigkeiten nur durch überragende Erbanlagen erklärbar seien, meistens Mozart genannt. «Auf die Frage, ob die Musik von Mozart denn zur Lieblingsmusik meines Gegenübers gehöre, wurde mir bisher immer mit ‹Nein› geantwortet», schreibt Koelsch. «Warum halten diese Menschen Mozart für genial und nicht den Komponisten ihrer Lieblingsmusik? Ich halte Mozart nicht für genial und für keinen Deut mehr oder weniger musikalisch begabt als jeden anderen Menschen auch.» Mozart sei ein «exzellenter Handwerker» gewesen, der seit frühester Kindheit von seinem Vater gedrillt wurde (siehe auch Seite 277).

Mir geht es nicht darum, die Leistungen von Ausnahmemusikern in Abrede zu stellen. Auch ich bekomme Gänsehaut, wenn eine schwarze Gospelsängerin in der Kirche einen Choral anstimmt oder wenn ein virtuoser Geiger seine Gefühle durch sein Instrument sprechen lässt. Ich finde es volkswirtschaftlich vertretbar, dass wir den Besten der Besten millionenteure musikalische Kathedralen bauen wie die geplante Hamburger Elbphilharmonie, auf deren Bühne die wenigsten Musiker je stehen werden. Der Geniekult würdigt aber nicht nur die Leistung Einzelner – er stellt gleichzeitig in Abrede, dass der Rest von uns «das Zeug» zum Künstler habe. Und das beschränkt sich nicht auf die sogenannte E-Musik: Auch die Teilnehmer bei «Deutschland sucht den Superstar» müssen sich dem Urteil der Jury um Dieter Bohlen unterwerfen, die per Daumen hoch oder Daumen runter entscheidet, ob das geheimnisvolle Elixier, das einen zum «Star» macht, in den jugendlichen Kandidaten schlummert oder nicht.

Dabei ist die Auswahl der Kandidaten, die in der Show gezeigt werden, natürlich tendenziös. Wir sehen die Sänger mit den erstklassigen Stimmen, die dann auch später in der Endrunde sind, und die Loser, die Nobodys, die Freaks, die keinen Ton treffen, aber sich selbst für die Größten halten. Das Signal, das davon ausgehen soll: Auch du, lieber Zuschauer, gehörst entweder zu der einen oder zu der anderen Gruppe, höchstwahrscheinlich eher zu den Losern, also bleib auf deinem Sofa sitzen und schau dir unsere «Superstars» an. Bekäme man eine zufällige Auswahl der Kandidaten zu sehen, dann würde man wahrscheinlich feststellen, dass die meisten ganz passabel die Popsongs nachträllern, mit den richtigen Tönen. Ganz normale Stimmen eben. Doch das widerspräche der Dramaturgie der Sendung – und außerdem muss die Plattenbranche die Illusion aufrechterhalten, dass ihre Kunstprodukte es wegen ihrer außergewöhnlichen Fähigkeiten in die Charts geschafft haben und nicht etwa aufgrund des pfiffigen Marketings.

Dieses Buch soll eine Lanze brechen für die musikalischen Laien und Amateure, die in Chören singen, in Bands spielen oder in Laienorchestern. Sie treten auf Gemeinde- oder Straßenfesten auf, manchmal klingt es ein bisschen schief, aber oft auch sehr ergreifend. Sie werden nie einen Plattenvertrag bekommen oder viel Geld mit ihrer Kunst verdienen, doch dafür machen sie Erfahrungen, die nicht mit Geld zu bezahlen sind.

In früheren Jahrhunderten sind die Menschen anders mit Musik umgegangen. Die allfällige Beschallung durch Fernsehen und Radio, aber auch im Supermarkt und im Aufzug gab es nicht. Und Weltklassemusiker bekam der Normalsterbliche praktisch nie zu hören. Bei Festen spielten Musikanten auf, in der Kirche sang man Choräle. Regelrechte Konzerte, bei denen die Musik im Mittelpunkt steht und die Menschen gespannt zuhören, kamen erst auf, als es eigene Spielstätten dafür gab (siehe Seite 45). Musik hörte man vor allem, wenn Laien sie machten: Das Kind ließ sich vom Schlaflied der Mutter beruhigen, zu besonderen Anlässen wie Weihnachten sang man zusammen tradierte Weisen. Musik hören und Musik machen gehörten noch viel mehr zusammen, als das heute der Fall ist.

Heute sind alle Menschen vor allem Musik*hör*experten. Jeder von uns hat in seinem Leben mehr Musik gehört als Mozart, Bach und Beethoven zusammen. Quantitativ, aber auch qualitativ: Unser Ohr ist mit musikalischen Klängen aus fünf Jahrhunderten und fünf Erdteilen mehr oder weniger vertraut. Und im digitalen Zeitalter ist Musik verfügbarer denn je. Die Festplatte meines Computers zum Beispiel enthält aktuell rund 21 000 Songs, alle auf Knopfdruck verfügbar. Eine umsatzstarke Industrie sorgt dafür, dass jeder Winkel unseres Lebens beschallt wird, auch wenn die Umsätze in letzter Zeit ein bisschen schwächeln. Und eifersüchtig wachen die Verwertungsgesellschaften darüber, dass niemand Happy Birthday singt, ohne die fällige Abgabe an die Urheber zu bezahlen. Zur Beruhigung: Das gilt nur für die öffentliche Aufführung des Liedes.

Diese umfassende Erfahrung von Musik hinterlässt ihre Spuren im Gehirn. Das Musizieren sowieso, aber auch das reine Hören ist keineswegs ein passiver Prozess. Jedes musikalische Erlebnis verändert das Denkorgan, wir verinnerlichen Regeln darüber, wie Musik zu klingen hat, und entwickeln Erwartungen an neue, unbekannte Klänge. Nichts anderes machen wir, wenn wir Sprachen lernen: Ein Kleinkind findet diejenigen Ton- und Wortkombinationen irgendwann «richtig», die es am meisten hört – sie machen seine Muttersprache aus. Und wie wir beim Sprechen aufgrund solcher statistischen Häufigkeiten einen Wortschatz und eine Grammatik lernen, so verinnerlichen wir auch musikalische Regeln. Welche das sind, davon handelt Kapitel 7.

Solche Forschungsergebnisse lassen eigentlich nur einen Schluss zu: So, wie unser Gehirn in einem bestimmten Alter regelrecht wild darauf ist, eine Sprache zu lernen, scheint es auch süchtig nach Musik zu sein. Musik ist keine rein kulturelle Hervorbringung wie Stricken oder Briefmarkensammeln – Musik scheint dem Menschen innezuwohnen. Man weiß von keiner menschlichen Kultur, in der es keine Musik gibt oder gegeben hat. Wieso ist das so? Gibt es einen evolutionären Nutzen der Musik? Macht Musik uns «fitter» im darwinistischen Kampf ums Dasein?

In diesem Buch soll es um die Antworten gehen, die die Wissenschaft auf diese Fragen hat. Das stößt bei manchen Menschen, vor allem Musikern, auf Vorbehalte. Musik ist für sie eine derart ganzheitliche und auch weitgehend «unvernünftige» Erfahrung, dass man ihr Wesen mit dem kalten, rationalen Instrumentarium der Wissenschaft nicht erfassen könne. Der Musikforscher Daniel Levitin, der selbst in seinem Labor an der McGill-Universität in Montreal sehr detaillierte naturwissenschaftliche Studien betreibt, sieht diese Gefahr: «Vielleicht suchen wir nach einem großen Geheimnis, das niemals vollständig erklärt werden kann, einer dynamischen, schönen, mächtigen Schöpfung, die man versteht, während sie in Bewegung ist, die man aber niemals einfangen kann.» Er zitiert den Religionsphilosophen Alan Watts, der der Naturwissenschaft vorwarf, sie wolle einen Fluss studieren, indem sie eimerweise Wasser ans Ufer trage. Aber ein Eimer Wasser ist kein Fluss.

Levitin erzählt auch in einem Gespräch mit David Byrne, dem legendären Gründer der Talking Heads, wie er einmal mit der Sängerin Cher über seine Studien sprach. «Cher war entsetzt darüber, dass jemand etwas so Unerforschliches erforschen wollte.» Byrne antwortete: «Ausgerechnet die!» – womit er wohl auf die berechnende Art anspielte, mit der Hitmusik wie die des Kunstprodukts Cher produziert wird.

Jeder Musiker weiß entweder intuitiv oder rational, wie er beim Zuhörer die «emotionalen Knöpfe» drücken und tiefe Gefühlserlebnisse auslösen kann. Eine Sängerin muss ja nicht gerade selber ein katastrophales Trennungserlebnis hinter sich haben, um einen

Song, in dem es um Verlust und Trennung geht, überzeugend zu interpretieren. Das hat sie mit anderen Künstlern gemein. Aber Musik ist wahrscheinlich die Kunst, die den unmittelbarsten Zugang zu unseren Gefühlen hat.

In dem Buch wird viel von Erkenntnissen der modernen Hirnforschung die Rede sein. Ich gehöre nicht zu denen, die glauben, dass die bunten Bilder aus den Hirnscannern uns alle Fragen über die Vorgänge in unserem Denkorgan beantworten können, erst recht nicht, wenn es um ein so vielschichtiges und subtiles Phänomen wie Musik geht. Wir sind weit davon entfernt, dem Menschen beim Denken und Fühlen zusehen zu können. Oft bestätigt der relativ grobe Blick unter die Schädeldecke nur Dinge, die wir vorher schon irgendwie gewusst haben.

Aber in den vergangenen Jahren haben Hirnforscher aufregende Erkenntnisse über Musik gewonnen – auch wenn sie dabei oft den erwähnten Eimer Wasser untersuchen, um den Fluss zu erklären. So sitzen zum Beispiel Testpersonen im Labor und hören sich isolierte Melodien an, die mechanisch und ausdruckslos von einem synthetischen Klavier gespielt werden. Und was für Melodien sind das? Genau: *Happy Birthday, Mary Had A Little Lamb, Alle meine Entchen.* Kann man mit solchen mageren Beispielen wirklich herausfinden, was in unserem Kopf beim Hören von Musik vor sich geht?

Die Antwort muss differenziert sein: Einige grundlegende Dinge kann man damit tatsächlich erkennen, komplexere Fragen lassen sich jedoch nur beantworten, wenn man lebensnahe Situationen untersucht. Die Wissenschaftler stehen bei der Erforschung unseres musikalischen Gehirns eben noch ganz am Anfang, und vielleicht ist das, was beim Musikhören oder -machen in uns passiert, ja wirklich zu komplex, um jemals ganz erfasst zu werden. Spannend sind die vorläufigen Ergebnisse aber allemal.

Meine Überzeugung, dass die Forscher mit dem, was sie über die Musikalität herausfinden, auf dem richtigen Weg sind, kommt nicht nur von der Lektüre ihrer Studien und Statistiken, sondern aus meiner persönlichen Erfahrung mit Musik. Ich habe mein ganzes Leben lang musiziert, nie auf professionellem Niveau, immer als Amateur. Ich habe mit dem Klavierspielen angefangen und es nach zwei Jahren wieder aufgegeben, mir dann selbst die Begleitung des Beatles-Repertoires auf der Gitarre beigebracht, ein paar Jahre in einer Jazzband gespielt. Seit zehn Jahren singe ich intensiv, zurzeit in einer fünfköpfigen A-cappella-Band, mit der ich etwa einmal im Monat auf der Bühne stehe. Es ist einfach eine wunderbare Erfahrung, alle paar Wochen ein Publikum von 50 oder 150 Menschen mit der Musik zu begeistern, sie zum Jubeln oder zum Weinen zu bringen – und das nur mit fünf Stimmen und ein bisschen Verstärkertechnik.

Ich bin inzwischen auch ganz froh darüber, dass das Schicksal mich nicht auf die Laufbahn eines Berufsmusikers gedrängt hat – die haben nämlich, egal in welchem Genre, einen Knochenjob, von dessen Beschwerlichkeiten der Konzertbesucher wenig mitbekommt. Eckart Altenmüller, Musikermediziner an der Hochschule für Musik und Theater in Hannover, sieht die gestressten Künstler täglich in seiner Praxis. «Angst ist die dominierende Emotion bei Profimusikern», sagte mir Altenmüller. «Ich bin heilfroh, dass meine drei Kinder keine Berufsmusiker werden wollen!»

Sicher ist es ein Erlebnis, die Aufführung eines hochkarätigen Orchesters in einer perfekten Akustik zu genießen, ebenso wie ein Champions-League-Spiel in einem großen Stadion, dessen Rasen mit der Nagelschere getrimmt wird. Aber auch ein Kreisklassenspiel auf holprigem Aschenplatz hat seine Qualitäten, und vor allem kann es die Spitze nur geben, weil die Breite existiert. Verängstigte und gestresste Profi-Musiker auf der einen Seite, von musikalischen Minderwertigkeitsgefühlen geplagte Laien auf der anderen – dazwischen ist noch eine Menge Platz. Für mich, für Sie und für alle, die Musik einfach nur lieben.

2. Children of the Evolution
Woher kommt die Musik?

Die Musik beginnt zu verkümmern, wenn sie
sich zu weit vom Tanz entfernt.

Ezra Pound

«Schweinefleisch, Schweine, alles, was aus menschlichem Haar
gemacht ist, Satellitenschüsseln, alle Geräte, die Musik produzieren, Billardtische, Schach, Masken, Alkohol, Tonbänder,
Computer, Videorecorder, Fernsehgeräte, alles, was Sex pro-
pagiert und voller Musik ist, Wein, Hummer, Nagellack, Feuer-
werk, Statuen, Handarbeitskataloge, Bilder, Weihnachtskarten»
– so lautet eine von den Taliban herausgegebene Liste verbotener
Dinge, zitiert von der *New York Times* im November 2001, kurz
nach der militärischen Vertreibung der fundamentalistischen
Moslem-Herrscher aus Afghanistan. Musik taucht gleich zweimal
in dieser Liste auf.

Eine seltsame religiöse Sekte, die alle Musik unterbinden will
(ihre Auslegung des Korans ist eine Minderheitsmeinung im Is-
lam). Und selbstverständlich hat das Verbot während ihrer fünfjährigen Herrschaft nie funktioniert. Es gibt keine menschliche
Kultur ohne Musik, von der wir wüssten, nicht heute und nicht
in der Vergangenheit.

Wenn das so ist, dann muss der Ursprung der Musik sehr
früh in unserer Stammesgeschichte liegen. «Sich mit Musik zu
beschäftigen ist eine menschliche Universalie», sagt der britische
Anthropologe Steven Mithen von der University of Reading, der
ein Buch mit dem bezeichnenden Titel *The Singing Neanderthals*
(«Die singenden Neandertaler») geschrieben hat. Wir sind eine

«musikalische Spezies», sagt auch der amerikanische Hirnforscher Aniruddh D. Patel. Und vielleicht ist der Mensch ja sogar nicht das einzige musikalische Lebewesen?

Einige Forscher glauben, dass die Musik viel älter ist als unsere Spezies. «Wir sind eher Nachzügler in der Musikszene», sagt Patricia Gray von der University of North Carolina-Greensboro, die einige Jahre das Musikforschungsprogramm der amerikanischen Akademie der Wissenschaften geleitet hat.

Sonate für Saxophon, Klavier und Wal

Wer an einem Sommertag durch den Wald spaziert, der möchte gern bestätigen, dass Tiere musikalisch sind. Vogelgezwitscher erfüllt die Luft, und wir sprechen nicht umsonst von «Singvögeln». Was die Vögel (vor allem die Männchen) da von sich geben, um das andere Geschlecht auf sich aufmerksam zu machen oder auch ihr Revier zu markieren, kann man durchaus als «Lieder» bezeichnen. Ihr Gesang besteht aus klar unterschiedenen Tönen. Es gibt musikalische Figuren, die sich wiederholen. Manche Vögel, etwa gewisse Drossel-Arten, benutzen die pentatonische Skala, eine aus fünf Tönen bestehende Tonleiter, die auch vielen menschlichen Kulturen eigen ist, von afrikanischer Volksmusik bis zum Rock 'n' Roll. Der Zaunkönig dagegen hält sich ziemlich genau an die zwölftönige Skala, auf der die moderne europäische Musik beruht. Andere Vögel wiederum bedienen sich eines für unsere Ohren fremden Tonvorrats, bei dem die Töne näher beieinanderliegen als in menschlicher Musik.

Vor allem aber sind die Gesänge der Vögel nicht genetisch programmiert wie andere Tierlaute. Ein Hund bellt sein Leben lang gleich, auch das Geschrei von Affen ist ein für alle Mal festgelegt. Anders die Vögel: Sie scheinen eine regelrechte Freude daran zu haben, ihren Gesang immer wieder zu modifizieren. Sie greifen auch die Lieder von Artgenossen auf und machen sie sich mit Abwandlungen zu eigen. Die mexikanischen Spottdrosseln zum Beispiel sind dafür bekannt, dass sie eine Art Kanon beherrschen: Ein Vogel gibt ein Thema vor, der Nachbar wiederholt die Melodie.

Auch in den Ozeanen wird kräftig musiziert. Walgesänge kann man ja sogar auf esoterisch angehauchten CDs kaufen. Die Meeressäuger reihen kurze musikalische Phrasen zu komplexen Liedern, die zwischen der Länge eines Popsongs und der einer Symphonie variieren. Dabei bedienen sie sich sogar der klassischen A-B-A-Form: Im ersten Teil wird ein Thema vorgestellt, im zweiten wird es modifiziert, und am Ende kehrt es in seiner ursprünglichen Form zurück. Das ähnelt sehr dem, was ein Jazzmusiker mit dem Thema eines Standards anstellt. Die Lieder beeinflussen sich auch gegenseitig, Gruppen von Männchen entwickeln während einer Brutsaison ein gemeinsames Repertoire, das ganz anders klingt als das Liedgut anderer Meeresregionen. «Zu solchen Walgesängen kann man musizieren», behauptet Patricia Gray sogar, und sie hat zum Beweis Stücke für Saxophon, Klavier und Wal komponiert.

Andere Forscher stehen der tierischen Musik eher skeptisch gegenüber. Sie klingt vielleicht ähnlich wie die unsere, aber es fehlt ihr etwas: Bedeutung. Ein Zaunkönig mag im Laufe seines Lebens Tausende von Liedern erfinden, doch «sie bedeuten alle dasselbe: Ich bin ein junges Männchen», schreibt Steven Mithen. Nur: Ist das bei den Songs von Robbie Williams anders? Was bedeutet Musik überhaupt, wenn sie keinen Text hat, der eine Geschichte erzählt?

Interessant ist, dass die besten Sänger im Tierreich auf den unterschiedlichsten Zweigen des Wirbeltierstammbaums angesiedelt sind. Der letzte gemeinsame Vorfahr von Mensch, Vogel und Wal lebte vor vielen Millionen Jahren, war wahrscheinlich ein Reptil, und fast alle seiner Nachkommen sind unmusikalisch.

Auch sind die Stimmapparate der singenden Spezies nicht vergleichbar, sodass man zu dem Schluss kommen muss: Der Gesang, ob Musik oder nicht, hat sich im Verlauf der Evolution mehrmals entwickelt. Das kennt man auch von anderen Phänomenen, etwa dem Auge. Es hat sich in mehreren ökologischen Nischen aus unterschiedlichen Vorläufern entwickelt, weil das Sehen einen ganz unbestreitbaren Vorteil bietet. Das scheint mit dem Gesang ähnlich zu sein, zumindest unter gewissen Umweltbedingungen.

Auditiver Käsekuchen

Ob Vögel und Wale wirklich Musik machen oder ob das etwas anderes ist, mag eine Geschmacksfrage sein – auf jeden Fall ist es von keiner großen Bedeutung für die Antwort auf die Frage, woher denn nun die Musikalität des Menschen kommt. Jedenfalls wurde auf dem Ast des Stammbaums, der schließlich zum Homo sapiens geführt hat, herzlich wenig gesungen. Unsere nächsten Verwandten, die musikalisch klingende Töne von sich geben, sind einige Gibbonarten, die in Südostasien leben. Diese Affen führen eindrucksvolle Gesänge vor, die der Anthropologe Thomas Geissmann von der Universität Zürich ausführlich untersucht hat. Männchen und Weibchen singen teilweise im Duett, die «Lieder» können sich über eine halbe Stunde hinziehen.* Im Gegensatz zu Vögeln und Walen lernen diese Affen aber keine neuen Lieder – sie kommen mit ihrer Sangesfähigkeit zur Welt, und ihr Repertoire verändert sich nicht im Lauf ihres Lebens.

Unsere unmittelbaren Verwandten, die Menschenaffen, sind dagegen denkbar unmusikalische Gesellen. Schon anatomisch sind sie aufgrund ihres Stimmapparates, insbesondere ihres hoch liegenden Kehlkopfes, nicht in der Lage, «saubere» Töne zu erzeugen. Schimpansen, Gorillas und Bonobos äußern sich nur mit hechelnden und knarzenden Lauten sowie spitzen Schreien.

Unsere musikalischen Fähigkeiten müssen also irgendwann

---

* Zu hören sind die Gibbon-Gesänge unter www.gibbon.de.

nach der Zeit entstanden sein, als sich aus dem gemeinsamen Vorfahren von Mensch und Schimpanse zwei separate Äste entwickelten – das war vor fünf Millionen Jahren. Die Urmenschen stiegen von den Bäumen, begannen aufrecht zu gehen, bekamen größere Gehirne. Und irgendwann begannen sie zu singen, später dann einfache Musikinstrumente zu schnitzen. Aber wann war das? Und vor allem – warum taten sie das? Welchen evolutionären Vorteil brachte ihnen die Musik?

Dass Musik in unsere Gene eingebaut ist und wir schon mit einem Sinn für Töne zur Welt kommen, bezweifelt angesichts der überzeugenden Beweise der Musikforscher eigentlich niemand mehr. «Eine Prädisposition zu musikartigen Aktivitäten ist ein Teil unseres biologischen Erbes», sagt der Psychologe Ian Cross von der Universität Cambridge. Und Daniel Levitin kommt zu dem Schluss: «Wenn man Fragen nach einer grundlegenden, omnipräsenten menschlichen Fähigkeit stellt, dann stellt man implizit Fragen nach der Evolution.»

Seit Charles Darwin wissen wir, dass sich Eigenschaften von Lebewesen durchsetzen, wenn sie einen Überlebensvorteil bieten. Nach einer ganz engen darwinistischen Sichtweise leistet sich die Natur keine Girlanden und Verzierungen – was nicht gebraucht wird, stirbt ab; nur wirklich nützliche Eigenschaften setzen sich auf breiter Front durch.

Das gilt auch für Dinge, die auf den ersten Blick einfach nur Spaß machen. Die Freude an gutem Essen zum Beispiel. Sie sorgt dafür, dass der Mensch nicht erst dann anfängt, sich nach etwas Essbarem umzusehen, wenn er vor Hunger fast stirbt. Die Urmenschen konnten ja nicht mal schnell zum Supermarkt um die Ecke gehen, um sich mit Proviant einzudecken – sie mussten viel Energie aufwenden, um Tiere zu jagen und Pflanzen zu sammeln. Und man kann sich leicht vorstellen, dass ein Lebewesen, das nicht nur aus Notwendigkeit isst, sondern auch noch Spaß dabei hat, einen Überlebensvorteil besitzt. Weil sich bei ihm ständig alles ums Essen dreht, legt es sich mit Vergnügen in guten Zeiten auch schon einmal einen Vorrat in Form einer Speckschicht an. Unser Problem heute ist, dass zumindest in den westlichen Ländern die schlechten Zeiten ausbleiben und die Speckschicht nicht wieder abgebaut wird.

Oder Sex: Mit der sexuellen Lust überlistet uns die Natur und lässt uns viel Energie in die Partnersuche investieren. Auch da ist klar: Wem die Sache Spaß macht, der betreibt sie öfter und pflanzt sich daher besser fort als ein Sexmuffel.

Aber Musik? Was nützt sie zum Überleben? Was für Vorteile hat ein guter Sänger gegenüber einem brummenden Banausen? Darüber lässt sich im Moment nur spekulieren, und die Meinungen unter den Forschern gehen weit auseinander. Manche glauben sogar, dass die Musik kein direktes Ergebnis evolutionärer Anpassung ist, sondern nur ein angenehmes Nebenprodukt. Der amerikanische Sprach- und Hirnforscher Steven Pinker vertrat diese Position 1997 in seinem Buch *Wie das Denken im Kopf entsteht*: Musik sei «auditiver Käsekuchen», eine Formulierung, die natürlich sämtliche Musikforscher sofort auf die Palme gebracht hat.

Pinker bemerkt ganz richtig, dass nicht jede Eigenschaft von Lebewesen unbedingt durch die Anpassung an bestimmte Lebensbedingungen entstanden sein muss, selbst wenn alle Mitglieder einer Gattung darüber verfügen. Diese Ansicht wäre zu naiv. Für Pinker, den Linguisten, ist die eigentliche Anpassungsleistung die Sprache. Dass die Vorteile im Überlebenskampf hat, muss man gar nicht groß begründen. Mit Sprache kann man Wissen an seine Stammeskollegen weitergeben, etwa, wo der Säbelzahntiger lauert, und sie erlaubt uns, kulturelle Errungenschaften über Generationen hinweg zu tradieren.

Pinker behauptet, dass die Musik ein Nebeneffekt des Spracherwerbs ist. Für die Sprache brauchen wir einen flexiblen und vielseitigen Stimmapparat, und den kann man dann halt auch für «überflüssige» Dinge wie die Musik nutzen. Eben wie Käsekuchen – eine nicht lebenswichtige, aber durchaus angenehme Form,

27

Nahrung aufzunehmen. Dass Musik universell in allen menschlichen Kulturen vorkommt, ist für Pinker nur ein Zeichen dafür, dass Musikalität wohl angeboren ist, jedoch nicht dafür, dass sie tatsächlich eine Anpassung darstellt.

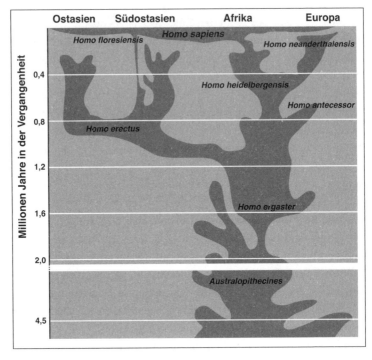

Die Vorfahren des Menschen und ihre räumliche Verbreitung (nach S. Mithen)

Um den Streit zu entscheiden, müsste man wissen, wann die Urmenschen zu singen und zu sprechen anfingen, wie das damals klang, in welchen Situationen sie Musik machten. Aber Archäologen und Paläontologen stehen vor dem Problem, dass die Zeitzeugnisse, die sie ausgraben, stumm sind. Einem Schädel sieht man nicht an, ob er zu einem Sänger gehörte, und schriftliche Erzählungen aus der Vorzeit gibt es ja leider nicht. Alle Überlegungen zum Ursprung der Musik stützen sich auf indirekte, mit Plausibilitäten operierende Argumente (das gilt für die Sprachforschung allerdings genauso).

Die ersten handfesten Artefakte, die man eindeutig als Musikinstrumente identifizieren kann, sind kleine Flöten aus Vogelknochen, die 1973 in der Geißenklösterle-Höhle in der Nähe von Blaubeuren ausgegraben wurden. Die hohlen Knochen haben Grifflöcher wie eine heutige Blockflöte und sind mindestens 32 000 Jahre alt. Waren das die ersten Musikinstrumente? Sie haben die Jahrtausende überdauert, weil Knochen sehr langlebig sind. Die Forscher gehen aber davon aus, dass schon lange vorher Instrumente aus vergänglicherem Material, etwa aus Holz, verwendet wurden, die jedoch allesamt verrottet sind.

Damit sich die Musik in den menschlichen Genen niederschlagen konnte, muss sie noch viel älter sein und mindestens bis zu der Zeit zurückgehen, als der moderne Mensch entstand – vor etwa 150 000 Jahren. Warum begannen unsere Vorfahren damals zu musizieren? Und wenn Musik tatsächlich einen evolutionären Vorteil darstellte – was für eine Überlegenheit brachte ihnen die Musik? Es gibt drei mögliche Erklärungen: Sex, Babys und Geselligkeit.

I want your sex

Schon Charles Darwin, der Vater der Evolutionstheorie, grübelte darüber nach, warum sich die Musik entwickelt hat. Er glaubte, dass sie dem gleichen Zweck diente wie das Gezwitscher der Vögel. In seinem Buch *Die Abstammung des Menschen* schrieb er: «Musikalische Noten und Rhythmus eigneten sich die männlichen oder weiblichen Vorgänger der Menschheit zuerst an, um das andere Geschlecht zu bezaubern.»

Musik als Balzritual also. Wenn man sich einige Erscheinungen des Musikbetriebs ansieht, ist das durchaus plausibel. Geoffrey Miller, ein Evolutionspsychologe von der University of New Mexico, vertritt heute noch Darwins These. Für ihn hat sich der gesamte menschliche Geist durch sexuelle Zuchtwahl entwickelt, er hat ein Buch mit dem Titel *Die sexuelle Evolution* darüber geschrieben. Musik (und Tanz, die beiden waren seiner Meinung nach früher untrennbar miteinander verbunden) sieht er als ein Ritual, das Kampf und Jagd symbolisierte. Ein junger Steinzeitmann, der lange, ausdauernd und schön sang und tanzte, stellte damit Kreativität, Intelligenz und körperliche Fitness zur Schau. Das zog die Damenwelt schon damals an.

Ich kann hier durchaus eigene Erfahrungen beisteuern: Ein Mann, der zur Gitarre greift, ist auch heute noch eine erotische Attraktion. Bei meinen Rucksackreisen in den 70er und 80er Jahren war die Gitarre eine treue Begleiterin, und nichts brach das Eis beim anderen Geschlecht so schnell wie ein paar flott gespielte Songs. Umgekehrt galt für mich stets: Auch eine ansonsten ganz durchschnittlich aussehende Frau gewinnt gehörig an Attraktivität, sobald sie zum Musikinstrument greift, und insbesondere dann, wenn sie singt. Musik ist für uns ein Fenster, durch das wir direkt in die Seele schauen (oder zu schauen meinen), sie schließt den Draht zwischen den Gefühlswelten von Menschen unmittelbar kurz. Allerdings, und auch das kann ich aus Erfahrung bestätigen, gibt es ebenso den Effekt, dass der Musiker durch seinen Gesang dafür sorgt, dass zwischen zwei *anderen* Menschen die Emotionen zu fließen beginnen. Ich denke da an Abende an griechischen Stränden, an denen ich zum Schluss recht einsam mit meiner Gitarre für die Untermalung sorgte, während um mich herum die Pärchen schmusten.

Miller hat seine These, dass Musik ursprünglich ein männliches Balzritual ist, auch statistisch zu untermauern versucht: Er untersuchte 6000 Plattenproduktionen aller Genres, und in 90 Prozent der Fälle waren sie von Männern produziert worden. Männliche Popmusiker sind meist um die 30 und damit im sexuell aktivsten Alter, die Geschichten von wilden Orgien mit Scharen von Groupies sind Legion. Besonders fasziniert hat Miller die Vita des Gitarristen Jimi Hendrix. Der hatte «Romanzen mit Hunderten von Groupies, unterhielt parallele langfristige Beziehungen mit mindestens zwei Frauen und zeugte mindestens drei Kinder in den USA, Deutschland und Schweden. Unter Urzeitbedingungen, vor der Geburtenkontrolle, hätte er noch viel mehr gezeugt.»

Keine Frage, Musik, insbesondere Popmusik, hat diese sexuelle Komponente. Man muss nur ein paar Stunden MTV schauen – in den meisten Videoclips geht es nur um das Eine. Die klassische Musik gibt sich gesitteter, aber auch Startenöre werden von Frauen umschwärmt. Doch ist das alles? Das wichtigste Argument gegen die Balz-Theorie kommt von dem Musikwissenschaftler David Huron von der Ohio State University: Überall im Tierreich, wo es Balzrituale gibt, haben die zu einer Differenzierung der Geschlechter geführt. Der männliche Pfau schlägt das Rad, nicht seine Frau. Das Vogelmännchen singt, nicht das Weibchen. Bei den meisten Tierarten ist es der männliche Teil, der sich aufplustert, hübsch macht und vorteilhaft darstellt.

Das hat damit zu tun, dass der reproduktive Aufwand für das Weibchen größer ist: Es investiert viel Lebenszeit in die Geburt und die Aufzucht von Jungen, die Zahl der Schwangerschaften ist natürlich begrenzt, während das Männchen seinen Samen beliebig oft verbreiten kann (jedenfalls bei Arten, die Polygynie, also Vielweiberei, praktizieren). Männchen kopulieren relativ wahllos, das Weibchen wählt aus (wenn nicht, auch das ist zum Beispiel bei Menschenaffen verbreitet, ein dominantes Männchen eifersüchtig über seinen Harem wacht). Also entwickeln die Männchen teilweise groteske Merkmale, um auf ihre Vorzüge aufmerksam zu machen.

Das geht so weit, dass sich ein solches Merkmal in einer «galoppierenden Evolution» (der Genetiker R. A. Fisher entwickelte in den 30er Jahren des 20. Jahrhunderts den Begriff *runaway evolution*) immer weiter ausprägt, manchmal so weit, dass es sogar einen

Überlebensnachteil darstellt. Der lange Schwanz des Pfaus ist ein Beispiel dafür – das arme Tier muss seine überdimensionierten Schwanzfedern ständig hinter sich herschleppen, was sicherlich ein Nachteil ist, wenn es vor einem Räuber flieht.

Bei Tierarten, die ein solches Balzritual praktizieren, prägt sich also ein «Dimorphismus» aus, ein offensichtlicher Unterschied zwischen den Geschlechtern. Meist sind die Männchen größer – denn sie müssen nicht nur um die Gunst des Weibchens buhlen, sondern auch ihre männlichen Konkurrenten ausstechen, und da ist körperliche Größe und Stärke von Vorteil. Paläanthropologen haben eine Faustformel: Je größer der körperliche Unterschied zwischen Männchen und Weibchen, desto mehr Polygynie betreibt eine Gemeinschaft. Männliche Gorillas sind doppelt so groß wie die Weibchen, beim Schimpansen ist das Verhältnis etwa 1,4 : 1, bei monogamen Gibbons 1 : 1. Der Mensch liegt ein bisschen darüber, ein Mann ist etwa 1,2-mal so groß wie eine Frau. In modernen Gesellschaften ist Monogamie zwar der soziale Standard, doch wahrscheinlich lassen sich Menschen wissenschaftlich am besten als «gemäßigt polygyn» bezeichnen.

Aber auch, wenn sich musikalische Fähigkeiten nicht in größerer Körpermasse ausdrücken – ein musikalischer Dimorphismus beim Menschen ist nicht zu erkennen. «Es gibt keine Anhaltspunkte dafür, dass Männer besser darin sind, jemandem unter dem Balkon eine Serenade zu singen, als Frauen», sagt David Huron. Und das Argument mit der männlich dominierten Musikindustrie zählt für ihn nicht, weil das auch für viele andere Branchen gilt. Selbst die meisten Chefköche sind männlich, und niemand würde behaupten, dass das Kochen ursprünglich von Männern erfunden wurde. Dass in unserer Kultur die Männer buchstäblich den Ton angeben, kann an der üblichen Geschlechterdiskriminierung liegen und muss keinen biologischen Grund haben.

Und noch ein Argument spricht gegen die These, dass Musik ihren Ursprung im Sex hat: Musik ist, vor allem in ihrer «primitiven» Form, eine Gemeinschaftsaktivität. Vielleicht kann man

noch am ehesten beim Hip-Hop ein konkurrierendes Imponier-
gehabe von Männern ausmachen, wenn sich zwei Rapper auf der
Bühne gegenseitig heruntermachen und «dissen». In den meisten
musikalischen Genres geht es dagegen darum, zusammen ein
Klangerlebnis zu inszenieren, und nicht darum, den Mitmusiker
auszustechen.

Schlaf, Kindchen, schlaf

Nicht die Männer haben die Musik erfunden, sondern die
Frauen, besagt eine andere Hyptothese. «Jede Kultur auf der Welt
hat Schlaflieder», erklärt Sandra Trehub von der University of
Toronto, «und sie klingen quer durch die Kulturen sehr ähnlich:
Die Tonhöhe steigt, und das Tempo wird langsamer.»

Kinder sind von Geburt an sehr empfänglich für Musik. Sie
kommen offenbar schon mit einem Gespür für «richtige» Harmonien auf die Welt (siehe Seite 196). Und sie mögen Gesang, vor
allem, wenn er von der Mutter kommt: Trehub und ihre Mitarbeiter konnten durch Messungen zeigen, dass der Spiegel des Stress-
hormons Kortisol im Speichel von Babys sank, wenn die Mutter
das Kind mit Sprache oder Gesang zu beruhigen versuchte. Und
der Effekt hielt beim Singen viel länger an als beim Sprechen – bis
zu 25 Minuten.

Umgekehrt scheint es bei Erwachsenen einen Reflex zu geben,
Babys besonders «musikalisch» anzusprechen. Nicht nur Mütter
verfallen beim Anblick eines Säuglings in «Babysprache» (auf Englisch «Motherese» genannt, «Mutterisch»). Die Stimme wird höher,
wir verwenden (auch beim Sprechen) einen Singsang, artikulieren
die Wörter langsamer und mit deutlicherer Betonung. Eine solche Form der Babysprache (und nicht eine, die sich auf «dadada»
und «butzibutzi» beschränkt) ist auch durchaus sinnvoll. Schließlich muss der kleine Mensch lernen, aus einem kontinuierlichen

Sprachfluss die Grenzen von Wörtern und Sätzen herauszuhören und den Wörtern Bedeutungen zuzuordnen. Eine kognitive Meisterleistung, die Erwachsene viel schlechter beherrschen – das weiß jeder, der sich einmal in einem Land aufgehalten hat, dessen Sprache von unserer völlig verschieden ist.

Warum singen Menschenmütter zu ihren Babys, Affenmütter jedoch nicht? Menschenbabys werden viel unreifer geboren als die Kinder unserer Verwandten im Tierreich. Das liegt daran, dass Menschen ein im Verhältnis viel größeres Gehirn haben, aber der Durchmesser des weiblichen Beckens anatomisch begrenzt ist, nicht zuletzt durch den aufrechten Gang. Das heißt: Das Baby muss raus, bevor der Kopf voll ausgewachsen ist, und folglich kommt es viel hilfloser auf die Welt als ein Tierbaby; es ist praktisch noch ein Fötus, allein nicht überlebensfähig. Affenkinder können sich zum Beispiel schon recht früh an ihrer Mutter festkrallen, die dann ihrem gewohnten Tagwerk nachgehen kann. Menschenbabys können nicht einmal das. Sie müssen viel herumgetragen werden, und sie mögen es überhaupt nicht, wenn man sie allein lässt. Eine Mutter, die ständig ein Baby im Arm hat (Tragetücher hatten die frühen Menschen ja noch nicht), ist jedoch stark behindert bei der Nahrungssuche.

Eine mögliche Lösung des Problems praktizieren heute auch berufstätige Eltern: Kinderbetreuung durch Großeltern, Tagesmütter, Kindertagesstätten. Aber das ist nur möglich, wenn das Kind abgestillt ist, und vor der Erfindung von synthetischer Kindernahrung wurden die Babys gewiss sehr lange gestillt. An dieser Stelle setzt die Anthropologin Dean Falk von der Florida State University an. Ihre These: Musik (oder zumindest musikähnliche Laute) hatten den Zweck, das Baby auch einmal ablegen zu können. Solange die Mutter in Hörreichweite war, konnte sie mit ihren Lauten das Baby beruhigen. Musik also als eine Art «Fernwartung» des hilflosen Nachwuchses.

Wo man singt, da lass dich ruhig nieder

Diese Form von «Fernbeziehung» liegt auch der dritten Erklärungshypothese für die Entstehung von Musik zugrunde. Ihr zufolge ist Musik eine Art «sozialer Kitt» zwischen den Menschen.

Dass Musik ein Gruppenerlebnis ist, vergessen wir heute manchmal, wenn wir sie allein konsumieren, möglichst noch mit Stöpseln im Ohr, abgeschottet gegen jede Form der sozialen Interaktion. Aber bis vor ein paar Jahrzehnten war Musik grundsätzlich live, und auch wenn der Musiker viele Stunden einsam in seinem Kämmerlein damit verbringt, seine Stimme oder ein Instrument zu üben, so ist das Ziel dabei doch immer, diese Musik anderen zu Gehör zu bringen – selbst wenn es nie zum Auftritt kommt. Auch das Zuhören ist in der Gruppe ein ganz anderes Erlebnis als in einer einsamen Situation. Wenn bei einem Rockkonzert der Funke von der Band aufs Publikum überspringt, dann wird aus Hunderten von Einzelpersonen eine wogende Masse, die im Rhythmus groovt, fast ein einziges vielköpfiges Wesen. Die Musiker nehmen das Publikum dann ebenfalls als ein homogenes Gegenüber wahr, das ihnen zujubelt.

Und sogar der Besucher klassischer Konzerte, obwohl während der Vorführung an seinen Sessel gefesselt, nimmt spätestens beim Schlussapplaus emotionale Fühlung mit dem Orchester und dem Rest des Publikums auf. War das Erlebnis ein außerordentliches, dann verlassen die Zuhörer den Saal in einer aufgewühlten Stimmung. So etwas gemeinsam zu erleben, fügt dem reinen Hörerlebnis eben noch etwas hinzu. Das ist keine triviale Feststellung: Bei bildender Kunst ist es ganz anders, im Museum sind zwar auch viele Leute, aber jeder versenkt sich doch eher ganz individuell in das Kunstwerk. Dieser Kunstgenuss ist Privatsache, ein Konzert ist immer ein soziales Ereignis.

Doch Konzerte gibt es erst seit ein paar hundert Jahren. Davor war die Trennung zwischen Musikern und Publikum viel weniger strikt oder gar nicht vorhanden. Zusammen Musik zu machen aber ist das Gruppenerlebnis schlechthin. Das kann jeder bestätigen, der einmal in einem Chor gesungen hat: Da ist eine zusammengewürfelte Gruppe von Individuen unterschiedlichen Alters und unterschiedlicher sozialer Herkunft, die nicht einmal eine besondere Zuneigung oder Freundschaft verbinden muss – und sobald der Dirigent den Einsatz gibt, verschmelzen die Stimmen miteinander (wenn es ein halbwegs guter Chor ist). Das heißt jetzt nicht, dass in einer solchen Gruppe immer eitel Sonnenschein herrscht – im Gegenteil, in jedem Kollektiv, das viel Zeit miteinander verbringt, gibt es manchmal Spannungen. Das wird auch von Profi-Orchestern berichtet, und Musikern sagt man nicht gerade die Fähigkeit nach, mit solchen Gruppenproblemen offen umgehen zu können. Man kann aber zumindest sagen: Mit wem ich musiziere, dem schlage ich nicht den Schädel ein.

Das war jetzt im übertragenen Sinn gemeint – doch in der Urzeit ging es wörtlich um Leben und Tod. Das heutige soziale Tabu der Gewaltanwendung galt noch nicht, das Recht des Stärkeren dominierte. In den Hominidengruppen gab es immer die Spannung zwischen individueller Rivalität (vor allem der Männer) und dem Zwang zur Kooperation.

Diese Spannung kann man heute noch in den sozialen Verbänden von Menschenaffen beobachten. Ein Gorilla hat kein Problem damit, ein Baby umzubringen, das nicht von ihm ist. Und Kämpfe zwischen rivalisierenden Männchen sind an der Tagesordnung. Gleichzeitig gibt es aber auch Kooperation – bei der Nahrungsbeschaffung, bei der Abwehr von Feinden. Die Tiere brauchen daher Signale, mit denen sie einander zeigen, dass sie nichts Böses im Schilde führen. Sie tun das häufig über Körperkontakt – vor allem, indem sie einander die Flöhe aus dem Fell picken. Bei den Bonobos gehören auch sexuelle Handlungen zu den vertrauensbildenden Maßnahmen.

Solange unsere Vorfahren sich sozusagen von Ast zu Ast hangelten und in kleinen Gruppen lebten, war das eine praktikable Sache. Spätestens der Homo ergaster aber, der vor 1,8 Millionen

Jahren lebte, erweiterte seinen Lebensraum, richtete sich auf, ging auf zwei Beinen und begann die baumlose Savanne zu erkunden. In dieser offenen Landschaft hatte er weniger Schutz vor Feinden. Auch das Jagd- und Sammelrevier wurde größer. Und damit wuchs die Fläche, über die sich eine soziale Gemeinschaft verteilte. Ab einer gewissen Gruppengröße und Distanz zwischen den Individuen ist das Lausen jedoch keine praktikable Geste der Friedfertigkeit mehr. Ein Ersatz musste her – und da bot sich die Musik an, oder sagen wir lieber: eine Vorform der Musik.

Gemeinsame Gesänge und Tänze, so die Theorie, schweißten die Gruppe zusammen. Sie dienten als Vorbeugung gegen interne Rivalitäten, aber auch als sinnstiftendes Element, wenn man in den Kampf gegen andere Gruppen und Stämme zog. Eine Horde von Angreifern wirkt furchterregender, wenn sie mit Kriegsgeschrei oder koordinierten rhythmischen Gesängen auf den Feind losgeht. Dass man heute noch immer Soldaten im Gleichschritt marschieren und dabei zweifelhafte Lieder absingen lässt, hat wohl einen sehr alten stammesgeschichtlichen Hintergrund.

Musik stärkt den Zusammenhalt von Gruppen tatsächlich messbar. Das jedenfalls behauptet Robin Dunbar, ein Psychologe von der University of Liverpool. In einem Forschungsprojekt wollten er und seine Studenten herausfinden, ob bei Kirchenbesuchern der Pegel der Endorphine steigt – das sind körpereigene Opiate, die unsere Toleranz gegenüber Schmerz und Stress erhöhen. Direkt messen konnten sie diese Endorphine nicht (dazu hätten sie das Rückenmark der Kirchgänger punktieren müssen), deshalb legten sie ihnen nach dem Besuch der Kirche eine Blutdruck-Manschette an und pumpten sie auf, bis es wehtat. Die Gemeindemitglieder, die gesungen hatten, hielten den Schmerz deutlich länger aus.

Just diese Endorphine werden bei Affen ausgeschüttet, wenn sie einander lausen. Übernahm also die Musik bei uns die Rolle des Körperkontakts als Auslöser für eine Endorphin-Ausschuttung? Plausibel klingt das schon – aber wie weist man so etwas nach? Die wenigen gefundenen Knochenflöten zeugen ja von einer bereits sehr differenzierten musikalischen Kultur. Gibt es Zeugnisse, die noch älter sind und auf musikalische Gemeinschaftsrituale schließen lassen?

Im thüringischen Bilzingsleben hat man Knochen und kulturelle Artefakte des Homo heidelbergensis gefunden, eines gemeinsamen Vorfahren des heutigen Menschen und des Neandertalers. Die Stätte ist etwa 400 000 Jahre alt, und viele Zeugnisse lassen darauf schließen, dass sie ein beliebter Treffpunkt unserer Vorfahren war. Darunter finden sich auch seltsame, kreisrunde Formationen von mehreren Metern Durchmesser, in denen Knochen von Nashörnern und Elefanten angeordnet worden waren, teilweise auch mit verkohlten Überresten. Die herkömmliche Erklärung war, dass runde Hütten oder Feuerstellen diese Kreise geformt haben.

Es gibt aber auch eine andere Interpretation: Der Archäologe Clive Gamble vom Londoner Hooloway College hält die Stätten für Versammlungsorte dieser frühen Gesellschaften. Steven Mithen fügt der Hypothese ein akustisches Element hinzu: Bilzingsleben sei ein Ort gewesen, an dem man sich zu rituellen Tänzen und Gesängen traf. Und die Knochenkreise stellten die ersten primitiven Bühnen dar – hier traten Einzelne in den Mittelpunkt, sangen, tanzten, gestikulierten und «erzählten» so ihren Mithominiden Geschichten.

Das würde auf einen engen Zusammenhang von Musik und Sprache hindeuten. Und genau das ist das Thema von Mithens Buch, dem er nicht zufällig den Titel *The Singing Neanderthals* («Die singenden Neandertaler») gegeben hat und das 2006 erschien. Mithen hat sich als Archäologe vor allem darauf spezialisiert, die Entstehung des menschlichen Geistes zu erforschen. Im Buch versucht er zu erklären, wie Musik und Sprache entstanden, was sie miteinander verbindet und was sie trennt.

Mmm Mmm Mmm Mmm

Der Ursprung der Sprache wird schon seit langem erforscht. Es sind viele gelehrte Bücher darüber geschrieben worden, aber notwendigerweise bleibt vieles Spekulation, eben weil die archäologischen Zeugnisse stumm sind. Tatsache ist, dass der moderne Mensch, Homo sapiens, das einzige Wesen ist, das über eine Sprache verfügt (jedenfalls eine Sprache im engeren Sinne, die es durch grammatische Regeln ermöglicht, eine potenziell unendliche Vielfalt von Sätzen zu bilden). Einig sind sich die Wissenschaftler auch, dass die Sprache den Menschen zum evolutionären Erfolgsmodell gemacht hat: Sie bedeutete die Möglichkeit, in der Gruppe präzise Informationen auszutauschen, auch über bisher unbekannte Dinge, und Wissen an die Nachkommen weiterzugeben. Mit dieser Fähigkeit hat Homo sapiens alle anderen Hominiden ausgestochen und ist als Einziger übrig geblieben. Die Zahl der Menschen hat sich exponentiell vergrößert und führte zu den bekannten Problemen, mit denen wir heute zu kämpfen haben.

Traditionelle Sprachtheorien haben sich vor allem mit dem Bedeutungsaspekt der Wörter beschäftigt. Grob gesagt, fingen unsere Vorfahren demnach an, Dinge mit Lauten zu belegen – die ersten Wörter entstanden: Mann, Frau, Elefant, Wasser. Später gingen sie dazu über, diese Wörter zu primitiven Sätzen zusammenzufügen. Irgendwann merkten sie jedoch, dass diese «Sätze» ohne grammatische Regeln zu großen Missverständnissen führen konnten. «Mann beißen Bär» kann bedeuten, dass der Mann einen Bär gebissen hat, aber auch umgekehrt, dass er vom Bär gebissen wurde. Also mussten Regeln her, um die Wörter wie auf einer Perlenkette zu schönen Sätzen aneinanderzureihen – und fertig war die Sprache.

Eine «kompositionale» Theorie der Sprache nennt man das. Die Voraussetzungen dafür – großes Gehirn, aufrechter Gang, ausgeprägter Stimmapparat – haben die Urmenschen seit knapp zwei Millionen Jahren – wieso sind sie dann erst in den letzten 100 000

Jahren auf die Idee gekommen, ihre Urwörter zu Sätzen zusammenzufügen?

Was der Homo heidelbergensis vor mehr als 400 000 Jahren an Lauten von sich gab, hatte wahrscheinlich wenig mit dem zu tun, was wir heute als Sprache bezeichnen, aber auch wenig mit heutiger Musik – gewiss weniger als der Gesang einer Nachtigall. Vielmehr handelte es sich, das jedenfalls ist Mithens These, um eine Vorstufe, die sich später aufspaltete in Musik und Sprache. Als «Protosprache» bezeichnen das manche Forscher, Mithen hat ein anderes Wort dafür gefunden: «Hmmmmm» nennt er diese Form der Kommunikation. Das soll einerseits darauf anspielen, wie das damals geklungen haben mag, andererseits ist es ein Akronym – «Hmmmmm» steht für eine Reihe von Adjektiven: *h*olistisch, *m*anipulativ, *m*ulti-*m*odal, *m*usikalisch und *m*imetisch.

Die rein linguistische, sich auf die Wörter beschränkende Betrachtung der Sprache blendet viele Elemente aus, die gerade in der Frühzeit sehr wichtig waren: Tonfall, Melodie, Gestik, Mimik. Ähnlich wie wir in der Babysprache diese Elemente überdeutlich einsetzen, weil der Säugling die Wörter nicht versteht, müssen wir uns auch die Kommunikation der Hominiden vorstellen, bevor es allgemeinverbindliche Vokabeln und Regeln gab. Die Sprachäußerungen, sagt Mithen unter Bezug auf die Linguistin Alison Wray von der University of Cardiff, waren *holistisch* – eine Äußerung hatte eine Bedeutung, etwa «Achtung, da kommt ein Bär!», ohne dass sie sich in einzelne Bestandteile aufspalten ließ.

Manipulativ war diese Ursprache, weil sie nicht aus abstrakten Erzählungen bestand, sondern immer auf die Beeinflussung des Hier und Jetzt gerichtet war (so, wie der Ruf «Feuer!» in einem vollbesetzten Kino ja auch keine sachliche Mitteilung ist, sondern direkt die Mitmenschen zum Handeln bringen will). *Multi-modal* war sie, weil sie viele Sprach- und Bewegungsebenen einbezog, *mimetisch*, weil sie noch sehr stark aus Imitationen, etwa von Tiergeräuschen, bestand, und *musikalisch*, weil sich die beiden Äußerungsformen eben noch nicht differenziert hatten.

Diese «Hmmmm»-Kommunikation war für eine Zeitspanne von Hunderttausenden von Jahren völlig ausreichend. Eine differenzierte Sprache, mit der man komplizierte Geschichten erzählen konnte, war offenbar nicht nötig. Salopp gesagt, hatte man sich damals nicht viel zu sagen: Die Hominidengruppen verbrachten die meiste Zeit miteinander, der Tagesablauf im Rhythmus der Jahreszeiten war relativ eintönig. Es passierte wenig Neues, was man unter Verwendung einer symbolischen Sprache hätte erzählen müssen. Ein überschaubares Repertoire holistischer Äußerungen reichte völlig aus. Die höchste Entwicklung, sagt Steven Mithen, fand «Hmmmm» unter den Neandertalern. Die, und da ist er sicherlich sehr spekulativ, waren nämlich musikalischer als die heutigen Menschen (daher sein Buchtitel).

Die Neandertaler, lange Zeit als behaarte, affenähnliche Gestalten dargestellt, sind in den letzten Jahren ein wenig rehabilitiert worden. Vor etwa 400 000 Jahren spalteten sich die Nachkommen des Homo heidelbergensis in zwei Äste auf – eben den Homo neanderthalensis und den Homo sapiens. Die Neandertaler bewohnten große Teile Europas und des Nahen Ostens, die Wiege der Menschheit hingegen stand in Afrika. Man muss sich die Neandertaler als hellhäutige, gedrungene, massive Gestalten vorstellen, dem Menschen an Körperkraft überlegen. Ihre Gehirne waren sogar größer als die unseren – das heißt allerdings nicht, dass sie «intelligenter» waren. Gehirngröße ist nicht alles, erst wenn man sie in Beziehung zur Körpermasse setzt, wird sie vergleichbar. Dieser «Enzephalisationsquotient» ist mit einem Wert von 5,3 beim Menschen der größte unter allen Säugetieren, beim Neandertaler betrug er 4,8.

Trotzdem – das Gehirn des Neandertalers war erheblich größer als das des Homo heidelbergensis (EQ: 3,1 bis 3,9). Wozu brauchte er das? Zum Sprechen? Die Wissenschaftler sind sich weitgehend einig, dass die Neandertaler keine Sprache hatten. Die Begründung. Obwohl es von diversen Fundstätten eine Vielzahl archäologischer Neandertaler-Funde gibt, sind keine symbolischen Artefakte dabei. Darunter versteht man Dinge, die keinen direkten praktischen Nutzen haben, aber trotzdem mit viel Sorgfalt hergestellt werden. Also etwa Höhlenmalereien, Schmuck, rituelle Gegenstände. Solche Artefakte wären ein Zeichen für symbolisches Denken, und das ginge einher mit symbolischen Äußerungen, also Sprache.

Von der menschlichen Warte her ist es auch erstaunlich, dass die Kultur der Neandertaler sich über eine Viertelmillion Jahre praktisch nicht veränderte. Sie stellten mit großem Geschick Faustkeile und Speere her – aber es waren immer dieselben Modelle. Dabei wäre es von großem Vorteil gewesen, sich in der unwirtlichen Umwelt des kalten Europa (die Epoche der Neandertaler erstreckte sich über mehrere Eiszeiten) das Leben etwas bequemer zu machen. Pfeil und Bogen, das wäre schon was gewesen. Oder Vorratshaltung, primitive Landwirtschaft. Doch Fortschritt gab es nicht, und daher war auch keine ausgefeilte Sprache notwendig. Beziehungsweise umgekehrt: Weil die Neandertaler nicht abstrakt dachten und solche Gedanken auch nicht hätten ausdrücken können, gab es keinen Fortschritt. Das Leben war hart, aber man nahm es hin – und machte «Hmmmmm».

Angenommen, die Vorstellung ist richtig, dass die Neandertaler zwar mit ihrer Kultur sehr gut angepasst waren an ihre Lebensumstände, ihnen jedoch das «fluide Denken» abging, das es dem Menschen möglich macht, aus Erfahrungen zu lernen und immer neue Innovationen zu ersinnen. Dann heißt das aber auch umgekehrt, dass sie ihr großes Gehirn dazu nutzten, ihre seit Jahrtausenden eingeübten Fähigkeiten immer weiter zu perfektionieren – sei es das Anfertigen von Faustkeilen oder eben die musikalische Kommunikation.

Zum Beispiel geht Mithen davon aus, dass die Neandertaler das absolute Gehör hatten, also Tonhöhen exakt identifizieren konnten. Diese Fähigkeit haben wahrscheinlich auch neugeborene Menschenbabys, aber die meisten Menschen verlieren das absolute Gehör, wenn sie sprechen lernen. Der Grund ist, dass in den meisten Sprachen die absolute Tonhöhe unwichtig ist, im Gegenteil, ein absolutes Gehör ist da eher störend. Wir wollen ja ein Wort, das von einer Frau ausgesprochen wird, genauso verstehen wie das eines Mannes, der viel tiefer spricht. Nur in den tonalen Sprachen, etwa den asiatischen, können Unterschiede in der Tonhöhe auch die Bedeutung von Wörtern verändern – entsprechend ist in asiatischen Ländern das absolute Gehör weiter verbreitet als in Europa und Nordamerika.

Ohne Sprache aber gibt es keine Notwendigkeit, das absolute Gehör zu verlernen. Also kann man vermuten, dass die Neandertaler es lebenslänglich hatten und in ihrem Singsang auch zur Differenzierung von Bedeutungen einsetzten.

Über einen sehr langen Zeitraum lebten die Neandertaler offenbar sehr gut mit ihrer statischen Kultur, sie überstanden auch extreme Klimawechsel in ihrer Umwelt. Doch dann, vor etwa 50 000 Jahren, begannen plötzlich dunkelhäutige Gestalten aus Afrika den europäischen Raum zu besiedeln und den Neandertalern Konkurrenz zu machen. Und wenige tausend Jahre später waren diese verschwunden. Man muss nicht einmal unterstellen, dass die neuen Bewohner die Alteingesessenen brutal ausgerottet haben – es reichte, dass sie mit ihrer flexiblen, innovativen Kultur bald die besseren Jagdwaffen hatten, um wilde Tiere zu erlegen, und so den Neandertalern langsam die Lebensgrundlage entzogen. Dieser neuen Lebensweise hatten die Neandertaler nichts entgegenzusetzen.

In dieser Geschichte steckt natürlich viel Spekulation, das gibt auch Steven Mithen zu. Aber die Vorstellung einer Kultur, die überhaupt keinen Drang nach Fortschritt hat, in deren Kommunikation Geist und Gefühl eine untrennbare Einheit bilden, hat schon etwas Faszinierendes. Wir gehen oft selbstverständlich davon aus, dass jede Kultur sich irgendwann einmal zwangsläufig so entwickeln muss wie unsere menschliche (oder noch enger gesagt: wie die moderne westliche Zivilisation). Ständiger Fortschritt, ständige Expansion, ständige Eroberung neuer Lebensräume. Die Neandertaler könnten jedoch ein Gegenbeispiel dafür sein. Das erinnert mich an ein Gespräch, das ich mit dem Hamburger Mathematiker Reinhard Diestel über die Frage geführt habe, ob auch außerirdische Zivilisationen, wenn es sie denn gibt, notwendigerweise dieselbe Mathematik hervorbringen würden wie wir. Seine Antwort: «Die Frage ist: Würden die überhaupt Mathematik machen? Oder würden die nur singen?»

Der Mensch hat, nach Steven Mithens Theorie, die «Hmmmmm»-Kommunikation von seinen Vorfahren geerbt. Aber er machte aus eins zwei: «Hmmmmm» spaltete sich auf in Sprache und Musik. Die Sprache, unsere wohl wichtigste Erfindung, nutzen wir, um Informationen auszutauschen. Damit wird der tonale, emotionale, musikalische Teil von «Hmmmmm» befreit von der Notwendigkeit, Bedeutungen zu vermitteln, und kann sich frei entwickeln – eben zu der musikalischen Kultur, die wir haben.

Musik hat Bedeutung nur noch im emotionalen Sinn, sie löst subjektiv Gefühle bei jedem Einzelnen aus, die sich jedoch sehr unterscheiden können. Im strengen Sinne bedeutet Musik nichts, auch wenn sie (wie die Oper *Peter und der Wolf* und andere Beispiele von Programmmusik) sich an Phänomenen der realen Welt orientiert. Was für den einen Liebe ausdrückt, kann auf den anderen depressiv wirken. Wir haben unsere akustische Kommunikation ein für alle Mal zweigespalten. Erst in Liedern, die mit Text gesungen werden, finden die beiden Zweige wieder zusammen. So ist das Lied auch der Versuch, die holistische Ausdrucksform unserer Vorfahren wieder ein bisschen nachzuempfinden.

Die Theorie von Mithen mag eine Menge an spekulativen Elementen enthalten, aber sie beantwortet die alte Frage «Was war zuerst da – die Musik oder die Sprache?» mit einem überraschenden «Weder – noch». Musik wird auch nicht zum entbehrlichen Zuckerguss degradiert, mit dem die Sprache überzogen ist, sondern sie erhält einen gleichberechtigten Platz – als die Sprache der Gefühle. Mit ihr können wir zwar keine konkreten Informationen übermitteln, dafür jedoch eine fast unbeschränkte Vielfalt an emotionalen Nuancen. Und deshalb wird es keinem Terrorregime gelingen, den Menschen die Musik zu verbieten.

3. Horch, was kommt von draußen rein
Vom Ohr ins Hirn

> Musik und Rhythmus finden ihren Weg
> zu den geheimsten Plätzen der Seele.
>
> *Platon*

Hamburgs Bürger greifen tief in die Tasche. Beziehungsweise ihre Stadtregierung, der Senat: Knapp 400 Millionen Euro wird der Stadtstaat ausgeben für den Bau der Elbphilharmonie, eines futuristisch anmutenden Konzertsaals, der in 37 Metern Höhe auf einem alten Speicher errichtet wird. Das ist jedenfalls der letzte Stand, der Preis wurde immer wieder nach oben korrigiert, und nur Optimisten glauben, dass die jetzige Summe Bestand haben wird.

Konzertsäle sind sehr spezielle Räume. Sie werden einzig und allein zur Vorführung von Musik gebaut, genauer gesagt für die Musik einer vergangenen Epoche – Jazz und Rock klingen in klassischen Konzerthallen nur bedingt gut. Sie sind eine Erscheinung, die in Europa vor etwa 200 Jahren aufkam, vorher musizierte man entweder in den Schlössern des Adels oder in Kirchen. Das aufstrebende, kulturbewusste Bürgertum wollte seine eigenen Kulturstätten haben, philharmonische Gesellschaften sprossen aus dem Boden, und man baute prächtige Musiktempel, die teilweise heute noch in Betrieb sind, etwa der Musikverein in Wien, das Gewandhaus in Leipzig oder das Concertgebouw in Amsterdam.

Die ersten Konzerthallen wurden noch nach dem Prinzip von Versuch und Irrtum gebaut, basierend auf Erfahrungswerten. Es kam immer wieder vor, dass eine wunderschöne Halle schrecklich klang. Erst im 20. Jahrhundert wurde die Akustik dieser Gebäude nach wissenschaftlichen Prinzipien konstruiert. Heute weiß gerade eine Handvoll Akustiker rund um den Globus, wie man jenen Sound erzeugt, den Klassikfans bevorzugen, wie man deren feinem Gehör architektonisch gerecht wird.

Ein Tempel für die Musik

Zwei Glaubensrichtungen gibt es unter den Konzerthallen-Akustikern: «Weinberg» versus «Schuhschachtel». Im Fall der Elbphilharmonie ist der federführende Akustiker der Japaner Yasuhisa Toyota. Er gehört zur Weinberg-Fraktion und baut Säle, bei denen das Podium fast in der Mitte positioniert ist. Die Alternative zum Weinberg ist die Schuhschachtel – ein Quader, dessen Länge doppelt so groß ist wie Breite und Höhe. Die Bühne liegt ganz konventionell an einem Ende. So wurden die großen Säle des 19. Jahrhunderts gebaut. Ein modernes Beispiel ist der Konzertsaal im Kultur- und Kongresszentrum Luzern (KKL), entworfen von dem Architekten Jean Nouvel und dem Akustiker Russell Johnson.

Ich hatte im Sommer 2007 das Glück, mir in Luzern eine Aufführung von Beethovens neunter Symphonie anhören zu dürfen. Wie in einer Schachtel fühlt man sich dort ganz gewiss nicht, der Saal ist schlicht, aber trotzdem elegant. Die weißen Seitenwände haben einen leichten Schwung, die Bestuhlung ist aus Holz. Und bei dieser Symphonie kann der Saal alle seine Stärken zeigen: Das 130-köpfige Lucerne Festival Orchestra, dazu noch ein Chor mit mehr als 40 Sängern – das ist eine Menge Schallenergie. Gegen die müssen sich vier solistische Sänger durchsetzen, die in erhöhter Position hinter dem Orchester stehen. Doch der beeindruckendste Augenblick des Abends ist die Stelle im letzten Satz, an der die Kontrabässe das bekannte «Freude, schöner Götterfunken»-Thema zum ersten Mal intonieren. Der Dirigent Claudio Abbado lässt diese Solostelle in einem extremen Pianissimo spielen – und die Musik erreicht mit wundervoller Präsenz und Klarheit auch den letzten Platz.

Was das Ohr des Menschen in einem solchen Konzert leistet, ist phänomenal. Allein das Spektrum der Lautstärke zwischen diesem Pianissimo und dem Finale der Symphonie ist so groß, dass es heute noch Schwierigkeiten bereitet, das in einer technischen Aufnahme befriedigend wiederzugeben. Dazu kommen noch sieben bis zehn akustische Parameter, die die Charakteristik eines Saals ausmachen. Diese physikalisch messbaren Größen – etwa Nachhall, Präsenz, Raumeindruck, Klangfarbe – aufeinander abzustimmen, darin besteht die Kunst. Sie gibt dem Saal seine Unverwechselbarkeit und macht ihn gleichsam zu einem Instrument, auf dem das Orchester spielt.

Naiv möchte man annehmen, es ginge lediglich darum, den Schall von den Musikern möglichst direkt und ungestört zum Zuhörer zu übertragen. Das ist das Prinzip der Amphitheater, wie sie schon die alten Römer bauten, und für Sprache ist das tatsächlich ideal. Keine Echos, wenig Hall – so kommen die Worte deutlich und verständlich beim Zuhörer an.

Wenn es aber um Musik geht, ist ein «trockener» Klang allenfalls im Tonstudio erwünscht. Dort schafft man schalltote Räume, um nachher die Freiheit zu haben, den Raumklang elektronisch hinzuzufügen. Ein Mensch, der sich länger in einem solchen Studio aufhält, fühlt sich unwohl – Reflexionen geben uns Informationen über den Raum, und ohne die sind wir akustisch orientierungslos.

In einem guten Konzertsaal kommen auf den meisten Plätzen maximal fünf Prozent des Schalls, der das Ohr erreicht, direkt von der Bühne – der Rest ist mindestens einmal irgendwo reflektiert worden. Die vielen einzelnen Wellen, die unterschiedlich lange Laufzeiten hinter sich haben, ergeben den Nachhall. Er schwingt noch, wenn der eigentliche Ton bereits verklungen ist. In Auditorien, die auf Sprache ausgelegt sind, dauert der Hall Bruchteile von Sekunden, in Kathedralen teilweise über zehn Sekunden, und im Konzertsaal sollte er bei zwei Sekunden liegen. Die Nachhallzeit hängt hauptsächlich vom Volumen des Raumes ab, deswegen braucht ein guter Saal eine gewisse Mindestgröße.

Doch Hall ist nicht alles. Mindestens genauso wichtig ist das, was sich in den ersten 80 Millisekunden nach Eintreffen der ersten Schallwelle im Ohr, vor allem aber im Gehirn abspielt. Es geht um die sogenannten frühen Reflexionen – Schallwellen, die etwa von einer Seitenwand zurückgeworfen werden. Sie geben dem Gehirn Orientierung: Wo ist die Schallquelle? In was für einem Raum befinde ich mich? Der frühe Schall sorgt für Präsenz und Definition des Tons, der späte hüllt uns angenehm ein. Und diese beiden Anteile sollten sauber voneinander getrennt sein, sonst entsteht Klangmatsch.

Das Dilemma der hochspezialisierten Konzerthallen besteht darin, dass sie eigentlich Relikte einer vergangenen Epoche sind. Die Entwicklung der Musik hat nicht mit der Romantik aufgehört, und allenfalls in New York, London und Paris kann man einen großen Saal an 250 bis 300 Tagen im Jahr mit klassischer Musik füllen. Zunehmend müssen die Hallen auch für Pop-, Jazz- und Weltmusikkonzerte gerüstet sein oder gar für den einen oder anderen Ärztekongress. Verstärkte Musik und Sprache aber verlangen nach «trockenen» Sälen mit kurzen Nachhallzeiten. Der Tontechniker möchte den Sound an seinem Mischpult machen und nicht mit den Reflexionen des Saales kämpfen. Also müssen die eigens für die Akustik konstruierten Flächen mit Bahnen von dämpfenden Stoffen verhängt werden. Und so gehört die Hamburger Elbphilharmonie vielleicht zu den letzten Klassiktempeln, die gebaut werden. Die Zukunft gehört Sälen mit variabler Akustik, in denen Musik jeder Stilrichtung gegeben werden kann.

Der Aufwand, der mit der Konstruktion von Konzerthallen getrieben wird, zeigt, dass unser Gehör sich nicht mit einfachen akustischen Lösungen zufriedengibt. Da wir heute die meiste Musik aus der Konserve hören, hat sich der Aufwand verlagert – von der

Architektur zur Aufnahmetechnik, vom Konzertsaal ins Tonstudio. Geblieben ist die Tatsache, dass unser Gehör wahrscheinlich der differenzierteste unserer Sinne ist. Aus einer banalen physikalischen Größe, nämlich einer periodischen Schwankung des Luftdrucks, wird über mehrere Stationen die unendlich vielfältige und emotional bewegende Wahrnehmung, die wir Musik nennen.

Der feinste aller Sinne

Fünf Sinne hat der Mensch: Sehen, Hören, Riechen, Schmecken, Fühlen. Inzwischen zählt die Wissenschaft noch einige andere unserer Wahrnehmungen als eigene Sinne, etwa den Gleichgewichtssinn oder die sogenannte Propriozeption, das Körpergefühl. Es sagt uns auch im Dunkeln, wo sich etwa die Spitze unseres rechten Zeigefingers befindet.

Aber bleiben wir bei den fünf Sinnen, die schon Aristoteles kannte. Zwei von ihnen, das Fühlen und das Schmecken, sind «Kontaktsinne» – der Körper muss den Gegenstand unmittelbar berühren. Sehen, Riechen und Hören sind dagegen «Distanzsinne» – wir nehmen mit ihnen Dinge wahr, die von uns entfernt sind, teilweise sehr weit: Die Quellen von Gerüchen und Geräuschen können kilometerweit weg sein, und nachts sehen wir am Himmel Sterne in einer Entfernung von Milliarden Lichtjahren.

Das Hören unterscheidet sich in einigen grundlegenden Eigenschaften von den anderen Sinnen. Zunächst einmal ist es am schwierigsten abzustellen: Ein unangenehmes Gefühl oder einen unangenehmen Geschmack wird man los, indem man den Kontakt zu dem Gegenstand aufgibt. Gestank nimmt man nicht mehr wahr, wenn man einfach durch den Mund atmet. Will man etwas nicht sehen, schaut man weg. Selektives «Weghören» dagegen ist schwierig – gegen einen unangenehmen Ton hilft nur der Komplettverschluss des Hörorgans mit Kopfhörern oder Ohrstöpseln (von den unangenehmen Tönen, die von innen kommen, dem sogenannten Tinnitus, soll hier nicht die Rede sein).

Ein weiterer wichtiger Unterschied zu den anderen Sinnen besteht darin, dass der Hörsinn sehr eindimensional ist. Beim Tasten verarbeiten wir Signale von unzähligen Nervenenden auf unserer Haut. Auch die Zunge und die Nase verfügen über ein ganzes Feld von Sensoren, die teilweise auf ganz bestimmte Substanzen reagieren. Und auf der Netzhaut des Auges befinden sich 120 Millionen Stäbchen und 5 Millionen Zapfen, die uns ein zweidimensionales und (durch das Zusammenspiel der beiden Augen) dreidimensionales Bild sehen lassen.

Das Ohr dagegen verarbeitet ein einziges Signal (gut, es sind zwei, an jedem Ohr eines, aber das ist nur für das räumliche Hören von Bedeutung). Eine fast unglaubliche Tatsache: Ein Tonsignal, auch wenn es sämtliche Instrumente eines Symphonieorchesters enthält und dazu noch das Husten der Menschen im Publikum, ist nur eine einzelne Druckschwankung über die Zeit. Aus dieser Schwankung erschließen wir uns die ganze Welt des Schalls und insbesondere die Welt der Musik.

Stellen Sie sich vor, sie bekämen alle optischen Informationen über die Welt durch ein einziges Lämpchen, das mit variablem Tempo flackert und dabei heller oder dunkler leuchtet. Oder sämtliche Tast-Eindrücke über einen Stift, der an einer Stelle unserer Haut vibriert. Abgesehen davon, dass diese Sensoren längst nicht so empfindlich wären wie unser Gehör – können Sie sich vorstellen, dass damit nicht nur karge Informationen übertragen würden, sondern auch Eindrücke von tiefer emotionaler Bedeutung, wie es ein Lied, eine Symphonie oder die Stimme eines Babys sein können?

Noch einmal: Schall ist nichts anderes als Luftdruck, der sich über die Zeit ändert. Werden zu Silvester Knaller gezündet, sendet jede dieser Explosionen eine kugelförmige Druckwelle aus, und wenn die unser Trommelfell erreicht, dann wird das kurz nach innen gedrückt, und wir hören einen Knall. (Die meisten

50

Menschen finden das unangenehm, männliche Jugendliche finden es angenehm, und manche Menschen finden es nur an einem Tag im Jahr angenehm.)

Die meisten Schallphänomene sind aber nicht solche einmaligen Druckwellen, sondern welche, die sich in irgendeiner Weise wiederholen. Wenn eine Gitarrensaite schwingt, dann bewegt sie sich periodisch hin und her, sagen wir einmal 400-mal pro Sekunde, und entsprechend schiebt sie 400-mal ein paar Luftmoleküle weg. Diese stupsen andere Moleküle an, und so pflanzt sich der Schall wellenförmig fort. Es ist schon faszinierend, wenn man sich überlegt, dass eine zehn Meter von uns entfernte schwingende Gitarrensaite genügend Störungen in der Luft erzeugt, dass der entstehende periodische «Wind» von unserem Gehör wahrgenommen wird.

Übrigens erklärt das auch, warum es im Weltall totenstill ist: Die Druckwelle kann nur übertragen werden, wenn zwischen Schallquelle und Hörer ein Medium ist, das die Schwingung überträgt – Luft, Wasser oder auch ein fester Körper wie die Erde, durch die sich Erdbebenwellen fortpflanzen. Das nächste Mal, wenn Sie in einem Science-Fiction-Film sehen, dass ein abgeschossenes Raumschiff mit lautem Knall explodiert, wissen Sie es besser!

Auf unserem Trommelfell lastet zu einem bestimmten Zeitpunkt immer nur ein gewisser Druck. Ein einziger Messwert, der sich über die Zeit ändert. Alle Schallwellen, die aus unterschiedlichen Richtungen auf uns einwirken, vereinigen sich zu diesem einen Wert. Wenn also in zehn Meter Entfernung der Gitarrist spielt, rechts neben uns der Sitznachbar sich laut die Nase schnaubt und draußen eine Straßenbahn vorbeifährt, dann vereinigen sich die Druckwellen zu einer einzigen. Nachher können wir trotzdem ganz klar die Gitarre vom Sitznachbarn und den wiederum von der Straßenbahn unterscheiden. Das ist das Ergebnis eines komplizierten Prozesses – fast so, als würde man einen Teig, in dem man Eier, Milch und Mehl miteinander verrührt hat, wieder entmischen!

In Schulbeispielen für Schallsignale findet man meistens Diagramme, in denen das Signal eine schöne, glatte Schwingung vollführt, eine sogenannte Sinuskurve.

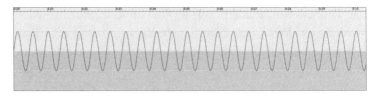

Sinusschwingung

Der Techniker sieht sofort: Aha, eine regelmäßige Schwingung, 22 Wellenberge in einer Zehntelsekunde, macht 220 Schwingungen pro Sekunde. Diesen Wert nennt man die Frequenz des Tons, sie wird in Schwingungen pro Sekunde oder Hertz gemessen. Dieser Ton hat also 220 Hertz.

Wenn das Hören nur so einfach wäre! Aber ein solcher Ton begegnet uns im wirklichen Leben praktisch nie – reine Sinustöne kennen wir allenfalls als Testsignal von Elektrotechnikern oder als Klangeffekt aus der Frühzeit der elektronischen Musik. Wir empfinden sie nicht als angenehm, sie klingen künstlich und leblos.

Ein typisches Schallsignal sieht anders aus – eine wild gezackte Linie, in der man zunächst keine Regelmäßigkeit erkennen kann.

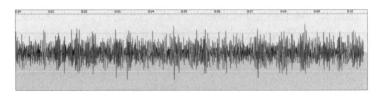

Rauschen

Das ist jetzt nur ein Beispiel für ein Rausch-Signal (ich habe mich vor meinen Computer gesetzt und «schhhhhh» gemacht). Doch auch musikalischen Tonaufnahmen sieht man ihren Wohlklang nicht an. Ein paar Beispiele, jeweils eine Zehntelsekunde aus einem bekannten Musikwerk:

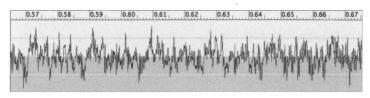

The Beatles: Let it Be

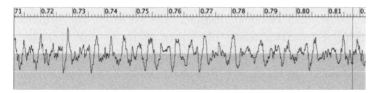

Mozart: Symphonie Nr. 40

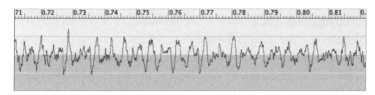

Schönberg: Fünf Klavierstücke, op. 23

Sicher, die Wellen sehen unterschiedlich aus, aber das hat mehr damit zu tun, wie viel gerade passiert in dem Stück. Allein durch Anschauen der Kurve erkennen wir keine Regelmäßigkeit, keine einzelnen Töne, geschweige denn das Stück, das da gespielt wird. Das Ohr kann das sehr wohl – würde ich Ihnen die einzelnen Soundclips vorspielen, jeweils nur eine Zehntelsekunde lang, Sie wüssten sofort, welcher Clip zu welchem Stück gehört! Vielleicht wäre das mal eine Anregung für eine Bewerbung bei *Wetten, dass..?* ein Kandidat, der anhand der Wellenform ein Musikstück erkennt, wäre sicherlich eine Sensation.

Verfolgen wir also das Tonsignal, das an unserem Trommelfell ankommt, weiter, und schauen wir, was unser Hörapparat damit macht und wie er Töne aus dem Klangbrei herausfiltert!

Die Schallwellen betreten unser Ohr durch die Ohrmuschel und den Gehörgang, der etwa drei Zentimeter lang ist. Wie in einem Schalltrichter werden dort die Wellen gebündelt, bevor sie auf das Trommelfell treffen – ein kleines Häutchen mit einer Fläche von gut 50 Quadratmillimetern. Dieses Häutchen gerät durch den Schall ins Schwingen.

Hinter dem Trommelfell beginnt das Mittelohr. Hier wird der Schall mechanisch weiter übertragen durch die drei Gehörknöchelchen Hammer, Amboss und Steigbügel. Diese drei Knochen sind die kleinsten, die der Mensch hat, und sie setzen die Auslenkung des Trommelfells wie Pleuelstangen mechanisch um. Dabei entsteht eine Hebelwirkung: Die Größe der Auslenkung, die Amplitude, wird verringert, dafür steigt der Druck. Gleichzeitig wird die Energie auf eine geringere Fläche konzentriert, sodass sich eine Verstärkung des Eingangssignals um den Faktor 22 ergibt.

Der Steigbügel endet in einer Platte, die auf einer Membran aufsitzt, dem sogenannten Ovalen Fenster. Dieses Fenster verschließt die Schnecke, einen spiralförmig gewundenen Knochengang, der mit Flüssigkeit gefüllt ist. So wird die mechanische Schwingung des Mittelohrs hier in eine Flüssigkeitsschwingung umgesetzt. Die Schnecke gehört zum Innenohr, und hier findet der eigentliche Hörvorgang statt.

Die Druckwelle, die der Steigbügel ausübt, rast durch die Schnecke durch. In der Mitte des Schneckengangs ist quer eine Membran gespannt, Basilarmembran heißt sie, und auf ihr sitzen die äußeren und inneren Hörzellen. Die kann man sich wie Härchen vorstellen, die durch die Bewegung der Flüssigkeit zum Schwingen angeregt werden. Und diese Schwingung wird nachher in Nervenimpulse umgesetzt. Wie das funktioniert, dazu später!

54

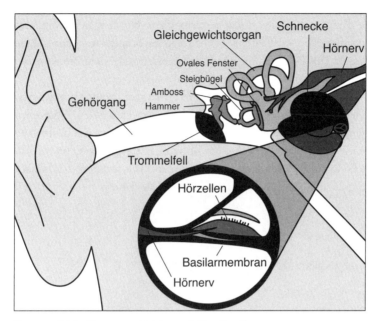

Der menschliche Hörapparat (Zeichnung: L. Engelhardt)

Durch dieses subtile System von Schallbündelung und -verstärkung kann unser Ohr Druckschwankungen von einem zehntausendstel Pascal wahrnehmen. Das ist ein Fünfmilliardstel des normalen Luftdrucks. Noch schwächere Signale zu hören, würde keinen Sinn ergeben – dann könnten wir nämlich tatsächlich die Bewegungen der Moleküle als Rauschen wahrnehmen. Das Ohr besitzt also eine optimale Empfindlichkeit – besser geht's nicht!

Das lauteste Signal, das wir hören können, ohne dass unser Ohr dauerhaft Schaden nimmt, die sogenannte Schmerzschwelle, liegt dagegen bei einem Druck von 100 Pascal. Das ist der fünfmillionenfache Pegel der Hörschwelle. Technisch wird der Schalldruck meist in Dezibel (dB) gemessen, diese Skala ist nicht linear, sondern «logarithmisch» – eine Verdreifachung des Schalldrucks entspricht einem Schritt von 10 dB. Die Hörschwelle liegt dabei bei 0 dB, die Schmerzschwelle bei 134 dB.

Kein technisches System kann diese Bandbreite an Signalen wiedergeben – deshalb ist bis heute keine Schallplatte oder CD ein Ersatz für das Erlebnis eines Live-Konzerts, bei dem die Künstler die volle Dynamik ihrer Instrumente ausnutzen.

Wie wir Lautstärke subjektiv wahrnehmen, hängt davon ab, wie viele Hörzellen von einer Schallwelle erregt werden. Wenn wir lange einem lauten Schall ausgesetzt sind, werden die Zellen unempfindlicher, erst nach einer Ruhephase steigt ihre Empfindlichkeit wieder. Deshalb ist ein Schall, der aus einzelnen, stoßweisen Signalen besteht, für uns auch lästiger als dauerhafter Lärm.

«Musikalische» und «unmusikalische» Töne

Töne, die wir als musikalisch bezeichnen, haben ein wesentliches Merkmal: Wir ordnen ihnen eine Tonhöhe zu. Und naiv möchte man annehmen, dass diese Tonhöhe der Frequenz einer regelmäßigen Schwingung entspricht. Hoher Ton, hohe Frequenz – tiefer Ton, tiefe Frequenz. Die beiden Größen haben tatsächlich etwas miteinander zu tun, aber ganz so einfach ist der Zusammenhang nicht.

Ein Rauschen, etwa das des Meeres oder der Blätter im Wald, hat keine Tonhöhe. Wir empfinden es nicht als Musik. Beim Rauschen überlagern sich viele Tonwellen unterschiedlicher Frequenzen so, dass überhaupt keine Regelmäßigkeit mehr zu erkennen ist. «Weißes Rauschen» enthält gleichmäßige Anteile aus allen hörbaren Tonfrequenzen.

Aber der Übergang zwischen Rauschen und Musik ist durchaus fließend, das perfekte Weiße Rauschen kommt in der Wirklichkeit nicht vor. Weiter oben habe ich die Wellenform eines Rauschsignals wiedergegeben. Das habe ich nun im Computer manipuliert, um jeweils ein paar Tonschritte angehoben – und schon kann man aus Tonschnipseln dieses Rauschens die Melodie von *Alle meine Entchen* erzeugen. ◀》

Ein Nicht-Ton wird zum Ton, Geräusch wird zu Musik! Ein Verfahren, das man auch aus der modernen Musik kennt, aus experimenteller E-Musik ebenso wie aus Pop- und Technotiteln. Die Band Einstürzende Neubauten hat auf der Bühne allerlei Gegenstände zur Geräuscherzeugung benutzt, und die Hamburger Künstler Christian von Richthofen und Kristian Bader zerlegen bei ihrer musikalischen Revue *AutoAuto* regelmäßig einen Mittelklassewagen. «Autos haben so schön unterschiedliche Klangflächen», erklärt Richthofen, «die Kühlerhaube, den Grill, die Windschutzscheibe, die Türklinken: alles, was ein normales Schlagzeug in der Vielfalt nicht ansatzweise bietet.» Am schönsten klinge übrigens der Opel Kadett E.

Solche Aktionen zeigen: Was Musik ist und was Geräusch, lässt sich nicht allein technisch-physikalisch definieren. Musik ist «organisierter Klang», sagte der Komponist Edgar Varèse, und der Vorrat für diese schöpferisch-organisatorische Tätigkeit ist tatsächlich alles, was irgendwie tönt.

Wenn Christian von Richthofen ein Auto mit einem Schlagzeug vergleicht, dann liegt der Vergleich auch deshalb nahe, weil die meisten Schlag- und Perkussionsinstrumente ebenfalls keine eindeutigen Töne von sich geben. Der Schlagzeuger stimmt sein Instrument selten und kümmert sich kaum darum, in welcher Tonart das Stück ist, das er begleitet. Allenfalls ein paar besonders «tönende» Trommeln, im Rock- und Jazz-Schlagzeug die sogenannten Toms, werden von einigen anspruchsvollen Künstlern ans jeweilige Musikstück angepasst. Einem Becken oder einer Snare-Drum dagegen ordnet man keine Tonhöhe zu.

Aber die «normalen» Instrumente erzeugen doch eindeutige Tonhöhen, oder? Selbst bei Klavieren, Flöten, Geigen oder Trompeten muss man sagen: Tonhöhe ist ein subjektives Konstrukt des Gehirns. Und das liegt daran, dass selbst beim saubersten Ton dieser Instrumente stets mehr als eine Grundschwingung mit im

Spiel ist. Auch diese Töne sind ein Gemisch von Frequenzen – allerdings anders als beim Rauschen kein chaotisches Gemisch, sondern ein sehr geordnetes. Sie bestehen aus den sogenannten Obertönen.

Physikalisch kann man das vielleicht am besten am Beispiel einer Gitarrensaite erklären. Die schwingt nämlich nicht einfach nur hin und her, sondern sie vollführt ein kompliziertes Bewegungsmuster, zu dem auch andere Schwingungen gehören – etwa die, bei der die Saite in der Mitte fixiert ist und die beiden Hälften jeweils zur anderen Seite hin schwingen, und zwar doppelt so schnell. Oder entsprechende Unterteilungen mit zwei, drei oder noch mehr Fixpunkten. Dabei entstehen Tonschwingungen, deren Frequenz ein Vielfaches der Grundfrequenz beträgt, also das Doppelte, Dreifache, Vierfache und so weiter, und die überlagern sich mit dem Grundton. Man kann sich also jeden Gitarrenton vorstellen als ein Gemisch aus Sinustönen der jeweiligen Obertonfrequenzen. Hat der Grundton die Frequenz 220 Hertz, dann schwingen gleichzeitig Töne von 440, 660, 880 Hertz mit (und so weiter).

Natürlich kommen beim Trommelfell keine zwei oder drei oder vier Tonsignale an, sondern weiterhin nur eines. Die unterschiedlichen Frequenzen überlagern sich zu einer komplizierteren Welle. Wenn man zum Beispiel in einen Klavierton hineinzoomt, so erhält man eine regelmäßige, aber nicht mehr sinusförmige Schwingung.

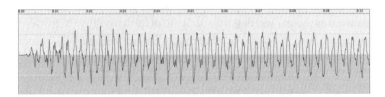

Klavierton

Die Obertöne führen dazu, dass die Grundschwingung eine neue Form bekommt. Trotzdem bleibt die Periode des Tons erhalten – das Muster wiederholt sich weiterhin 220-mal pro Sekunde, es ist nur keine «saubere» Sinuskurve mehr.

Warum aber hören wir eindeutig einen Klavierton und nicht viele? Das wiederum liegt an der Mischung – die Obertöne sind leiser als der Grundton. Hätten sie dieselbe Lautstärke, so würde man tatsächlich mehrere Töne hören. Diese Mischung der Obertöne macht die Klangfarbe eines Instruments aus. Sie fügt dem langweiligen Sinuston Ecken und Kanten hinzu, gibt ihm Rauigkeit, ein leichtes Hauchen, Scheppern, Dröhnen – das alles in feiner Dosierung, sodass es nicht anfängt, unmusikalisch zu klingen.

In dem Frequenzgewirr einen Grundton zu erkennen, scheint ein tiefes Bedürfnis des hörenden Gehirns zu sein – wieder ein Beweis für eine regelrechte Sucht nach Musik. Die Sucht ist so groß, dass wir sogar Töne hören, die gar nicht existieren! Lässt man nämlich in der Mischung der Obertöne den Grundton weg, dann rekonstruiert das Gehör diesen sogenannten Residualton und «hört» ihn trotzdem. Erklingen also zum Beispiel die Frequenzen 440, 660 und 880 Hertz, dann passt das nur zu der Obertonreihe von 220 Hertz, also wird der fehlende tiefe Ton einfach hinzugedacht.

Das klingt nun erst mal nach höherer Mathematik – und tatsächlich wird hier mathematisch der größte gemeinsame Teiler der drei hörbaren Frequenzen ermittelt. Aber natürlich rechnet das Gehirn das nicht explizit aus. Schaut man sich die Mischung der drei Frequenzen an, so ergibt sich tatsächlich ein Signal, das sich 220-mal pro Sekunde wiederholt.

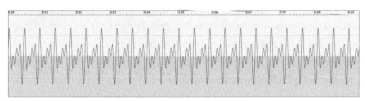

Ein Ton mit «fehlendem Grundton»

Aber hat diese faszinierende Fähigkeit, nicht existierende Töne zu ergänzen, einen praktischen Wert? Allerdings – zum Beispiel am Telefon. Das überträgt nur Frequenzen ab etwa 300 Hertz, und das liegt oberhalb der Grundtöne von Stimmen erwachsener Menschen. Trotzdem glauben wir, wenn wir mit einem Mann telefonieren, nicht, ein Kind am Apparat zu haben, wir ergänzen den tiefen Grundton aus dem Obertonspektrum. Organisten können Töne simulieren, die tiefer klingen als die längste Pfeife, die ihre Orgel hat, indem sie geschickt die Register ziehen und so ein bestimmtes Obertonspektrum erzeugen. Und Hersteller von Lautsprecherboxen kriegen es mit technischen Kniffen hin, dass ihre Geräte scheinbar tiefere Töne von sich geben, als sie physikalisch übertragen können.

Die Höhe eines komplexen Tons ist also gar nicht so leicht zu ermitteln, und es spielen subjektive Faktoren mit hinein. Dazu kommt, dass man einen Ton unterschiedlich hoch hört, je nachdem, in welcher Nachbarschaft er sich befindet. Darauf beruht der verblüffende Effekt der sogenannten Shepard-Skala – eine scheinbar unendlich aufsteigende Tonleiter, die dennoch immer «auf der Stelle tritt». Die Tonfrequenzen sind raffiniert so gemischt, dass man den jeweils nächsten Ton immer als höher als den vorhergehenden empfindet, obwohl nach und nach tiefe Frequenzen dazugefügt werden, sodass man nach einer Oktave wieder beim Ausgangston ist. ◀))

(Eine Oktave ist ein fundamentaler Begriff in der Musik: Eine Tonleiter kommt nach acht Tönen bei einem Ton an, der «irgendwie derselbe» ist wie der Anfangston. Er schwingt doppelt so oft pro Sekunde wie der Grundton, aber wir empfinden ihn als praktisch gleich – zum Beispiel singen Frauen meist eine Oktave höher als Männer, trotzdem empfindet man die Töne nicht als unterschiedlich.)

Das Beispiel erinnert an eine Zeichnung von M. C. Escher, auf der Mönche im Kreis ständig eine Treppenstufe höhersteigen und doch immer wieder bei ihrem Ausgangspunkt ankommen. Die

Zeichnung täuscht unsere perspektivische Wahrnehmung, die Shepard-Skala unsere Wahrnehmung der Tonhöhe. Noch frappierender ist der Effekt, wenn der Ton scheinbar kontinuierlich ansteigt, wie eine Sirene, aber trotzdem nicht wirklich höher wird (der Effekt heißt dann Shepard-Risset-Glissando). Einige moderne Komponisten haben das in ihre Musik eingebaut, aber auch Pop-Gruppen wie Pink Floyd (im Song *Echoes*) und Queen (auf der Platte *A Day at the Races*).

Wie zerlegt man denn nun ein komplexes Tonsignal in seine unterschiedlichen Frequenzen? Wie «entmischt» man den Klang-Brei? Technisch gesehen ist dazu eine sogenannte Fourier-Analyse des Signals nötig. Mathematisch wird darin eine Kurve als Summe von vielen Sinusfunktionen dargestellt. Will man das tatsächlich ausrechnen, braucht man eine Menge Differenzial- und Integralrechnung. Aber natürlich löst unser Gehirn keine solchen Gleichungen. Wenn wir einen geworfenen Ball fangen wollen, berechnen wir ja auch nicht explizit die Parabelbahn, die er beschreibt. Trotzdem greifen wir mit etwas Übung zur richtigen Zeit an der richtigen Stelle zu.

Wie das Innenohr den Ton in Frequenzen zerlegt, hat vor allem der Physiker Georg von Békésy herausgefunden und dafür 1961 den Nobelpreis bekommen. Vorher ging man davon aus, dass es im Gehör irgendwie schwingende «Saiten» gebe, die in Resonanz versetzt würden. Tatsächlich aber ist es eine «Wanderwelle», die dieses Kunststück leistet.

Im Innenohr rast die Welle, die der Steigbügel ausgelöst hat, durch die Schnecke – zunächst durch die Hälfte oberhalb der Basilarmembran, dann vom Ende der Spirale zurück durch die untere Hälfte. Die Basilarmembran wird zur Spitze der Schnecke hin immer breiter, und so ändern sich ihre physikalischen Eigenschaften. Die Wanderwelle des Tons dringt je nach Frequenz unterschiedlich tief in die Schnecke ein, erreicht an einer bestimmten Stelle ein Maximum und ebbt dann schnell ab. Die hohen Frequenzen «brechen» schon nahe dem Eingang, die tieferen dringen weiter vor. Dort, wo die Welle am stärksten ist, werden die Hörzellen stärker erregt, und die geben dann über die mit ihnen verbundenen Nerven ein stärkeres Signal ans Gehirn.

Auch hier gilt: Das Spektrum dessen, was wir als Ton wahrnehmen, ist erstaunlich breit. Es beginnt bei etwa 16 Hertz, also 16 Schwingungen pro Sekunde, und endet bei etwa 20 000 Hertz. Da eine Oktave in der Musik immer eine Verdoppelung der Frequenz bedeutet, ist das ein Umfang von etwa zehn Oktaven. Das Gehör schlägt alle anderen Sinne – das Spektrum des Lichts, das wir sehen können, umfasst zum Beispiel nur etwa eine «Oktave» (das kurzwelligste Licht hat etwa die doppelte Frequenz wie das langwelligste).

Allerdings lässt das Gehör im Alter nach, und insbesondere die höheren Frequenzen können wir dann nicht mehr so gut wahrnehmen. Bei 60-Jährigen liegt die Obergrenze dann nur noch bei etwa 5000 Hertz. Das sind etwa zwei Oktaven weniger – man kann jedoch immer noch alle musikalischen Töne hören und Sprache sowieso, insgesamt wird der Höreindruck lediglich dumpfer.

Nicht der gesamte hörbare Frequenzbereich wird auch musikalisch genutzt. Ein moderner Konzertflügel reicht mit seinen 88 Tasten von 27,5 Hertz bis 4186 Hertz. Und wer einmal auf den ganz tiefen und ganz hohen Tasten eines Flügels herumgeklimpert hat, der weiß: In diesen extremen Regionen können wir die Töne nicht mehr so gut unterscheiden. Unten verschwimmen sie zu einem wummernden Brei, oben hört man nur noch «pling, pling».

Erstaunlich ist auch, wie schnell das Gehör sich auf einen Ton einstellt und dessen Periode bestimmt. Ein tiefer Ton wird nach etwa einer Hundertstelsekunde erkannt – in dieser Zeit hat er gerade mal eine Schwingperiode gemacht. Bei höheren Frequenzen dauert die Identifizierung sogar nur vier Tausendstelsekunden. Und die Unterscheidung verschiedener Töne ist erstaunlich differenziert: In der mittleren Oktave, die uns am meisten liegt, können wir etwa 350 Töne unterscheiden, obwohl in der europäischen Musik doch nur zwölf verschiedene Töne dieser Oktave benutzt werden. Und mit «wir» meine ich nicht irgendwelche Musikexperten, sondern jeden von uns.

Wichtig ist es, an dieser Stelle festzuhalten: Wir hören Tonhöhen absolut, das heißt, für ein c wird immer dieselbe Gruppe von Hörzellen aktiviert, für ein a eine andere. Trotzdem können die meisten von uns Töne nicht absolut benennen. Andererseits erkennen wir Melodien ohne weiteres, wenn sie transponiert, also in einer anderen Tonlage gespielt werden. Wo dieser Wandel vom absoluten Gehör zur relativen Wahrnehmung geschieht, müssen wir noch klären!

So weit also das, was wir rein akustisch wahrnehmen – der Weg von der Schallwelle zum Nervenimpuls. Dieser Impuls wird nun im Gehirn auf vielfältige Weise analysiert. Das «Musikorgan» Gehirn beginnt arbeitsteilig damit, Parameter wie Rhythmus, Klangfarbe, Melodie und Harmonie zu bestimmen.

Concerto grosso im Kopf

Während man den akustischen Weg des Schalls durch das Ohr noch relativ genau nachzeichnen kann, ist die Wissenschaft weit davon entfernt, ebenso exakt beschreiben zu können, wie die elektrischen Signale, die von den Hörzellen ausgehen, im Gehirn weiterverarbeitet werden. Schon der Hörnerv, der die Signale ins Hirn leitet, ist weit mehr als ein passiver «Draht». Er filtert zum Beispiel die Frequenzen differenzierter aus, als es die Basilarmembran tut, und er ist auch keine «Einbahnstraße» – Informationen fließen durchaus in beide Richtungen.

Auf was für eine vielfältige Weise das Gehirn mit den Tonsignalen umgeht, zeigt schon ein quantitativer Vergleich: 3500 Sinneszellen hat das Innenohr, aber im Hörzentrum des Gehirns sind Millionen von Neuronen mit der Verarbeitung der Signale beschäftigt. Sie sind verteilt auf Zentren, die jeweils einen anderen Aspekt des Tons auswerten.

Musik wird auch nicht nur an einer Stelle im Gehirn verarbeitet, sondern in allen möglichen Regionen. Wie kann man die diversen Zentren identifizieren, die sich mit Musik beschäftigen? Zum Beispiel mit einer Methode, für die man weder den Schädel öffnen noch das Hirn mit bildgebenden Verfahren untersuchen muss: die Studie von Krankengeschichten. Es gibt viele Untersuchungen von Menschen mit Schädelverletzungen. Und je nachdem, welche Funktionen bei einem so geschädigten Menschen ausfallen, kann man Rückschlüsse auf die «Module» ziehen, die in dieser Region beheimatet sind. Isabelle Peretz von der University of Montreal hat viele solcher Fälle gesammelt und daraus einige dieser Module bestimmen können. Zum Beispiel gibt es Menschen, die aufgrund eines Hirnschadens die Fähigkeit verloren haben, Töne zu unterscheiden, die Wörter jedoch noch sehr gut erkennen können. Andere verlieren, etwa nach einem Schlaganfall, die Sprache, können aber noch Melodien singen, teilweise sogar mit Text. Aus solchen Fällen kann man schließen, dass Töne und Wörter im Gehirn von unterschiedlichen Modulen verarbeitet werden.

Es gibt aber auch Methoden, diesen Hirnzentren sozusagen direkt bei der Arbeit zuzusehen. Das geht mit der Hilfe von Techniken, die Hirnvorgänge in Kurven oder Bildern sichtbar machen. Vor allem zwei Verfahren werden dabei benutzt: Beim ersten misst man elektrische Signale durch Elektroden, die außen am Kopf befestigt werden – das sogenannte Elektroenzephalogramm (EEG), aus dem ereigniskorrelierte Potenziale (EKP) abgeleitet werden. Das Verfahren zeichnet sich dadurch aus, dass es sehr «schnell» ist – es erkennt Reaktionen des Gehirns auf ein Signal innerhalb weniger Millisekunden. Der Nachteil des EEGs ist jedoch, dass es nur bedingt zuverlässige Aussagen darüber zulässt, in welchem Teil des Gehirns eine Aktivität stattfindet.

Eine gute räumliche Auflösung erreicht man mit einer zweiten Gruppe von Techniken, den bildgebenden Verfahren. Mit ihnen werden die bunten Hirnbilder errechnet, die man oft in Zeitungs-artikeln sieht. Das gebräuchlichste dieser Verfahren ist die funk-tionelle Magnetresonanztomographie (fMRI, nach dem englischen Begriff). Deren Bilder suggerieren, dass tatsächlich eine bestimm-te Hirnregion «aufleuchtet», wenn man eine bestimmte Aktivität ausführt – doch in Wahrheit handelt es sich um hochartifizielle, errechnete Bilder. Der fMRI-Scanner macht sich die unterschied-lichen magnetischen Eigenschaften von sauerstoffreichem und sauerstoffarmem Blut zunutze, und kurz gesagt hat eine aktive Hirnregion einen erhöhten Stoffwechsel, sodass dort mehr sauer-stoffreiches Blut hinfließt.

Im Gehirn laufen aber ständig alle möglichen Prozesse parallel ab, auf dem «rohen» Bild könnte man nichts erkennen. Will man zum Beispiel einen Hirnvorgang beim Musikhören untersuchen, macht man zunächst einen Scan in einer Kontrollsituation und einen weiteren in der Situation, die man untersuchen will. An-schließend werden die Werte der beiden Scans voneinander sub-trahiert, in der Hoffnung, dass man dann nur die Unterschiede der beiden Situationen sieht. Um dabei deutliche Kontraste ausmachen zu können, werden zudem oft die Signale mehrerer Probanden zusammengefasst. Die zeitliche Auflösung von fMRI-Scans liegt im Bereich von Sekunden – viel zu grob für viele musikalische Signale.

Und schließlich ist die Aussagekraft von Hirnscans dadurch beschränkt, dass sie nur in einer für die Probanden sehr unna-türlichen Situation aufgenommen werden können: Die Testperson wird waagerecht in einen Magnet-Tunnel geschoben, muss den Kopf stillhalten und darf sich nicht bewegen. Pianisten hat man schon in solchen Tunnels mit kleinen Spezial-Keyboards unter-sucht (siehe Seite 201), von Geigern wird man in absehbarer Zeit keine solchen Daten beim aktiven Spiel erfassen können. Außer-dem herrscht in diesen Maschinen ein ziemlicher Lärm.

Dennoch hat man einige spezifische Module der Musikver-arbeitung mit diesen Methoden bereits identifizieren können. Ich

werde in den nächsten Kapiteln nur einige davon genauer vorstellen, dies ist ja kein Fachbuch über Hirnforschung. Generell
kann man sagen: Die populäre Vorstellung, Sprache sei eine Angelegenheit der linken, «rationalen» Hirnhälfte und Musik werde
in der rechten, «emotionalen» Hemisphäre verarbeitet, ist nur bedingt richtig. Zwar spielt die Musik tatsächlich vor allem rechts,
aber zum Beispiel ist auch das links gelegene Broca-Areal (siehe
Seite 121), traditionell als ein Sprachzentrum bezeichnet, an der
musikalischen Verarbeitung beteiligt. Und je mehr jemand über
musikalische Strukturen weiß, umso mehr kommen auch die ana-
lytischen Zentren auf der linken Seite des Gehirns ins Spiel.

Schauen wir uns an, welche musikverarbeitenden Module im Gehirn vorhanden sind. Nicht alle davon sind exklusiv für die Musik
zuständig – so verarbeiten wir zum Beispiel Tonhöhen auch bei der
Spracherkennung. Nicht ohne Grund spricht man von der «Sprachmelodie» eines Menschen. Für ein Baby gibt es wahrscheinlich gar
keinen Unterschied zwischen Sprache und Musik, diese beiden
akustischen Phänomene differenzieren sich erst nach einigen Monaten, und sie teilen sich manche Hirnregionen lebenslänglich.

Für das Schaubild auf Seite 67 habe ich die Arbeiten von zwei
Forschern (Isabelle Peretz sowie Stefan Koelsch von der University
of Sussex) zugrunde gelegt, es ist außerdem eine Vereinfachung,
einiges habe ich weglassen müssen, etwa die Frage, wie Musik auf
das vegetative Nervensystem und das Immunsystem wirkt.

Nehmen wir als Beispiel eine Geburtstagsfeier, auf der dem
Jubilar das Ständchen *Hoch soll er leben* gesungen wird. Die elektrischen Signale, die vom Ohr kommen, passieren zuerst den
Hirnstamm, den stammesgeschichtlich ältesten Teil des Gehirns.
Dort können sie schon emotionale Reaktionen hervorrufen, bevor
wir irgendetwas erkannt haben – ein lauter Knall etwa versetzt
uns in Alarmbereitschaft, löst einen Flucht- oder Angriffsreflex
aus. Solche Ur-Reflexe werden durchaus in der Musik genutzt
(siehe Seite 150).

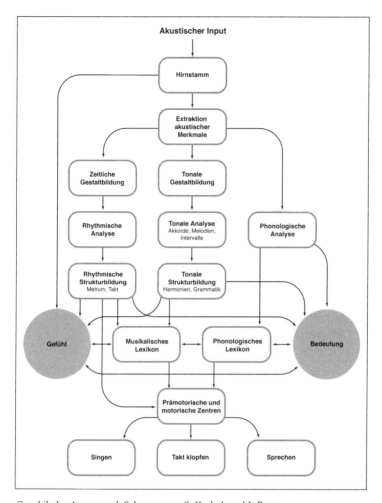

Graphik des Autors nach Schemata von S. Koelsch und I. Peretz

Dann gelangt das Signal in den auditorischen Kortex, wo die eigentliche Verarbeitung stattfindet. Zunächst werden grundlegende akustische Merkmale extrahiert – Tonhöhen, Klangfarben, die Rauigkeit von Tönen. Noch aber ist das Signal ein «Brei» unterschiedlicher Klänge.

67

Der wird erst im nächsten Schritt entmischt – die «akustische Szene» wird analysiert. Der Gesang wird von anderen Höreindrücken getrennt, also zum Beispiel vom Gläserklingen, vom Martinshorn eines vorbeifahrenden Krankenwagens, vom Gespräch in der anderen Ecke des Raumes. Diese «Gestaltbildung» ist eine gewaltige Leistung. Sie sorgt auch dafür, dass ich die Stimmen der Mitsänger auseinanderhalten kann und im Konzert die Parts der unterschiedlichen Instrumente. Es spricht vieles dafür, dass schon an dieser Stelle die tonale und die rhythmische Analyse voneinander getrennt stattfinden.

Jetzt kommt außerdem die bisher vernachlässigte Tatsache zum Tragen, dass wir zwei Ohren haben. So können wir aus der minimalen zeitlichen Verschiebung der beiden Signale und ihrem Lautstärkeunterschied die Richtung einschätzen, aus der ein Ton kommt – eine wichtige Information, um verschiedene Klangquellen voneinander zu trennen.

Die tonalen Anteile der Musik und ihre rhythmischen Aspekte werden weitgehend unabhängig voneinander analysiert, auch das weiß man aus dem Studium von Hirngeschädigten. Gleichzeitig bekommt das Sprachmodul des Gehirns mit, dass der Gesang ja einen Text hat, und arbeitet separat an der Erkennung von Wörtern und deren Bedeutung. Der erkannte Text kommt später wieder ins Spiel, wenn es darum geht, ein Lied im «musikalischen Lexikon» zu identifizieren.

Bei der tonalen Analyse werden verschiedene Aspekte herausgefiltert, die mit der Tonhöhe zu tun haben: Nicht nur werden die einzelnen Töne erkannt, sondern auch die Kontur der Melodie (das Auf und Ab der Töne) und die jeweiligen Abstände zwischen zwei Tönen, die sogenannten Intervalle. Ob die Kollegen dabei ein bisschen unsauber singen, ist egal, wir erkennen auch Melodien, die ziemlich verhunzt sind. Es gibt jedoch noch eine höhere strukturelle Ebene: Dort werden die Harmoniefolgen des Stücks analysiert, und diese Instanz reagiert zum Beispiel mit einem deutlichen Signal, wenn grammatische Konventionen verletzt werden, also «falsche» Akkorde aufeinanderfolgen oder das Stück nicht auf dem Grundakkord aufhört. In der zeitlichen Analyse wird zunächst einmal der Rhythmus eines Stückes erkannt. Selbst wenn der nicht sehr exakt ist, versuchen wir im nächsten Schritt, ihn in ein regelmäßiges «Gitter» einzupassen, das sogenannte Metrum. Auch hier sind wir gnädig mit den Kollegen – selbst wenn sie nicht exakt im Takt singen, finden wir den regelmäßigen Rhythmus, in diesem Fall einen Viervierteltakt.

Alle bisherigen Ergebnisse – tonale, rhythmische und verbale Analyse des Geburtstagsständchens, aber auch die Emotion, die das Gehörte auslöst – gehen ein in die Suche im «musikalischen Lexikon». Dort sind alle Lieder und Melodien gespeichert, die wir kennen. Die Leistung dieses Lexikons ist ebenfalls phänomenal: Da wird nicht lange geblättert, es antwortet meist ganz spontan mit: «Kenne ich!» Allerdings kann es dauern, wenn wir uns zum Beispiel an den Namen des Liedes oder – bei bekannten Hits – an den Interpreten erinnern sollen. Das ist ein Zeichen dafür, dass solche Inhalte separat abgelegt werden, ähnlich wie wir die Namen und die Gesichter von Menschen offenbar unterschiedlich speichern.

Wie erkennen wir die Bedeutung das Liedes? Vor allem natürlich durch die sprachliche Analyse des Texts. Aber Versuche von Stefan Koelsch haben gezeigt, dass Menschen auch Instrumentalmusik mit Bedeutungen assoziieren. Versuchspersonen wurden verschiedene Stücke vorgespielt, danach bot man ihnen dazu passende Wörter an, abstrakte wie konkrete: «Illusion», «Weite», «Keller», «König». Und am EEG konnte man ablesen, dass die Probanden manchmal einen deutlichen Widerspruch zwischen der Bedeutung der Wörter und der Musik empfanden.

Bei der Geburtstagsparty wird wahrscheinlich von uns erwartet, dass wir in das Lied mit einstimmen (für viele Menschen sind solche Ständchen leider die einzige Gelegenheit, bei der sie überhaupt singen, von Weihnachten vielleicht abgesehen). Deshalb wird als Nächstes die Bewegungsplanung aktiviert – die motorischen Zentren des Hirns müssen den Stimmapparat darauf vorbereiten, dass er spätestens bei «... dreimal hoch!» eine musikalisch möglichst deckungsgleiche Version des Liedes produzieren soll. In anderen Fällen hören wir vielleicht nur zu und wippen mit dem Fuß oder klopfen den Takt mit – eine meist unbewusste Reaktion, die einsetzt, sobald wir das Metrum des Liedes erkannt haben. Aber auch wer äußerlich völlig ruhig bleibt, sich ums Singen drückt und seine Gratulation nur mit einem gesprochenen «Herzlichen Glückwunsch!» ausdrückt, auch bei dem können die prämotorischen Zentren sehr aktiv sein – etwa weil er stumm mitsingt. Von Musikern ist zum Beispiel bekannt, dass die für ihre Hände zuständigen Areale aktiviert werden, wenn sie Musik ihres Instruments hören.

Das war jetzt ein Schnelldurchgang durch das Musikorgan Gehirn – die meisten der angesprochenen Module werden in den nächsten Kapiteln noch genauer beleuchtet.

4. Stairway to Heaven
Von Takten und Tonleitern

> Musik ist die versteckte arithmetische Tätigkeit der Seele, die sich nicht dessen bewusst ist, dass sie rechnet.
>
> *Gottfried Wilhelm Leibniz*

Es wird oft gesagt, dass Mathematiker gute Musiker sind (die umgekehrte Aussage hört man seltener). Ob das stimmt, weiß ich nicht. Ich bin selber Mathematiker und Musiker, und ich kann bestätigen, dass Mathematiker vielleicht einen besonderen Zugang zur Musik haben. Hinter den Strukturen der Musik verstecken sich viele Zahlen – seien es die Schwingungsverhältnisse der Töne, seien es die Verhältnisse der Tonlängen, die sich in Rhythmen ausdrücken. Es ist faszinierend, sich mit diesen Zusammenhängen zu beschäftigen – und gleichzeitig besteht die Gefahr, dass darüber die Musik zu einer reinen Vernunftsache wird. Die Kunst besteht darin, mit den abstrakten Strukturen zu hantieren, ohne die Verbindung zum emotionalen Gehalt der Musik zu verlieren.

Ich werde Sie auf den folgenden Seiten ein bisschen mit mathematischen Überlegungen zu unserem Tonsystem quälen. Das steht in der Tradition des Griechen Pythagoras, der sowohl die Musik als auch die Mathematik auf die Verhältnisse ganzer Zahlen zurückführen wollte. Letztlich ist er damit gescheitert. Musik ist eben doch mehr als zum Klingen gebrachte Formeln.

Das Universum der Töne

Dass es höhere und tiefere Töne gibt, ist eines der Wesensmerkmale von Musik, in allen Kulturen. Von wenigen Ausnahmen abgesehen, etwa rein perkussiver oder elektronischer Musik, die mit Rauschen und Geräuschen arbeitet, spielen Töne unterschiedlicher Höhe eine zentrale Rolle in fast allen Musikstücken. Und nicht nur das, wir ordnen die Töne in bestimmten, festgelegten Schritten auf einer Skala oder Tonleiter an. Diese Tonleitern sind durchaus unterschiedlich in den menschlichen Kulturen, aber alle verfügen über solche Skalen.

Das ist für uns eine so natürliche Tatsache, dass wir darüber gar nicht nachdenken. Doch Musik hat ja auch andere Merkmale, und die empfinden wir stufenlos und kontinuierlich, die Lautstärke zum Beispiel. Auch für Klangfarbe haben wir einen sehr differenzierten Sinn (siehe Seite 94) – aber ein Lied bleibt dasselbe, egal ob es auf einer Trompete oder auf dem Klavier gespielt wird, obwohl die Timbres sehr verschieden sind. Das unterscheidet Musik gerade von Sprache: Während die Tonhöhe das definierende Element der Musik ist, macht in der Sprache die Klangfarbe den Unterschied aus. Ein A und ein O, vom selben Sprecher artikuliert, mögen dieselbe Tonhöhe haben – an der Klangfarbe unterscheiden wir die Vokale, sie markiert den Unterschied zwischen «Hase» und «Hose».

Weil Töne und Tonleitern die grundlegenden Bausteine sind, mit denen jede Musik spielt, stellt sich die Frage, ob es eine Art universelle Tonleiter gibt, die alle Kulturen gemeinsam haben, von der alle anderen abstammen. Um die Antwort gleich vorwegzunehmen: nein. Es scheint in allen Musikkulturen so zu sein, dass man zwei Töne, die sich um eine Oktave unterscheiden (also in der Frequenz um den Faktor 2), irgendwie als «gleich» empfindet. Kinder und Erwachsene oder Männer und Frauen können gut zusammen eine Melodie singen, obwohl sie aufgrund ihrer unterschiedlichen Tonlagen tatsächlich nicht dieselben Töne singen, sondern eine Oktave versetzt.

Wenn ich in unserer Band einer der Frauen eine Melodielinie vorsinge, die sie nachsingen soll, dann versuche ich nicht, die tatsächliche Tonhöhe vorzugeben – nicht nur, weil ich dann unangenehm hoch quieken muss, sondern weil sie dann automatisch in eine für sie ebenfalls unangenehme, noch eine Oktave höhere Tonlage verfällt. Dieser natürliche Oktavabstand ist uns so in Fleisch und Blut übergegangen, dass wir ihn gar nicht mehr wahrnehmen. Es sind für uns dieselben Töne. Und in allen Musikkulturen, die man untersucht hat, ist das genauso.

Im vorigen Kapitel habe ich beschrieben, warum die subjektiv wahrgenommene Tonhöhe nur bedingt etwas mit der Frequenz der Schwingungen zu tun hat. Die beiden Größen stimmen nur bei reinen Sinustönen überein, ein in der Natur praktisch nicht vorkommender, künstlicher Klang. Reale musikalische Noten sind immer schon aus mehreren Frequenzen zusammengesetzt, und das Gehör muss sich daraus erst einmal einen «Grundton» konstruieren.

Wie weit müssen zwei Töne voneinander entfernt sein, damit wir sie als unterschiedlich empfinden? Werden zwei Sinustöne gleichzeitig gespielt, die sehr nah beieinanderliegen, dann hören wir zunächst nur einen einzigen Ton, der zu pulsieren beginnt. Das liegt daran, dass die beiden Wellen sich fast exakt überdecken, aber eben nur fast. Wenn sich in einem Moment ihre Wellenberge genau decken, dann hat der resultierende Ton die doppelte Lautstärke. Aufgrund des geringen Unterschieds decken sich dann die Phasen jedoch immer weniger, bis irgendwann das «Tal» der einen auf den «Berg» der anderen trifft – die beiden Signale löschen sich fast aus. Fügt man zum Beispiel zu einem Ton von 440 Hertz, der 440-mal pro Sekunde schwingt, einen von 441 Hertz dazu, dann decken sich die Wellen nur einmal pro Sekunde. Es entsteht eine «Schwebung», die im Sekundentakt pulsiert. Fügt man dagegen eine Schwingung von 442 Hertz zum ersten Ton dazu, dann kommen die Wellen schon nach einer halben Sekunde wieder zur Deckung, die Schwebung pulsiert also zweimal pro Sekunde.

Je größer der Abstand der Töne wird, desto schneller wird die Schwebung, irgendwann empfinden wir sie als sehr nervtötend («rau» nennen die Musiktheoretiker ein solches Tongemisch), bis die Töne sich irgendwann in unserem Empfinden voneinander trennen und wir sie klar und deutlich als unterschiedlich hören. Die Bandbreite rund um einen Ton, in der wir einen zweiten Ton noch nicht als unterschiedlich wahrnehmen, wird die «kritische Bandbreite» genannt.

Die kritische Bandbreite ist in dem mittleren Frequenzbereich der menschlichen Stimme am kleinsten, weil wir dort die meisten unterschiedlichen Töne hören können. Wer einmal auf den ganz tiefen oder ganz hohen Tasten eines Klaviers eine Melodie gespielt hat, der weiß, dass es uns dort viel schwerer fällt, Töne zu unterscheiden. Und wenn man zwei Basstöne im Abstand einer Terz (also ein Abstand von zwei weißen Tasten) anschlägt, dann klingt das grausig, obwohl wir in einer mittleren Lage dieses Intervall als angenehm empfinden.

Obwohl unser Hörsinn, wie schon erwähnt, bis zu 350 Töne pro Oktave unterscheiden kann, benutzen wir in der westlichen Musik nur 12 Tonschritte pro Oktave, wir wählen also aus den möglichen Tönen ganz wenige aus (in anderen Kulturen unterscheidet man bis zu 22 Töne pro Oktave). Töne, die nicht in dieses Raster passen, finden wir «schief». Singt uns jemand einen solchen schiefen Ton vor, dann ziehen wir sofort den Schluss, dass er einen anderen Ton «gemeint» hat, entweder den Skalenton darüber oder den darunter.

Wir betrachten also nicht alle Töne, die wir überhaupt unterscheiden können, als «Vorrat» für Melodien, sondern nur eine Auswahl davon. Aber wie wird diese Auswahl getroffen?

Treppe mit Stolperfalle

Die Kultur der Welt wird zunehmend von der westlichen dominiert, und das manifestiert sich auch in der Musik. Wir hören zwar gern einmal «Weltmusik», aber doch meistens eine sehr domestizierte Form davon, die für westliche Ohren «rundgelutscht» worden ist. Auch die Skalen dieser Musik werden unseren Hörgewohnheiten angepasst, so wie das Essen beim Chinesen in Hamburg oder München sehr an unsere Geschmacksknospen assimiliert worden ist. Und so, wie nur wenige von uns je richtig chinesisch gegessen haben, so haben nur wenige Menschen je den Klang eines indonesischen Gamelan-Orchesters oder einen original indischen Raga gehört. Wir würzen mit ein paar Sitar-Klängen unsere ansonsten konventionelle Musik (zu den ersten gehörten die Beatles, die solche Klänge schon vor ihrer ersten Indien-Reise verwendeten, zum Beispiel in *Norwegian Wood* oder *Within You Without You*).

Dieser Siegeszug der westlichen Musik könnte zu dem Schluss verleiten, dass sie anderen Musiken irgendwie überlegen wäre. Wir glauben das ja auch von der westlichen Medizin (und bei Nierentransplantationen und Bypässen gibt es dafür gute Argumente, bei der Behandlung des Schnupfens eher nicht) und der Wissenschaft allgemein. Sind unsere westlichen Skalen, unsere Dur- und Molltonleitern, tatsächlich in irgendeiner Weise besser, natürlicher, vernünftiger als andere?

Der Versuch, unsere Tonskalen vernünftig zu erklären, geht zurück auf den Griechen Pythagoras, der im sechsten Jahrhundert vor Christus lebte. Für den war die ganze Welt Zahl, alle mathematischen, aber eben auch musikalischen Größen hat er versucht, auf die Verhältnisse ganzer Zahlen zurückzuführen. Und in beiden Fällen muss man seine Versuche als gescheitert ansehen. In der Mathematik gibt es bekanntlich Zahlen, die sich nicht als ein solches natürliches Verhältnis ausdrücken lassen, etwa die Wurzel aus 2 oder die Kreiszahl Pi. Und auch in der Musik musste Py-

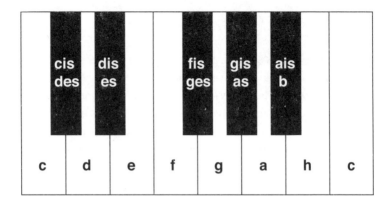

thagoras erkennen, dass sein Traum, alle Töne in ein natürliches Schwingungsverhältnis zueinander zu bringen, sich nicht realisieren ließ. Obwohl schon vor über 2000 Jahren gescheitert, bestimmt der Versuch, diesem Ideal nahezukommen, die westliche Musik bis heute.

Die Tonskalen, mit denen die Griechen damals Musik machten, entsprachen im Wesentlichen denen, die wir heute noch benutzen, deshalb gleich ein Sprung in die Gegenwart. Auch Laien kennen das Bild einer Klavier-Tastatur mit dem typischen Muster von schwarzen und weißen Tasten. Aber warum gibt es überhaupt zwei Sorten von Tasten, und warum treten die schwarzen mal in Zweier- und mal in Dreiergruppen auf?

Wenn man von der Farbe erst einmal absieht, gibt es in einer Oktave (also von einem c bis zum nächsten c) genau zwölf verschiedene Töne. Das ist der gesamte Vorrat, aus dem sich die abendländische Musik bedient. Geht man auf der Tastatur aufwärts und bezieht die schwarzen Tasten ein, dann liegt zwischen zwei benachbarten Tasten immer derselbe Tonschritt, er wird ein «Halbtonschritt» genannt und ist die kleinste Tonhöhen-Einheit.

Allerdings benutzt kaum ein Musikstück all diese zwölf Töne, sondern immer nur eine Auswahl, eine sogenannte Skala. Die mit Abstand gebräuchlichste dieser Skalen ist die Dur-Tonleiter, und die weißen Tasten sind so ausgewählt, dass sie genau die Dur-Tonleiter mit dem Grundton c enthalten. Diese weißen Tasten tragen einfache Buchstaben-Namen (c-d-e-f-g-a-h), die schwarzen Tasten leiten ihren Namen von den benachbarten weißen Tasten ab: Ein cis liegt einen Halbton über dem c, ein des einen Halbton unter dem d (auf dem Klavier ist das derselbe Ton).

An der Verteilung der schwarzen Tasten sieht man schon, dass die Tonschritte in dieser Skala durchaus nicht alle gleich sind – so liegen zwischen c und d zwei Halbtonschritte, zwischen e und f aber nur einer. Man kann die Tonleiter auch als eine Treppe darstellen, dann sind von den sieben Stufen, die man zu steigen hat, zwei nur halb so groß wie die anderen – auf einer realen Treppe würde man da ins Stolpern kommen.

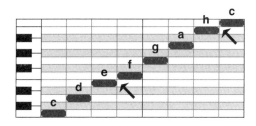

C-Dur-Tonleiter mit zwei Halbtonschritten

Man muss die Tonleiter nicht auf c beginnen – jeder der 12 Töne kann der Grundton sein, es gibt zwölf Dur-Tonarten. Aber dann kommt man nicht mehr mit den weißen Tasten aus. Die G-Dur-Tonleiter zum Beispiel benutzt statt des f die schwarze Taste fis.

Unsere Ohren sind so an diese Skala gewöhnt, dass wir sie für eine «natürliche» Tonleiter halten. Doch ist sie das wirklich?

Der Tonhöhen-Abstand zwischen zwei Tönen wird ein Intervall genannt. Die Benennung der Intervalle ist erstens lateinisch und zweitens nur bedingt logisch, was die Sache für den Laien nicht gerade einfach macht. Das Null-Intervall, also eine Tonwiederholung, wird «Prim» genannt. Ein Abstand von zwei Tönen (in der Tonleiter, nicht im Zwölftonraum) ist eine Sekunde, dann kommt die Terz, die Quarte, die Quinte, die Sexte, die Septime und schließlich die Oktave. Die dazwischen liegenden Halbtöne benennt man, indem man den Intervallen noch Zusätze gibt wie «groß», «klein», «vermindert», «übermäßig». Vertiefen müssen wir das hier nicht.

Die einzigen wirklich natürlichen Intervalle, die es gibt, werden durch die Obertöne bestimmt, die jedes Instrument erzeugt (siehe Seite 58), also die Vielfachen der Grundfrequenz. Auf diese Vielfachen wollte Pythagoras alle Töne zurückführen.

Nun hat aber schon der erste Oberton die doppelte Frequenz des Grundtons und liegt damit eine Oktave höher, die anderen liegen noch höher. Wie kommt man von diesen immer höheren Vielfachen auf die Töne *innerhalb* der ersten Oktave?

Man kann ja von jedem Ton so lange eine Oktave abziehen, bis man wieder in diesem Tonraum landet. Mathematisch heißt das: die Frequenz so lange zu halbieren, bis der Wert zwischen 1 und 2 liegt. Der zweite Oberton, der mit der dreifachen Frequenz, wird dann zu einem mit der 1,5fachen. Aus dem Ton mit der 5fachen Frequenz wird einer mit dem Vielfachen 5/4 oder 1,25.

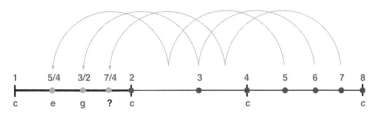

Die Obertöne eines Grundtons und ihre Abbildung in die erste Oktave. Die Skala ist logarithmisch, damit jede Oktave dieselbe Breite hat!

Diese Zusammenhänge entdeckte schon Pythagoras. Und weil er fasziniert war von Zahlenverhältnissen, war für ihn klar: Töne einer Tonleiter müssen in solchen Verhältnissen zueinander stehen.

Und je niedriger die Zahlen, die dabei verwendet werden, umso reiner ist das Intervall. Ein Verhältnis von 2 zu 1 ist «edler» als ein Verhältnis von 9 zu 8.

Betrachtet man die ersten Obertöne einer schwingenden Saite, dann scheint diese Idee etwas für sich zu haben. Es kommen nämlich tatsächlich Töne dabei heraus, die in unserer Tonleiter enthalten sind.

Die musikalische Nomenklatur ist hier wieder etwas verwirrend: Der erste Oberton ist der mit der doppelten Frequenz, der zweite der mit der dreifachen Frequenz und so weiter. Deshalb benutze ich hier einen anderen Begriff, den der «Teiltöne»: Der zweite Teilton hat die doppelte Frequenz, der dritte die dreifache und so weiter.

Der zweite Teilton, der mit der doppelten Frequenz, ist die Oktave. Wenn der Grundton ein c ist, dann ist die Oktave wieder ein c. Der nächste Teilton, der mit der dreifachen Frequenz, ist die Quinte, beim Grundton c das g. Im Bezug auf das direkt darunter liegende c hat es die 3/2fache Frequenz. Dann folgt die vierfache Grundfrequenz, die doppelte Oktave. So geht es weiter: Teilton Nummer fünf ist die große Terz, e, Teilton Nummer sechs wieder ein g. Bis hierher scheint die Rechnung mit den Tönen gut aufzugehen.

Aber als Nächstes folgt ein seltsamer Oberton: Der Ton mit der siebenfachen Grundfrequenz entspricht keinem Ton unserer Tonleiter! Er liegt knapp unter dem b, ist also etwas niedriger als unsere kleine Septime, und klingt für unsere Ohren definitiv schief. Das erste Zeichen dafür, dass nicht zu allen natürlichen Schwingungsverhältnissen auch ein Ton unserer Skala gehört. Es folgen wieder eine Oktave c sowie der neunte Teilton d, der zum c darunter im Verhältnis 9/8 steht – eine große Sekunde.

Jetzt sind schon fast alle weißen Tasten vorgekommen, die anderen Werte erhält man durch die Verhältnisse dieser Töne untereinander.

Nur in der Mitte der Tastatur gibt es einen Ton, das fis/ges, bei

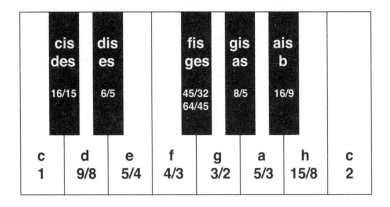

dem ich in der Grafik oben zwei Zahlen notiert habe. Das fis ist eine übermäßige Quarte, die müsste dem Abstand von h zu f entsprechen, und der ist 15/8 zu 4/3, also 45/32, das ist etwa 1,406. Ges dagegen ist eine verminderte Quinte, entsprechend dem Abstand vom h zum f der nächsten Oktave. Das Verhältnis: 8/3 zu 15/8, also 64/45 (etwa 1,422). Eigentlich also zwei unterschiedliche Werte – auf der Klaviatur ist es aber dasselbe Intervall!

Man muss also einen Kompromiss machen. Welcher Wert könnte da als «Mittelwert» stehen? Vom c bis zum fis/ges sind es sechs Halbtonschritte, von dort zum c wieder sechs Schritte. Es soll, wenn man das Intervall zweimal aufeinandertürmt, als Ergebnis 2 herauskommen. Das bedeutet aber, dass der Grundton zu diesem Ton im Verhältnis eins zu Wurzel aus zwei steht.

Diese Wurzel aus zwei ist jedoch eine der von Pythagoras verabscheuten Zahlen. Sie ist die Länge der Diagonale in einem Quadrat mit der Seitenlänge 1, und sie war eines der ersten Beispiele für einen Wert, der sich nicht als Bruch von zwei ganzen Zahlen darstellen lässt, der also laut dem Credo des Pythagoras eigentlich gar nicht existieren durfte.

Auch Musiker haben dieses Intervall lange gemieden. Die verminderte Quinte (oder übermäßige Quarte) galt lange als «teuflisches» Intervall, die Kirchenväter verboten einst ihren Gebrauch.

Wenn zwei Töne mit diesem Abstand gleichzeitig ertönen, dann klingt das für unsere Ohren sehr dissonant, da reibt sich vieles. Sehr diabolisch, dieses Intervall, und gleichzeitig ist es das erste Indiz, dass die Sache mit der «natürlichen» Tonleiter nicht stimmen kann.

Pythagoras' Albtraum, Bachs Freude

Ein Klavierstimmer, der das Instrument nach der Obertonreihe stimmen wollte, müsste also beim fis/ges Kompromisse machen. Das ist aber nicht die einzige Stelle, an der es im System knirscht. Schaut man sich die Abstände der Töne untereinander an, so sind sie alle unterschiedlich: Der Abstand zwischen c und d ist ein anderer als der zwischen d und e. Und die Quinten haben längst nicht alle das reine Verhältnis von 3:2. Die ganze Sache geht mathematisch einfach nicht auf.

Wie finden die Musiker aus diesem Dilemma wieder heraus? Die radikalste Lösung ist die, die man heute in jedem Keyboard findet: Man teilt die Oktave in 12 wirklich gleich große Intervalle auf. Dann ist das Verhältnis von jedem Ton zu seinem Vorgänger die 12. Wurzel aus 2 – eine äußerst irrationale Zahl. Dementsprechend sind auch alle anderen Intervalle «krumm», alle außer der Oktave. Man nennt dies die «gleichstufige Stimmung», aus offensichtlichen Gründen. Ihr Vorteil: Sie behandelt alle Töne gleich. Der Nachteil: Es gibt überhaupt kein «richtig» gestimmtes Intervall mehr, bei dem wirklich das ganzzahlige Verhältnis der Schwingungen seine volle Schönheit entfaltet. Das merkt das geschulte Ohr vor allem bei den Quinten und großen Terzen. Der Laie hat sich längst daran gewöhnt, er kennt kaum noch den Klang einer reinen Quinte, jedenfalls dann, wenn er hauptsächlich elektronisch produzierte Pop-Musik hört.

Vor dem Barock brauchte man eine solch radikale Lösung noch

nicht. Die meisten Stücke und Lieder bewegten sich bis dahin in den Tonarten mit vielen weißen Tasten. Deshalb versuchte man mit der sogenannten «mitteltönigen Stimmung», diese gebräuchlichen Töne untereinander möglichst sauber klingen zu lassen. Das war für die frühen Komponisten keine wirklich tragische Einschränkung – sie wählten eben die «schön» klingenden Tonarten. Das änderte sich mit der Musik Johann Sebastian Bachs. Sie war komplexer als alles, was es vorher gegeben hatte. Insbesondere liebte Bach es, in seinen Fugen ständig die Tonart zu wechseln, auch in jene, die vorwiegend aus schwarzen Tasten bestehen. Und da geriet er selbst bei einer harmlosen Anfangstonart schnell auf gefährliches Terrain.

Deshalb kann man die Begeisterung Bachs verstehen, als der Musiktheoretiker Andreas Werckmeister eine neue Stimmung entwickelte, die versprach, dass fortan alle Tonarten auf dem Klavier benutzbar sein sollten. So begeistert war der Meister, dass er ein ganzes Klavierwerk für diese «wohltemperierte» Stimmung schrieb. Was diese wohltemperierte Stimmung genau war, wissen wir heute übrigens nicht – sicher ist, dass sie nicht gleichstufig war, sondern ein weiterer Kompromiss. Auch bei Bach hatte noch jede Tonart ihren eigenen «Charakter» aufgrund der unterschiedlich gestimmten Intervalle.

Aus all diesen Ausführungen wird klar: Eine «natürliche» Angelegenheit ist unsere aus zwölf Halbtönen bestehende Skala nicht. Das schrieb schon Hermann von Helmholtz, einer der Begründer der Musikpsychologie, in seinem Werk *Die Lehre von den Tonempfindungen als physiologische Grundlage für die Theorie der Musik:* «Ebenso wenig wie den gotischen Spitzbogen müssen wir unsere Durtonleiter als Naturprodukt betrachten.» Diese Skala bietet zwar eine gute Voraussetzung für die Erzeugung von zwei- oder mehrstimmigen Harmonien, weil dabei oft «konsonante» Klänge entstehen (siehe Seite 159) – aber Mehrstimmigkeit gibt es in der Musik erst seit etwas über 1000 Jahren. Davor bestand Musik vor allem aus Melodien, also Tönen, die nacheinander gesungen wer-

den, und «unisono», wenn mehrere Menschen zusammen singen
(das heißt: Alle singen denselben Ton). Zusammen klingen mussten die Töne also nicht. Gerade für die kleinen Tonschritte sind
die von Pythagoras errechneten Verhältnisse nur mathematische
Spitzfindigkeiten. Wenn wir jemandem ein *Hoch soll er leben* als
Ständchen singen, dann sind wir sowieso weit von irgendwelchen
exakten Tonverhältnissen entfernt, vielmehr passen wir uns den
anderen Sängern so an, dass ein einheitlicher Klang entsteht. Ob
wir uns dabei einer gleichstufigen oder einer irgendwie temperier-
ten Skala bedienen, ist eine akademische Frage, die für die Praxis
nicht relevant ist. Kurz: Die pythagoreischen Zahlenverhältnisse
spielen bei einstimmiger Musik kaum eine Rolle.

Andere Länder, andere Skalen

Und so haben andere Länder eben andere Tonskalen, die nicht
durch mathematische Verhältnisse definiert sind. Die westafri-
kanischen Lobi etwa – so schildert es der Musikwissenschaftler
Habib Hassan Touma – setzen bewusst zwischen fünf Haupttöne
zusätzliche sogenannte «tote» Noten, die nicht in unser harmo-
nisches System passen. Im arabischen Kulturraum wird die Oktave
nicht in zwölf gleichmäßige, sondern in 17 bis 24 ungleichmäßige
Intervalle aufgeteilt, mit sogenannten großen und kleinen Ganz-
tönen sowie großen, mittleren und kleinen Halbtönen.
Aber es gibt ein paar Gemeinsamkeiten, die in allen Kulturen
gelten. Obwohl wir ja innerhalb einer Oktave theoretisch sehr
viele Töne unterscheiden können, hat eine Tonleiter fast überall zwischen fünf und sieben Tönen. In der westlichen Musik
wählen wir die sieben Töne einer Dur- oder Mollskala aus einem
Vorrat von 12 Tönen aus. In der indischen Musik ist der Tonvorrat größer, es gibt 22 Töne, aber auch da hat eine Skala meistens
7 Töne. Ein sogenannter Raga hat dort immer eine melodische und

rhythmische Grundstruktur und basiert auf einer solchen Skala. Die uns vielleicht fremdeste Musik ist die der indonesischen Gamelan-Orchester, deren Skalen mit unseren äußerst wenig zu tun haben.

Hier sind zwei Beispiele einer indischen und einer indonesischen Skala, zusammen mit unserer Dur-Skala. Die dickeren senkrechten Linien beschreiben unsere Halbtonschritte.

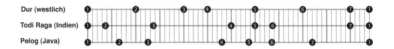

Vergleich der westlichen Dur-Skala mit einer indischen und einer indonesischen. Nach Patel: Music and the Brain

Zwei Dinge fallen gleich auf den ersten Blick auf:

- In keiner der Skalen sind die Tonabstände konstant. Das scheint quer durch alle Kulturen so zu sein. Warum das so ist, weiß man nicht – eine Skala mit gleichen Tonabständen wäre viel einfacher und würde Musikschülern eine Menge langweiliger Etüden ersparen. Vielleicht ist der Grund, dass eine solche Skala dem Hörer eine Art Orientierung gibt. Die Dur-Skala ist zum Beispiel für jede Tonart unterschiedlich, und wenn man alle sieben Töne gehört hat, dann weiß man, in welcher Tonart man sich befindet, wo man sozusagen «zu Hause» ist. In der neueren abendländischen Musik wird auch die Ganztonskala verwendet, die aus sechs Tönen mit jeweils zwei Halbtönen Abstand besteht, jeder Ton könnte ihr Grundton sein. Aber diese Skala klingt für ungeübte Ohren künstlich und fremd.
- In der indischen Musik gibt es, wie in der westlichen, die Quinte (den 5. Ton). Dieses Intervall kommt in fast allen Kulturen vor – allerdings nicht in der indonesischen Musik. Als

Grund dafür wird gemutmaßt, dass die Instrumente der Gamelan-Musik vor allem Schlaginstrumente sind wie Glocken und Xylophone, und die haben ein anderes Obertonspektrum als eine schwingende Saite, sodass die Quinte nicht besonders ausgezeichnet ist.

Ich habe mir den Spaß gemacht, dieselbe einfache Melodie aus diesen sieben Grundtönen in allen drei Skalen zu spielen (und entschuldige mich gleich bei allen Indern und Indonesiern, weil diese Melodie natürlich nichts mit ihrer Kultur zu tun hat). Sie können sich die drei Melodien im Internet anhören. ◀»

Natürlich klingen die beiden Versionen mit den «exotischen» Skalen anders als das westliche Original – aber sie sind für unsere Ohren eindeutig Musik, und auch, wenn uns manche der Skalentöne etwas schief vorkommen, haben wir kein großes Problem damit. Wir empfinden sie als etwas verstimmt und ordnen ihnen unbewusst gleich einen «richtigen» Ton aus unserer Skala zu. Das Ohr regelt sozusagen ständig nach. Deshalb funktionieren ja auch Cross-over-Projekte, wie sie etwa beim jährlichen Musikfestival im marokkanischen Essaouira geboten werden: Westliche Jazzer musizieren dort mit arabischen Gnawa-Musikern – und obwohl jeder in «seinem» Tonraum spielt, ergibt sich doch ein Zusammenklang, der bisweilen sehr aufregend ist.

Als Beispiel dafür, dass unsere Skalen nicht in Blei gegossen sind, kann man schließlich noch die «blue notes» aus der Jazz- und Rockmusik anführen: Das sind Noten, die irgendwie zwischen den Tönen unserer zwölftönigen Skala liegen, zum Beispiel zwischen der kleinen und der großen Terz. Sie entstanden, als die schwarzen Sklaven in den USA ihre eigene Musik mit der ihrer weißen Herren verschmolzen und auch begannen, westliche Instrumente dafür zu benutzen. Die meisten Töne ließen sich irgendwie auf- oder abrunden, aber gerade dieser dritte Ton sperrte sich dagegen und behielt seine Zwitterrolle zwischen den beiden westlichen Tönen. Und heute, über hundert Jahre später, klingt eine solche

Blues-Terz für unsere Ohren überhaupt nicht mehr exotisch – spätestens, seit Peter Kraus in den 50er Jahren den Rock 'n' Roll auf Deutsch gesungen hat.

Von der Vorstellung, dass musikalische Töne sich durch einfache Frequenzverhältnisse auszeichnen, muss man sich also spätestens verabschieden, wenn man seinen musikalischen Horizont auf andere Weltgegenden ausweitet. «Außerhalb der westlichen Kultur stimmt der Traum des Pythagoras nicht mit den Tatsachen überein», sagt der Hirn- und Musikforscher Aniruddh Patel vom Neurosciences Institute im kalifornischen San Diego. Und man kann ergänzen: Auch für die westliche Kultur ist die Übereinstimmung unvollkommen. Statt also anzunehmen, dass die Töne unserer Tonleiter irgendwie harmonische Schwingungen in uns auslösen, müssen wir sie, das meint jedenfalls Patel, als «erlernte Klangkategorien» betrachten. So, wie einem Baby beim Lernen einer Sprache zunächst das gesamte Lautrepertoire aller Sprachen zur Verfügung steht und es dann Schritt für Schritt alle Laute außer denen seiner Muttersprache verlernt, so sind wir von Geburt an offen für alle möglichen tonalen Systeme. Irgendwann in der Kindheit legen wir uns auf eines fest. Und dann können wir gar nicht mehr anders, als Musik in diesem System zu hören.

Das absolute Gehör

Also das gleich vorweg: Ich habe nicht die Gabe des absoluten Gehörs. Wenn man mir aus heiterem Himmel einen Ton vorspielt, kann ich nicht sagen, was für einer das ist. Spielt man mir dagegen zum Beispiel erst ein c als Referenzton vor und dann einen beliebigen anderen Ton, so kann ich den benennen, indem ich das Intervall zwischen den beiden Tönen heraushöre und den neuen Ton berechne. So etwas nennt man das relative Gehör, und das haben fast alle Menschen*, auch wenn ihnen das musikalische Vokabular und die entsprechende Übung fehlen. Möchte ich das absolute Gehör haben? Es wäre zumindest praktisch. Ich singe in einer A-cappella-Band, wir stehen also ohne Instrumente auf der Bühne, und bei jedem Lied muss ich den Kolleginnen und Kollegen den Ton angeben. Dafür habe ich eine kleine, runde Stimmflöte, auf der man mit näselndem Sound jeden der zwölf Töne unserer westlichen Skala spielen kann. Es wäre erheblich einfacher und eleganter, wenn ich aus dem Stegreif ein es singen könnte, um ein Stück in Es-Dur anzustimmen! Wenn ich also über das absolute Gehör schreibe, dann schreibe ich wie ein Blinder von der Farbe. Ich weiß nicht, wie es sich anfühlt, einen Ton zu hören und unmittelbar «cis» zu denken. Ich kann sehr wohl *ungefähr* ein cis anstimmen – weiß ich doch, dass das so ziemlich der tiefste Basston ist, den ich singen kann. Aber das ist kein absolutes Gehör, es ist eine indirekte Konstruktion des Tons. Und wenn ich am Vorabend ein paar Bier getrunken habe, dann kann mein tiefster Ton durchaus nochmal zwei Halbtöne tiefer liegen, und das vermeintliche cis ist ein h.

Viele Leute meinen, das absolute Gehör sei sozusagen das Nonplusultra musikalischer Fähigkeiten. Wer diese Gabe besitzt, der hat sozusagen noch einen Zuckerguss obendrauf auf dem Kuchen der Musikalität. Mozart hatte es natürlich auch, dieses absolute Gehör!

Aber Wagner und Tschaikowsky hatten es nicht, und heute kommt man mehr und mehr von der Vorstellung ab, dass das Absoluthören ein Beweis für besondere Musikalität ist. Menschen mit absolutem Gehör haben entgegen dem Vorurteil keinen feineren Sinn für Tonhöhen. Es ist bei ihnen halt jeder Ton noch mit einem Namensetikett versehen, und sie sind nicht besser, sondern einfach anders als andere.

Die erste Frage ist: Wieso ist das absolute Gehör überhaupt eine

---

* Genauer gesagt: etwa 96 Prozent – siehe den Abschnitt über Amusie.

Ausnahmeerscheinung? Im Ohr hören wir alle absolut: Auf der Basilarmembran in der Schnecke des Innenohrs (siehe Seite 54) ist jede Hörzelle für eine bestimmte Frequenz zuständig, und sie ist mit ganz bestimmten Nervenzellen im Hörzentrum des Gehirns verbunden. Auch wenn jeder Ton aus mehreren Frequenzen zusammengesetzt ist – wir nehmen diese Teilfrequenzen und insbesondere den Fundamentalton absolut wahr.

Wenn wir einen roten Apfel sehen, dann müssen wir nicht eine Farbtabelle aus der Tasche ziehen, ihn mit deren Farbfeldern vergleichen und dann den Namen «rot» ablesen – unser Sehsinn ist absolut (auch wenn die Lichtverhältnisse ihn beeinträchtigen und verfälschen können). Soll hingegen ein relativ hörender Musiker einen Ton benennen, dann muss er aber genau das tun: zum Klavier oder einem anderen Musikinstrument laufen und den Ton dort suchen. Erst dann kann er seinen Namen sagen.

«Musikalische» Tiere wie Singvögel oder Papageien scheinen eher absolut als relativ zu hören – sie singen gelernte Melodien stets in der Tonlage, in der sie sie zum ersten Mal gehört haben. Man kann davon ausgehen, dass auch menschliche Babys zunächst einmal absolut hören, dann aber lernen, von der Tonhöhe zu abstrahieren und nur noch die relativen Verhältnisse der Töne zu registrieren. Wie kommt das?

Der Pionier der Forschung über das absolute Gehör, Otto Abraham, schrieb 1901: «Es wird ... in der musikalischen Erziehung alles getan, um die Entwicklung eines absolouten Tonbewusstseins zu hemmen, und so gut wie nichts, um es anzuerziehen.» Abraham geht vom Wiegenlied als der ersten musikalischen Erfahrung eines Kindes aus. Das wird dem Kind einmal von der Mutter vorgesungen, dann vielleicht vom Vater oder von Geschwistern – immer in einer anderen Tonlage. Sobald man mit dem Kind musiziert, muss man sich an dessen noch sehr hohe Stimmlage anpassen. Wir hören also die ersten Lieder unseres Lebens-Soundtracks ständig in anderen Tonarten, und um sie als das immer gleiche Lied zu erkennen, müssen wir lernen, die absolute Tonhöhe zu ignorieren!

Heute erfahren wir Musik jedoch anders als noch zu Abrahams Zeiten. Wir hören den größten Teil unseres Musikrepertoires nicht live von Mama, Papa oder der Blaskapelle des Dorfes, sondern von der Konserve. Und da gibt es für fast alle Songs eine Standardversion, die immer dieselbe Tonart und denselben Sound hat. (Eine Ausnahme sind Lieder, die viel «gecovert» werden, von denen es also Aufnahmen unterschiedlicher Künstler in unterschiedlichen Tonarten gibt, etwa Jazz-Standards.) Und erstaunlicherweise ist es so, dass selbst blutige Musik-Laien, wenn man sie auffordert, einen ihrer Lieblingshits zu singen, meist erstaunlich genau die Originaltonart treffen, wie Daniel Levitin nachweisen konnte (siehe Seite 140). Diese Menschen könnten niemals der Aufforderung nachkommen: «Singen Sie ein cis!» – schon weil viele nicht wissen, was ein cis ist. Sie verfügen also nicht über das absolute Gehör für Töne, aber über eine vergleichbare Fähigkeit für ganze Lieder und Melodien.

Eine andere Erklärung, warum wir relativ hören, finde ich überzeugender. Sie gründet sich auf die Sprache. Ein Kleinkind, das zu sprechen beginnt, hat sowieso eine Menge zu lernen, jedoch die vielleicht wichtigste Lehre gleich am Anfang ist: Tonhöhe ist egal! Die Mutter mag ein Wort höher aussprechen als der Vater, aber es ist dasselbe Wort. Für den Vokal «a» ist nicht seine absolute Grundfrequenz wichtig, sondern seine Klangfarbe, also die Zusammensetzung der Obertöne – die unterscheidet ihn vom «o».

Wie schon erwähnt, macht in vielen asiatischen Sprachen die Tonhöhe sehr wohl einen Unterschied für die Bedeutung, ein Wort kann in vier Tonlagen vier verschiedene Dinge bezeichnen. Dass die Tonhöhe in diesen Sprachen so wichtig ist, kann ein Grund dafür sein, dass man unter Asiaten mehr Menschen mit absolutem Gehör findet als unter Europäern.

Wie viele Menschen haben nun das absolute Gehör? Man liest oft Zahlen von einem unter 5000 oder 10 000, aber richtig wissenschaftlich erhärtet sind diese Angaben nicht. Und es ist durchaus relativ, was man unter dem absoluten Gehör versteht. Viele

Menschen, die als Absoluthörer eingestuft werden, haben beim Benennen von Tönen eine Trefferquote von lediglich 70 Prozent. Sie sind besonders gut bei den Tönen, die den weißen Tasten der Klaviertastatur entsprechen, und da besonders gut in der mittleren Lage. Wenn Absoluthörer älter werden, machen sie mehr Fehler – die Basilarmembran im Ohr verändert sich, die Töne reizen andere Nervenzellen als vorher, aber die «Verdrahtung» ist noch dieselbe.

Umgekehrt können gute Musiker, die von sich behaupten, nicht das absolute Gehör zu haben, oft erstaunlich gut Töne benennen, jedenfalls besser, als wenn sie zufällig raten würden. Trefferquoten von bis zu 40 Prozent werden berichtet.

Über das Absoluthören bei Nichtmusikern gibt es erstaunlich wenige Untersuchungen. Um einen Ton korrekt zu benennen, muss ich ja überhaupt erst einmal Namen für die Töne haben, und ein großer Teil der Bevölkerung hat das nicht. Mit denen kann man nur Versuche machen, bei denen sie Töne wiedererkennen müssen: Man spielt ihnen etwa eine Melodie vor, dann eine Weile andere Musik, um den Höreindruck zu verwischen, und später bekommen sie die erste Melodie wieder vorgespielt und müssen sagen, ob sie auf demselben Ton begonnen hat. Aber von diesen Experimenten gibt es noch viel zu wenige, um statistische Aussagen zu machen.

Und schließlich scheint das absolute Gehör in gewissem Umfang auch lernbar zu sein. Zwar hat man Besonderheiten in der Hirnstruktur von Absoluthörern gefunden, die genetisch bedingt sein müssen, aber es gibt auch eindeutige Lernerfolge bei Kindern: Die Suzuki-Methode des Musikunterrichts (bei der wenig Theorie gepaukt wird, sondern die Betonung aufs genaue Zuhören gelegt wird) lässt die Quote der absolut hörenden Kinder teilweise auf 50 Prozent hochschnellen. Allerdings scheint es hier, anders als bei anderen musikalischen Fähigkeiten, eine relativ starre Grenze zu geben: Nach dem 6. Lebensjahr gibt es kaum noch Berichte von Menschen, die das absolute Gehör erlernt haben. Im Jahr 1997 wurde von französischen Forschern ein Experiment mit je zwölf Kindern aus dem Kindergarten und aus der neunten Klasse durchgeführt, die über sechs Wochen lernen sollten, einen bestimmten Ton zu singen. Am Anfang machten die Kindergartenkinder noch größere Fehler als die älteren, am Ende des Experiments lagen die Kleinen im Schnitt nur noch einen halben Ton neben dem Zielton, während die Älteren sich kaum verbessert hatten und im Durchschnitt weiterhin einen Fehler von drei Halbtönen machten. Hier scheint es tatsächlich ein Zeitfenster zu geben, jenseits dessen man diese Fähigkeit nicht mehr richtig lernen kann – ähnlich wie das räumliche Sehen oder das akzentfreie Sprechen einer Sprache.

Und wie ist es nun, absolut zu hören? Wie gesagt, ich kann es Ihnen nicht aus eigenem Erleben erzählen, sondern muss mich auf Berichte von Absoluthörern verlassen. Die können zum Beispiel sagen, in welcher Tonhöhe ein Auto auf der Straße hupt – eine durchaus überflüssige Fähigkeit, möchte man meinen. Praktischer ist es schon, dass man anhand des Reifengeräuschs auf der Autobahn ziemlich genau die Geschwindigkeit einschätzen kann. Für die Empfindung von Musik dagegen ist das absolute Gehör oft eher hinderlich. Heute sind durch die Dominanz elektronischer Instrumente fast alle Bands, aber auch die meisten Orchester auf den «Kammerton» a mit 440 Hertz geeicht. Doch manche Orchester spielen bisweilen mit einer anderen Stimmung, vor allem, wenn es um ältere Werke geht. Und das kann für einen Absoluthörer schon schief, zumindest verwirrend klingen. Wenn er sich an ein Klavier setzt, das einen kompletten Halbton tiefer gestimmt ist als üblich (bei manchen alten Instrumenten muss man das machen, weil sie die Spannung sonst nicht mehr aushalten würden), dann kann der Mensch mit dem absoluten Gehör in völlige Verwirrung geraten: Er sieht ein a, aber er hört ein as. Oft kann er dann gar nicht mehr spielen, weil das Transponieren im Kopf nicht so schnell funktioniert.

Zu guter Letzt kann das absolute Hören vom Genuss der Musik ablenken. Absoluthörer werden mit Worten zitiert wie «Ich höre keine Melodien, ich höre Tonnamen vorbeiziehen». Wenn das so ist – dann bin ich gar nicht mehr so neidisch auf diese Fähigkeit.

Melodien für Neuronen

Bisher ging es vorwiegend um einzelne Töne, die das Gehirn identifiziert und in eine Skala einordnet, und um die Abstände zwischen zwei Tönen, die Intervalle. Ab drei Tönen kann man von einer Melodie sprechen – und um die zu erkennen, sind schon erheblich höhere Fähigkeiten vonnöten.

Zunächst mal muss man überhaupt die Töne einer Melodie aus dem Gesamtklang extrahieren. Schon das ist gar nicht trivial. Zwei Tonsignale können nach technischen Kriterien völlig unterschiedlich sein, aber dieselbe Melodie enthalten. Auf der gegenüberliegenden Seite sind zwei Soundclips, in denen die Melodie von *The Lion Sleeps Tonight* («uuuuuuuuh-wi-o-ma-ma-way») einmal auf einem elektronischen Klavier gespielt wird und einmal gesungen (und ich bin froh, dass man das Gesangsbeispiel nicht hören kann).

Auf den ersten Blick haben die beiden Wellenformen wenig miteinander zu tun. Die Klavierversion hat 15 klar unterscheidbare Töne, die Vokalfassung dagegen ist ein Klanggebirge, in dem einzelne Töne klar hervortreten, andere dagegen undifferenziert miteinander verschmelzen. Erst auf den zweiten Blick sieht man, dass gewisse Akzente miteinander übereinstimmen. Mehr aber auch nicht.

Das Gehör dagegen sagt nach kurzer Zeit eindeutig: «Kenne ich, das ist dieselbe Melodie!» Und das unabhängig davon, ob die Melodie von einem Instrument gespielt wird oder ob sie gesungen wird. Auch die Tonlage ist völlig egal, etwa ob ein Kind das Lied

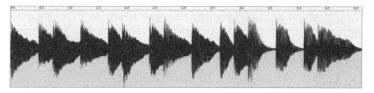

Piano

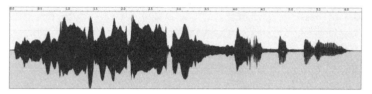

Gesang

singt oder ein Mann. Und man kann sie schnell oder langsam darbieten, und wir erkennen sie immer noch. Offenbar ist es unserem Hörsinn möglich, den musikalischen Parameter «Melodie» aus dem Wellensalat zu extrahieren und dabei andere Eigenschaften des Signals – zum Beispiel Tonhöhe, Klangfarbe und Tempo – zu ignorieren.

Es ist immer ein guter Indikator dafür, dass eine menschliche Fähigkeit etwas ganz Besonderes ist, wenn Computer ihre Probleme haben, das nachzumachen. Computer sind sehr gut in der Verarbeitung von Klangsignalen, inzwischen wird ja fast alle Musik digital aufgenommen, mit Effekten versehen, abgemischt und auf Tonträger gepresst. Aber eine Melodie zu erkennen, das lernen die Geräte gerade erst. Ich habe auf meinem Handy ein kleines Programm, das nimmt eine Melodie auf, die man in den Hörer singt, verbindet sich mit einer Datenbank und rät dann, um was für ein Stück es sich handeln könnte. Dass dabei überhaupt manchmal die richtige Lösung herauskommt, grenzt schon an ein Wunder. Oft jedoch rät das System wild in der Gegend herum. Und dabei handelt es sich doch nur um eine einstimmige Aufnahme – Systeme, die aus mehrstimmigen Tonaufnahmen

die einzelnen Spuren heraushören, sind noch im Experimental-
stadium.

Die Farbe der Töne

«Ba ba baaa, ba ba badaaa» ... Die ersten «Powerchords» des Hits
Smoke on the Water von Deep Purple. Eine unverkennbare Phrase,
die jeder in Sekundenbruchteilen erkennt. Wahrscheinlich spielt
der Song jetzt schon in Ihrem Kopf, allein ausgelöst durch die
Lektüre dieser Zeilen. In Gitarrengeschäften gehört der Song
(neben *Stairway to Heaven* von Led Zeppelin) zu den Stücken, die
man beim Ausprobieren einer Gitarre nicht spielen sollte, will man
sich nicht einen verächtlichen Blick des Verkäufers zuziehen. Das
«Riff» von *Smoke on the Water* gehört zu den einfachsten Figuren,
die man auf einer E-Gitarre spielen kann – auch wenn der Deep-
Purple-Gitarrist Ritchie Blackmore gern betont, dass die meisten
Anfänger es falsch spielen.

Was macht die offensichtliche Faszination dieses einfachen In-
tros aus? Traditionelle musikalische Parameter versagen hier. Die
Noten sind recht simpel, und auch sonst hat der Song (der von
einem Brand im Casino von Montreux bei einem Frank-Zappa-
Konzert handelt) auf den ersten Blick nicht besonders viel, was
ihn auszeichnet. «Lyrics wie ‹Rauch auf dem Wasser, Feuer im
Himmel› erscheinen eigentlich nicht gerade dazu geeignet, die
Massen zu begeistern», schreibt der österreichische Musikforscher
Hannes Raffaseder.

Es ist der Sound von Deep Purple, der sich in unser Gedächtnis
eingegraben hat. Was ist das, «Sound»? Es gibt kein deutsches Wort
dafür, am ehesten trifft noch der Begriff «Klangfarbe» (englisch:
timbre). Wissenschaftler tun sich schwer, die Klangfarbe zu definieren. «Der Aspekt eines Klangs, der ihn von anderen Klängen
derselben Tonhöhe, Dauer und Lautstärke unterscheidet», lautet

eine gängige Definition. Die ist natürlich unbefriedigend: Sie sagt uns lediglich, was Klangfarbe *nicht* ist – aber eine positive Definition bietet die Wissenschaft nicht.

Anders als bei der optischen Farbe verfügen wir über ein sehr eingeschränktes und schwammiges Vokabular, um Klangfarben zu beschreiben. Oft benutzen wir Analogien, die von anderen Sinnen kommen: Klänge können «hart», «weich» oder «spitz» sein. Akustische Begriffe zur Beschreibung von Klängen sind «dumpf» oder «schrill». Für differenziertere Beschreibungen fehlen uns die Worte, wir müssen auf Analogien zurückgreifen, «das klingt wie ...». Komponisten früherer Jahrhunderte haben sich um die Klangfarbe recht wenig geschert. In ihren Partituren gaben sie sehr detaillierte Anweisungen zur Tonhöhe, zum Tempo, zur Lautstärke. Die Klangfarbe wurde hauptsächlich durch die Auswahl der Instrumente bestimmt, vielleicht noch durch besondere Anweisungen zur Spielweise – so klingt eine Geige sehr unterschiedlich, je nachdem, wo man den Bogen ansetzt. Aber unser Gehör kann in puncto Klangfarbe viel mehr, als eine Tuba von einer Piccoloflöte zu unterscheiden.

Bei *Smoke on the Water* stünde in klassischer Manier wahrscheinlich auf den Noten: «Verzerrte Gitarre, später Einsatz einer Hammond-Orgel». Doch das erfasst nicht den Sound – jede Rockband spielt mit verzerrten Gitarren, und viele setzen auch den klassischen Hammond-Sound ein, der sich durch ein raues Klickgeräusch auszeichnet, das jedem Ton vorangeht. Dennoch, das Original erkennen wir sofort. Offenbar differenzieren wir Klangfarben viel feiner, als man es mit verbalen Beschreibungen erfassen kann.

Im 20. Jahrhundert begannen die Komponisten, sich mehr für die Klangfarbe zu interessieren. Arnold Schönberg (1874–1951) prägte den Ausdruck «Klangfarbenmelodie». Er suchte nach einer Systematik der Klangfarben, «deren Beziehung untereinander mit einer Art Logik wirkt, ganz äquivalent jener Logik, die uns bei der Melodie der Klanghöhen genügt». Vielleicht das bekannteste

Beispiel einer Komposition, die hauptsächlich durch Klangfarben wirkt, ist Maurice Ravels *Boléro* – ein aus zwei Teilen bestehendes Thema wird praktisch unverändert in 18 unterschiedlichen Instrumentierungen gespielt. (Dass Ravel sich der Klangfarbe zuwandte, hat auch damit zu tun, dass er aufgrund einer neurologischen Erkrankung sein musikalisches Gehör verlor, siehe Seite 121.) Klangfarbenmelodien erzeugt auch das Didgeridoo der australischen Ureinwohner – es spielt nur einen Ton, variiert aber dessen Timbre.

Die «Farbe» eines Tones wird, wie schon gesagt, von den Obertönen bestimmt, also von den Frequenzen, die ein Ton außer der Grundfrequenz noch besitzt. Sie sorgen dafür, dass aus einer sinusförmigen Kurve ein mehr oder weniger gezacktes Gebilde wird. Und für diese Zacken haben wir einen ungemein feinen Sinn.

Im Klangspektrum einer Klarinette zum Beispiel kommen vor allem die ungeradzahligen Obertöne (beziehungsweise geradzahligen Teiltöne) vor, also die vier-, sechs-, achtfache Frequenz und so weiter. Bei der Trompete dagegen sind alle Obertöne etwa gleich ausgeprägt. Diese «fehlenden» Obertöne bei der Klarinette machen schon fast den ganzen Unterschied aus!

Dazu kommen noch Zusatzfrequenzen, die nicht harmonisch sind, also keine Vielfachen des Grundtons. Die hört man zum Beispiel, wenn ein Blasinstrument «hauchig» gespielt wird. Oder auch bei Perkussionsinstrumenten wie einer Marimba – je mehr «schräge» Frequenzen dabei sind, umso perkussiver klingt das Instrument.

Die Obertöne sind allerdings nicht alles, was einen Ton ausmacht. Er hat auch je nach Instrument eine charakteristische «Hüllkurve»: Der Ton fängt auf ganz bestimmte Weise an, hat eine gewisse Länge und schwingt auf seine eigene Art aus. Ein gestrichener Geigenton zum Beispiel kann nie so abrupt beginnen wie der Ton einer mit dem Hammer angeschlagenen Klaviersaite. Und wie anders klingt die Geige, wenn dieselben Saiten gezupft statt gestrichen werden («pizzicato»), obwohl sie in denselben Fre-

quenzen schwingen! Der französische Komponist Pierre Schaeffer führte in den 50er Jahren ein Experiment durch: Er schnitt bei aufgenommenen Tönen verschiedener Instrumente den Anfang, *attack* genannt, ab und ließ nur den gleichmäßig schwingenden Teil des Klangs übrig – prompt konnten die Hörer nicht mehr sagen, was für ein Instrument da gespielt wurde. Einige Beispiele solcher «beschnittenen» Töne habe ich ins Netz gestellt. ◀ŋ)
Inzwischen lassen sich alle natürlichen Instrumente auch elektronisch simulieren. Der Synthesizer, entwickelt in den 60er und 70er Jahren, wurde ja nicht nur gebaut, um das Klangspektrum um neue, ungewohnte Töne zu bereichern, sondern auch, um «echte» Instrumente nachzubilden. Am Anfang ging man dabei tatsächlich den Weg der Synthetisierung aus einfachen Grundformen, man baute die harmonischen Frequenzen Welle für Welle nach – mit sehr unterschiedlichem Erfolg. So lässt sich eine Orgel oder ein Streicherensemble relativ leicht und täuschend echt imitieren – deren Töne bestehen aus klar definierten Obertönen und haben eine recht simple Hüllkurve, vor allem, wenn sie lange ausgehalten werden.

Blasinstrumente, zum Beispiel das Saxophon mit seinen «dreckigen» Zusatzfrequenzen, sind schon schwieriger zu synthetisieren. Und bei einer Gitarre oder einem Klavier, die über recht komplexe Hüllkurven verfügen, ist das Verfahren wenig überzeugend. Da nutzt man in modernen Keyboards eine andere Technik, das sogenannte Sampling: Man nimmt einzelne Töne echter Instrumente auf, die dann per Tastendruck in der entsprechenden Tonhöhe abgespielt werden. So sind zum Beispiel alle guten Klaviere, vom Steinway bis zum Bösendorfer, inzwischen als gesampelte Kunst-Klänge erhältlich, und kein Laie kann mehr hören, ob da nun das echte Instrument gespielt wird oder eine an den Computer angeschlossene Tastatur.

Die letzte Bastion gegen die Sampling-Technik ist allerdings die menschliche Stimme. Der Traum, eine Melodie und den dazugehörigen Text einzugeben, auf «Frank Sinatra» zu klicken, und schon singt Ol' Blue Eyes ein Lied, das er zu Lebzeiten nie gesungen hat – bis das wahr wird, werden noch ein paar Jahre vergehen.

Wir können nicht nur verschiedene Instrumente auseinanderhalten, das ist sozusagen eine der leichteren Übungen, die schon Kleinkinder perfekt beherrschen. Experten können mit ihrem trainierten Gehör eine Stradivari-Geige von einer Guarneri oder einer modernen Fabrik-Violine unterscheiden. Doch auch jeder Laie verfügt über ganz außergewöhnliche Fähigkeiten: Er kennt Hunderte von Bands, die in der Besetzung Bass, Schlagzeug, zwei Gitarren und Gesang Platten aufgenommen haben – aber sobald ein Stück der frühen Beatles erklingt, auch wenn wir es vielleicht noch nicht kennen, hören wir: Das sind die Fab Four, keine Frage! Der Film *The Rutles* (Regisseur und Hauptdarsteller: Monty-Python-Mitglied Eric Idle), in dem es um die Karriere einer Band in den 60er Jahren geht, parodiert nicht nur die Beatles-Filme dieser Zeit, sondern auch den Sound der Band. Und nach drei Akkorden weiß der Zuschauer, wer hier veralbert wird.

Man muss sich noch einmal klarmachen, was unser Hörsinn hier macht: Er spaltet den Soundbrei auf in mindestens sieben verschiedene Quellen (vier Instrumente und drei Gesangsstimmen). Mindestens, weil ja eine Gitarre ein mehrstimmiges Instrument ist und wir oft deutlich die einzelnen Töne der Akkorde wahrnehmen. Und trotzdem ist der Gesamtsound der Band noch etwas anderes als die Summe der einzelnen Instrumente und Stimmen.

Heute ist es ja möglich, mit dem Heimcomputer zu musizieren, echte Instrumente aufzunehmen, synthetische im Computer zu spielen und auch selber dazu zu singen. Viele Hobby-Musiker wundern sich dann, dass ihre eigene Produktion nicht so klingt wie die professionellen Aufnahmen auf CDs, obwohl sie doch alles «richtig» gemacht haben. Meistens empfinden sie das eigene Werk als flacher und holpriger, auch wenn niemand wirklich schief singt oder falsche Töne spielt.

Der Grund: Es ist eine Kunst für sich, den Sound einer Tonaufnahme zu kreieren. Wenn alle Musiker ihre Spuren eingespielt haben – das können bei einer modernen Pop-Aufnahme leicht einmal 50 Stück sein –, beginnt die kreative Arbeit des Produzenten. Keine Spur bleibt so, wie sie war: Es werden Effekte wie Hall und Echo darübergelegt. Unsaubere Töne werden per «Autotune» begradigt (so mancher hochbezahlte Sänger ist kaum in der Lage, live richtig gerade zu singen). Ein sogenannter Kompressor gleicht die lauten und leisen Passagen einer Spur (und später des gesamten Stücks) aneinander an. Vor allem bei Pop-Aufnahmen sorgt das für eine hohe subjektive Lautstärke. Und schließlich gibt es noch die Kunst des «Masterings» – die fertige Mischung wird noch einmal mit Filtern und Kompressoren bearbeitet, dadurch kann sich der Klang des Gesamtstücks radikal ändern. Die Masteringstudios, obwohl sie ja mit der eigentlichen Aufnahme der Musik nichts zu tun haben, kassieren üppige Honorare für diese Form der Klangveredelung.

Warum können wir so viele unterschiedliche Klangfarben unterscheiden? Die Antwort dafür liegt wahrscheinlich nicht in der Musik, sondern in der Sprache: Überlegen Sie einmal, wie viele Menschen Sie an der Stimme erkennen. Sicherlich mindestens 100 Individuen. Darunter sind Kinder und Frauen, Männer mit hohen und Männer mit tiefen Stimmen. Aber auch, wenn Menschen in derselben Tonlage reden, können wir sie voneinander unterscheiden. Und das nicht nur, wenn sie uns direkt ansprechen – auch wenn sie bei einer Party in der anderen Ecke des Raumes stehen oder übers Telefon mit uns reden, also ganze Frequenzbänder in ihrer Stimme fehlen. Offenbar war es für unsere Vorfahren eine wichtige Fähigkeit, bekannte Stimmen von unbekannten zu unterscheiden, den Freund vom Feind. Und das geht nur über den charakteristischen «Sound» der Stimme.

Slave to the Rhythm

Für das Publikum klassischer Konzerte gilt eine strenge Etikette: Der Zuschauer sitzt in seinem am Boden festgeschraubten Sitz und hat sich so still wie möglich zu verhalten. Es gibt auch Regeln dafür, wann er sich äußern darf: nämlich immer nur am Schluss einer Darbietung, möglichst durch Beifall. Nicht einmal zwischen den Sätzen einer Symphonie soll man klatschen – eine Regel, gegen die unerfahrene Konzertgänger allerdings immer wieder verstoßen. Ein eingeworfenes «Bravo» nach einer virtuosen Kadenz des Geigers? Zuhörer, die begeistert von ihren Sitzen aufspringen und sich im Takt der Musik wiegen? Das würde nicht nur die Akustik des Konzerts stören (vielleicht schneidet ja der Rundfunk mit), sondern auch gegen alle guten Sitten verstoßen.

Der Musikforscher Daniel Levitin schrieb im Oktober 2007 einen Meinungsartikel in der *New York Times*, in dem er diesen Zwang zum Stillsitzen, zur stillen Bewunderung der Künstler, kritisierte. «Musik kann eine befriedigendere Erfahrung für das Gehirn sein, wenn wir zulassen, dass sie uns auch körperlich bewegt», schrieb Levitin. «Wenn ein Orchester die klangliche Gewalt von Ravels *Boléro* aufbaut, dann wollen wir aus unseren Sitzen aufspringen, tanzen und zeigen, wie gut sich das anfühlt. Aufstehen, hinsetzen, schreien, alles rauslassen. Wenn die Manager des Lincoln Center über Renovierungen nachdenken, dann rate ich ihnen: Reißt ein paar von den Sitzen raus und gebt uns den Raum, uns zu bewegen!»

Natürlich blieb ein solcher Angriff auf die Konzertetikette nicht unwidersprochen. Ein Leser, mutmaßliches Mitglied des Bildungsbürgertums, schrieb: «Die Vorstellung, während eines klassischen Konzerts zu tanzen, ist destruktiv. Wie könnten wir bei dem Hufgeklapper der Satyrn und dem Geschrei der Bacchanten noch die Musik hören? Kinder mögen zu Hause und in der Schule fröhlich zu Musikaufnahmen tanzen und sich daran freuen. Aber wenn ich 200 Dollar für einen Sitzplatz bei einer Aufführung von

La Bohème bezahlt habe, möchte ich nicht, dass von hinten ein Kind meinen Sitz mit den Füßen traktiert.»

Aber es kam auch enthusiastische Zustimmung, sogar von Musikern. So schrieb ein Geiger des angesehenen Luzerner Festivalorchesters: «Ich fühle mich in Klassikkonzerten unwohl und gehe selten hin, während ich als Musiker auf der Bühne viel Spaß habe – schließlich kann ich ja mit meinem Instrument und meinen Mitmusikern tanzen! Reißt ein paar Sitze raus und macht am andern Ende des Saals eine Bar auf – dann sitze ich bald wieder im Publikum.»

Levitins Vorschlag war wahrscheinlich nur halb ernst gemeint und wird wohl kaum verwirklicht werden. Es gibt ja auch Musik, die man am besten kontemplativ genießt, ungestört von äußeren Einflüssen. Aber Musik gänzlich von Bewegung zu trennen, die Bewegung unmöglich zu machen, das ist schon eine Fehlentwicklung in der europäischen Kultur. Musik ist Rhythmus, und Rhythmus ist Bewegung, daran zweifelt in anderen Ländern der Erde niemand. Und dieser Zusammenhang ist nicht nur kulturell bedingt, sondern eingebrannt in die Schaltkreise unseres Gehirns.

Die Verbindung zwischen Hören und Bewegen ist so unmittelbar, dass es in vielen Kulturen, etwa in Afrika, keine unterschiedlichen Wörter für «Musik», «Rhythmus» und «Tanz» gibt. Bei vielen westlichen Menschen kommt diese Verbindung nur dann zum Vorschein, wenn sie durch Alkoholgenuss enthemmt sind und die natürlichen Schwingungen ihres Körpers zur Musik zulassen können. Schade eigentlich. «So betrachtet haben Tanztherapeuten (die man in Afrika wahrscheinlich ebenso vergebens sucht wie Eisverkäufer in der Antarktis) gerade hierzulande ein weites Betätigungsfeld, das besser als bisher wissenschaftlich untersucht werden sollte», schreibt der Ulmer Neurowissenschaftler Manfred Spitzer.

Ich habe in einem Experiment versucht, einen möglichst gleichmäßigen Takt mit dem Finger auf der Tischplatte zu klopfen, und das resultierende Tonsignal aufgenommen. Zunächst habe ich auf dem Bildschirm den Cursor verfolgt, der während der Aufnahme längs einer Zeitleiste lief, auf der die Takte und die einzelnen Schläge eingezeichnet waren. Beim zweiten Mal habe ich ein akustisches Metronom eingeschaltet («tick, tick, tick, tick») und versucht, diese Ticks möglichst exakt zu treffen. In beiden Fällen betrug das Tempo 120 Schläge pro Minute, also zwei Schläge pro Sekunde. Das ist eine Art Standardtempo für Popsongs, es kommt unserem Rhythmusgefühl sehr entgegen. Es ergab sich eine Tondatei mit ausgeprägten Spitzen dort, wo die Schläge waren, und ich konnte diese Wellenform gut mit dem Taktraster vergleichen.

Das Ergebnis: Im ersten Fall, wo ich nur einen optischen «Taktgeber» hatte, lagen die Schläge nicht sehr gut auf dem Raster. Mal kamen sie ein bisschen zu früh, mal ein bisschen zu spät, mit maximalen Abweichungen von etwa drei Hundertstelsekunden. Das klingt wenig, aber wenn man sich das Geklopfe anhört, dann klingt es ziemlich wacklig. Musiker würden dagegen protestieren, nach einer solchen Taktvorgabe spielen zu müssen.

Im zweiten Fall dagegen, also mit dem akustischen Metronom, betrug die maximale Abweichung nur eine Hundertstelsekunde. Und vor allem war sie für alle Schläge ungefähr gleich, sie kamen alle einen Sekundenbruchteil zu spät. Das kann man schon fast durch die Entfernung erklären, die der Schall zwischen dem Lautsprecher und meinem Ohr zurückzulegen hatte. Wichtig ist aber: Es ergab sich ein absolut gleichmäßiger Rhythmus, den man beim Hören nicht von einem mechanisch oder elektronisch erzeugten unterscheiden kann.

Erste Lehre also: Offenbar fällt es uns leichter, unsere Motorik, in diesem Fall die Fingerbewegung, mit einem akustischen Signal zu synchronisieren als mit einem optischen.

Dann habe ich einen weiteren Versuch gemacht. Wie im ersten Experiment habe ich einmal zu dem optischen und einmal zu dem akustischen Signal geklopft. Aber diesmal habe ich nach 16 Schlägen den Stimulus abgestellt und nur noch nach meinem «inneren»

Takt weitergeklopft. In beiden Fällen ergab sich zwar ein recht regelmäßiger Takt, aber im Fall der optischen Synchronisierung wich er doch ziemlich von dem vorgegebenen ab – ich schlug mit etwa 125 Schlägen pro Sekunde weiter. Im akustischen Fall wurde ich nur ein kleines bisschen schneller, etwa 120,5 Schläge pro Minute. Das ist eine Abweichung von lediglich 0,4 Prozent. (Und dass ich schneller geworden bin, ist kein Zufall: Musiker, die unter einem gewissen Stress stehen, etwa weil sie ein Solo spielen sollen, tendieren stets dazu, schneller zu werden und nicht langsamer.)

Zweite Lehre: Offenbar ist unser Gehirn in der Lage, sich auf regelmäßige akustische Signale «einzuschwingen» und deren Takt sehr exakt zu verinnerlichen. Mit optischen Reizen geht das nur wesentlich schlechter. Es scheint eine Art direkte Verbindung zwischen unserem Gehör und unserem Bewegungsapparat zu geben – zu Recht sagt man, «diese Musik geht ins Bein».

Ich bin übrigens ein eher lausiger Schlagzeuger oder Trommler und beschreibe den Versuch nicht, um mein musikalisches Taktgefühl unter Beweis zu stellen. Diese Fähigkeit hat tatsächlich jeder von uns, auch der musikalische Laie.* Überprüfen Sie es selbst: Auf der Website zum Buch gibt es einen Film, in dem ein Rhythmus durch einen blinkenden Punkt vorgegeben wird, und ein Tonbeispiel mit demselben Rhythmus – schauen Sie mal, auf welchen Rhythmus Sie sich leichter «eingrooven» können! 🔊

Ähnliche Tests sind auch in wissenschaftlichen Studien gemacht worden. Lutz Jäncke vom Institut für Neuropsychologie der Universität Zürich hat einen solchen Versuch (akustischer und visueller Reiz, Synchronisation und Fortsetzung des Rhythmus) im Labor aufgebaut und die Probanden dabei in den Hirnscanner geschoben. In seinen Versuchen war die Abweichung vom «korrekten» Takt bei der visuellen Stimulierung etwa sechsmal so groß,

---

* Ich muss wieder einschränken: Es gibt Menschen, denen jedes Rhythmusgefühl abgeht, sie leiden unter sogenannter Arrhythmie. Aber auch das ist ein sehr kleiner Teil der Bevölkerung.

wie wenn ein akustisches Signal vorgegeben wurde. Und aus den Gehirnbildern konnten die Forscher ablesen: Wenn wir visuell stimuliert werden, dann wird vor allem der visuelle Kortex des Gehirns aktiv, also der Teil, der optische Informationen verarbeitet. Das war auch der Fall, als der optische Reiz wegfiel – das Gehirn stellte ihn sich weiter vor und musste diesen Phantasie-Stimulus dann wieder in Bewegung umsetzen. Fiel der akustische Stimulus weg, wurde nicht in erster Linie das Hörzentrum aktiv, sondern unmittelbar die motorischen Areale in der Hirnrinde, egal ob mit oder ohne Stimulus. Man konnte also regelrecht sehen, wie der Bewegungsapparat angeregt wurde und dann «weiterschwang». (In solchen Experimenten kann man nicht die einzelnen Taktschläge im Hirn sehen, sondern nur die allgemeine Aktivierung – das benutzte fMRI-Verfahren hat keine sehr gute zeitliche Auflösung.)

Rhythmus liegt uns buchstäblich im Blut. Es gibt offenbar eine direkte Verbindung vom Hörsinn zur Motorik. Wenn Musik zeitlich strukturierter Klang ist, dann ist Rhythmus die Art, wie diese zeitliche Strukturierung geschieht. Und unser Sinn dafür ist sehr alt – wahrscheinlich älter als die Musik überhaupt und älter als der Mensch. Es gibt Tierarten, die sich spontan zu rhythmischer Musik bewegen. Suchen Sie zum Beispiel mal bei YouTube mit dem Begriff *dancing parrot*, Sie werden haufenweise Amateurfilme mit rhythmisch tanzenden Papageien finden. Die meisten Tiere dagegen tanzen nicht, wippen nicht mit den Zehen, machen sich offenbar gar nichts aus Rhythmen. So gibt es keine Affenart, die sich auch nur die simpelsten Rhythmen beibringen lässt.

Man kann davon ausgehen, dass die «Hmmmmm»-Ursprache von Anfang an mit Rhythmus und Tanz verbunden war. Wann unsere Vorfahren angefangen haben, Gegenstände rhythmisch aufeinanderzuschlagen, weiß man nicht, aber wahrscheinlich war das schon der Fall, bevor sie mit simplen Lauten miteinander kommuniziert haben.

Der Paläoanthropologe Steven Mithen datiert den Ursprung unseres Rhythmusgefühls auf eine Zeit vor etwa 1,8 Millionen

Jahren – die Zeit von Homo ergaster. Dieser Urahn war der erste, der wirklich auf zwei Beinen ging. Ausgegrabene Skelette zeigen, dass er schon gehen, laufen und springen konnte wie wir heute. Und auf zwei Beinen zu gehen erfordert eine sehr gute Körperkoordination – und Rhythmus.

Wie kam es dazu, dass unsere Vorfahren sich überhaupt von allen vieren erhoben und anfingen, auf zwei Beinen zu gehen? Damals gab es in der afrikanischen Heimat einen Klimawandel, und die Lebensbedingungen veränderten sich. Die Hominiden lebten nicht mehr in waldigem Gebiet, sondern in der spärlicher mit Bäumen bewachsenen Savanne. Neben der Fähigkeit, in aufrechter Position besser Früchte von den Bäumen pflücken zu können, bot der aufrechte Gang vor allem einen Vorteil: Der Körper bietet in vertikaler Position der Sonne weniger Angriffsfläche. Die aufrechte Haltung war eine Form von Hitzeschutz (der Verlust des Haarkleids ist eine weitere).

Das zweibeinige Gehen unterscheidet sich aber grundlegend vom vierbeinigen. Ein Vierbeiner steht immer sicher – die von seinen vier Füßen eingerahmte Grundfläche unterstützt stets den Schwerpunkt, und so fällt er nicht um, selbst wenn er einen Fuß anhebt. Ein Mensch dagegen steht fast nie stabil, die von unseren zwei Füßen beschriebene Fläche ist winzig. Außerdem ist beim Gehen ja immer ein Fuß in der Luft. Unser Gleichgewicht ist nicht statisch, sondern «dynamisch» – was nichts anderes heißt, als dass wir ständig kontrolliert fallen. Und um bei diesem Prozess nicht ins Straucheln zu geraten, ist eine sehr exakte zeitliche Koordinierung aller Körperbewegungen notwendig – eben Rhythmus.

Das hatte gleich mehrere Konsequenzen: Erstens musste das Gehirn anwachsen, um diese Koordination fehlerfrei zu meistern. Man darf spekulieren, dass durch diesen Größenzuwachs auch Kapazitäten frei wurden, die später zur Entwicklung von «Hmmmmm», Sprache und Musik führten. Und zweitens wurden die oberen Extremitäten frei für andere Dinge als die Fortbewegung – also konnten sie sich auf feinmotorische Tätigkeiten spezialisieren. Aber auch für die Kommunikation standen sie zur Verfügung. Die ersten holistischen Kommunikationsformen waren ganz gewiss verbunden mit ausgeprägter Gestik. Und man braucht nicht viel Phantasie, um sich auszumalen, dass die neue Beweglichkeit auch die Geburtsstunde des Tanzes war.

Es gibt kaum Musik, die keinen Rhythmus hat. Vom Kinderlied bis zur Symphonie, vom Popsong bis zur wilden Jazzimprovisation, jeder Musik liegt ein Metrum zugrunde, ein gemeinsames Maß, das jeder meist sofort bestimmen kann. Die einzigen Beispiele für Musikstücke ohne Rhythmus, die mir einfallen, sind avantgardistische Kompositionen – etwa das Stück *4´33˝* von John Cage, das aus vier Minuten und 33 Sekunden Stille besteht. Oder das Orgelwerk *As Slow As Possible*, auch von Cage, das seit 2001 in der St.-Buchardi-Kirche in Halberstadt aufgeführt wird. Es dauert 639 Jahre, und etwa einmal pro Jahr wird ein Ton gespielt. Aber selbst das kann man als rhythmisch bezeichnen – der Titel besagt ja, dass es Cages Absicht war, den Rhythmus des Stückes zu strecken, so weit zu strecken, dass er mit keinem von uns als natürlich empfundenen Zeitmaß mehr übereinstimmt.

Auch der Free Jazz, bei dem fast alle Zwänge musikalischer Konvention aufgehoben sind, ist weit davon entfernt, arrhythmisch zu sein. Der «Puls», der den Stücken zugrunde liegt, ist eben nur freier, variabler und individueller als bei konventionellen Musikformen.

Das Wort «Puls», im Jazz sehr wichtig, weist schon die Richtung, aus der der Rhythmus wahrscheinlich kommt: Viele unserer Körperfunktionen sind periodisch, sie gehorchen einem Zeitmaß, teilweise sehr exakt. Ohne einen gleichmäßigen Herzschlag könnten wir nicht überleben, auch das regelmäßige Ein- und Ausatmen erfolgt zum Glück automatisch und sichert unsere Sauerstoffversorgung. Diese vielen Rhythmen des Körpers müssen im Gehirn koordiniert werden. Es muss einen oder mehrere zentrale Taktgeber geben, die dieses «Konzert» der Körperfunktionen dirigieren. Wenn wir Musik hören, dann interagiert sie mit diesen Körperrhythmen, und wir versuchen sie in Einklang zu bringen. Ich habe zum Beispiel eine ganze Weile gebraucht, bis ich zu beliebiger Musik joggen konnte – zunächst war ich immer versucht, meinen Atemrhythmus und mein Lauftempo an die Musik im Kopfhörer anzupassen. Bei einem schnellen Rockstück gerät man dann schnell außer Puste. Es wird ja sogar spezielle «Joggingmusik» mit lauffreundlichem Tempo angeboten, und es gibt Geräte, bei denen man das Tempo der Musik an die eigene Geschwindigkeit anpassen kann.

Vom Rhythmus zum Takt

Bisher habe ich das Wort «Rhythmus» recht locker benutzt, nun ist eine Präzisierung vonnöten. Rhythmus ist die zeitliche Abfolge der Noten oder Akzente eines Stücks, diese kann sehr unregelmäßig sein und aus unterschiedlich langen Tönen bestehen. Der Takt dagegen oder der Beat ist der zugrunde liegende gleichmäßige Puls, den wir wiederum in regelmäßige Abschnitte unterteilen.

Die Längen der einzelnen Noten einer rhythmischen Figur haben meistens ein geradzahliges Verhältnis zueinander. Nehmen wir ein einfaches Beispiel:

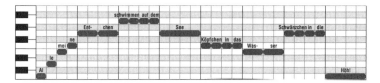

Die längeren Töne («Ent-», «-chen», «See» und so weiter) haben die doppelte oder vierfache Länge der kürzesten Noten. Aus dieser Tonfolge lässt sich relativ leicht ein Takt herausdestillieren – der besteht daraus, dass man mit dem Wert der kurzen Noten gleichmäßig durchzählt und in Vierergruppen unterteilt, wobei die erste

Note stark betont wird. In der Musik nennt man das den 4/4-Takt, weil die Zähleinheit eine sogenannte Viertelnote ist (musikalische Konventionen sind nicht immer logisch) und vier davon einen Takt ausmachen.

Nicht immer sind die Noten so sauber auf die Einheiten eines Taktes verteilt. Vor allem in der Pop- und Jazzmusik fallen die Noten oft neben die Zählzeiten. Selbst bei simplen Popsongs, die an Kinderlieder erinnern, ist das der Fall, zum Beispiel bei Nenas *99 Luftballons*. Man könnte es wie ein einfaches Kinderlied singen, etwa so:

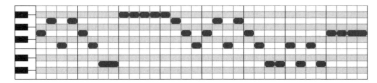

Hast du et-was Zeit für mich, sin-ge ich ein Lied für dich von neun-und-neun-zig Luft-bal-lons auf ih-rem Weg zum Ho-ri-zont

Aber so singt Nena nicht, sondern ungefähr so:

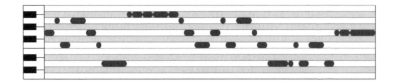

Die Noten haben sehr unterschiedliche Längen, und ich habe absichtlich die vertikalen Linien weggelassen, weil das Intro des Songs lediglich über lange Synthesizer-Akkorde gesungen wird. Es gibt kein Schlagzeug, das den Beat vorgibt und uns die rhythmische Einordnung erleichtern würde. Ein offensichtlicher Takt ist also überhaupt nicht vorhanden – trotzdem spüren wir ihn, auch wenn wir das Lied zum ersten Mal hören!

Wie würde man ein Computerprogramm schreiben, das aus diesem freien Gesang einen Rhythmus und einen Takt extrahiert? Zunächst müsste es in Nenas Gesang überhaupt die einzelnen Noten voneinander separieren. Dann gilt es, eine kleinste rhythmische Einheit aller Tonlängen zu finden. Das kennen wir aus der Schule als die Berechnung des «größten gemeinsamen Teilers». Da Nena die Töne sehr «verschleift», ginge das nur annäherungsweise, man müsste das Raster zugrunde legen, bei dem die Abweichungen am geringsten sind. Das wäre ein mathematisches Optimierungsproblem, und es erforderte schon eine höhere Rechenkunst.

Doch dieser mathematische Ansatz funktioniert nur, wenn die ganze Melodielinie schon vorliegt und man sie in ihrer Gesamtheit analysiert. Aber wir hören ja Musik nicht so, dass wir das Ende des Liedes abwarten, eine Weile rechnen und dann sagen: «Kann ich das bitte noch einmal hören?» Unser Fuß beginnt schon nach zwei oder drei Tönen zu wippen. Wenn *99 Luftballons* auf einer Party gespielt wird, dann ist die Tanzfläche schon voll, bevor das Intro zu Ende ist, und die Menge wogt im Takt, ehe das Schlagzeug einsetzt und einen unmissverständlichen Beat vorgibt.

Das ist ein Zeichen dafür, dass unser Gehirn offenbar regelrecht süchtig danach ist, einen regelmäßigen Puls in der Musik zu erkennen. Wie macht es das, wo sitzt das «rhythmische Zentrum»? Offenbar wird das Signal, das vom Innenohr kommt, direkt in ein solches Zentrum geleitet (siehe Graphik auf Seite 67). Um Rhythmen zu erkennen, ist die Verarbeitung von Tonhöhen nicht nötig. Lediglich die absolute Lautstärke des Tonsignals, seine sogenannte Amplitude, wird gebraucht – Spitzen in der Lautstärke zeigen uns, wo die Taktschläge der Musik sind, und auf die kommt es an.

Die Hirnforscherin Jessica Grahn von der britischen Cambridge University hat ein Experiment gemacht, um dem inneren Taktgeber auf die Spur zu kommen. Sie präsentierte Versuchspersonen drei unterschiedliche rhythmische Signale, jeweils aus Sinustönen bestehende Piepser, die keine Melodie enthielten und alle gleich laut waren. Das erste Signal bestand aus Tönen, deren Längen jeweils in einem ganzzahligen Verhältnis zueinander standen und sich immer zu einem «Takt» von vier Einheiten ergänzten. Das zweite Signal bestand auch aus Tönen, deren Längen Vielfache einer Grundeinheit waren, aber aus ihnen ließ sich kein Takt ableiten. Im dritten Signal schließlich hatten die Tonlängen kein gemeinsames Maß, sie mussten den Hörern wie zufällig vorkommen.

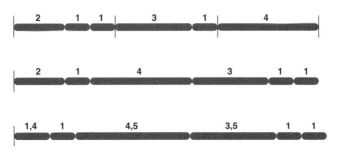

Die Signale des Versuchs von Jessica Graham

Die Testpersonen sollten diese Rhythmen durch Klopfen reproduzieren, nachdem sie sie dreimal gehört hatten. Und das Ergebnis entsprach den Erwartungen: Die Rhythmen, die einen Takt hatten, konnten 75 Prozent der Teilnehmer korrekt wiedergeben, die beiden anderen Signale nur weniger als 60 Prozent. Ein durchgängiger Fehler war übrigens, dass die Probanden lange Töne zu kurz reproduzierten – das ist ein Fehler, den fast jeder macht, wenn er eine Melodie nachsingt. Bei *Alle meine Entchen* fängt man nach dem «See» gern zu früh mit dem «Köpfchen» an.

Offenbar sind also Rhythmen, die einen regelmäßigen Takt besitzen, leichter zu merken. Es reicht nicht aus, dass die Tonlängen ganzzahlige Verhältnisse zueinander haben (also «Noten» im Sinne der westlichen Musik sind), sie müssen sich zu sinnvollen, regelmäßigen Einheiten zusammenfassen lassen.

Interessant waren aber vor allem die Ergebnisse eines zweiten

Experiments, bei dem 27 Personen in einen Hirnscanner geschoben wurden und die gleichen Signale hörten. Diesmal sollten sie sie nicht nachklopfen, sondern nur vergleichen, ob zwei hintereinander gespielte Rhythmen gleich waren. Bei allen drei Signaltypen wurden die Hirnregionen aktiv, die mit der Motorik zu tun haben. Als da wären: erstens der prämotorische Kortex – das ist der Teil der Hirnrinde, der Bewegungen vorbereitet (der motorische Kortex, der die Bewegungen dann ausführt, blieb stumm, weil die Versuchspersonen sich ja nicht bewegen sollten). Rhythmen werden im Gehirn also sofort mit Bewegung in Verbindung gebracht. Zweitens das Kleinhirn oder Zerebellum – es ist der stammesgeschichtlich ältere Teil des Gehirns, den wir mit vielen Tieren gemeinsam haben, es wird manchmal auch als unser «Reptiliengehirn» bezeichnet. Das zeigt, dass Rhythmus sehr alte Hirnstrukturen anspricht, unser Sinn dafür also weit in die Urzeit zurückgeht. Das Kleinhirn ist unser «Autopilot», es koordiniert viele autonome Funktionen unseres Körpers und muss deren unterschiedliche Rhythmen aufeinander abstimmen.

Diese beiden Hirnregionen waren bei allen drei Rhythmustypen aktiv. Bei dem Signal, das einen Takt suggerierte, wurde aber eine dritte Region besonders stimuliert, die Basalganglien. Die liegen in beiden Hinhälften unter dem Kortex, der Hirnrinde. Offenbar befindet sich dort also unser interner «Taktgeber», der nach gleichmäßigen Mustern in den akustischen Signalen sucht.

Übrigens war diese Aktivierung der Basalganglien in den Versuchen von Jessica Grahn unabhängig davon, ob die Versuchspersonen Musiker waren oder Laien. Die Sucht nach dem Beat scheint also eine universelle Eigenschaft zu sein, jedenfalls bei gesunden Testpersonen.

Das wird auch durch Versuche mit Patienten bestätigt, die Schädigungen dieser Basalganglien aufweisen. Michael Thaut von der amerikanischen Colorado State University behandelt Menschen, die unter der Parkinson'schen Krankheit leiden. Bei denen ist die Funktion der Basalganglien eingeschränkt, was sich in unwillkürlichen Bewegungen und Problemen bei der Koordination äußert. Insbesondere gehen diese Patienten sehr unsicher – die Fortbewegung auf zwei Beinen gehört zu den schwierigsten Koordinationsaufgaben des Körpers. Thaut entwickelte eine Therapie, die er «Rhythmische Auditorische Stimulation» (RAS) nannte. Dabei wird den Patienten ein einfacher Takt akustisch vorgespielt, während sie Gehübungen machen. Bei seinen Versuchen zeigte sich, dass die Patienten mit Hilfe der RAS plötzlich wieder sehr viel sicherer gehen konnten.

Liegt in den Basalganglien das Geheimnis des Rhythmus verborgen? Die tanzenden Papageien brachten Aniruddh Patel vom Neurosciences Institute in San Diego dazu, über den Zusammenhang von Rhythmus und sprachlicher Artikulation zu spekulieren. Papageien haben ja mit uns noch etwas gemein, nämlich die Fähigkeit, Stimmen und Gesänge zu imitieren, allgemein Vokalisierungen zu lernen (es gibt sogar einen Papagei, der die «Königin der Nacht» aus der *Zauberflöte* singen kann, siehe Website). Das können im Tierreich nur wenige Tierarten, die nur sehr weitläufig miteinander verwandt sind – neben dem Menschen eben die Papageien und Singvögel, außerdem Wale und Delphine. Und offenbar braucht man für diese Fähigkeit eine sehr exakte zeitliche Koordinierung der Motorik, und die unseren Basalganglien entsprechenden Hirnstrukturen scheinen dort eine besondere Rolle zu spielen.

Dass unser Sinn für Takt sich schon sehr früh zeigt, ja sogar angeboren ist, kann man aus einem Experiment schließen, von dem im Frühjahr 2009 berichtet wurde. Wissenschaftler um den Psychologen István Winkler von der Ungarischen Akademie der Wissenschaften in Budapest spielten schlafenden Neugeborenen per Kopfhörer relativ simple Schlagzeugrhythmen ins Ohr (ich frage mich bei solchen Versuchen, welche Eltern in den ersten Tagen nach der Geburt ihres Babys nichts Besseres zu tun haben, als es für wissenschaftliche Versuche zur Verfügung zu stellen!). Per EEG wurde die Reaktion des Gehirns auf diese Rhythmen gemessen. Wenn aus dem klar strukturierten Rhythmus einige Schläge weggelassen wurden, dann reagierte das EEG des Babyhirns mit einem Negativausschlag, den die Forscher als Überraschung interpretierten (siehe Seite 193) – jedenfalls dann, wenn man wichtige Taktzeiten wie die «Eins» weglieẞ. Fehlten unwichtigere Taktschläge, dann störte das die Babys offenbar nicht so sehr. «Das Hörsystem von Neugeborenen ist offensichtlich empfänglich für Periodizität und entwickelt Erwartungen darüber, wann ein Zyklus neu startet», schreiben die Forscher in ihrer Veröffentlichung in den *Proceedings of the National Academy of Sciences.* Dieses Bestreben, in rhythmischen Signalen einen Grundtakt zu erkennen, ist frappierend. Zum Beispiel versuchen wir einen solchen Takt auch in gleichmäßigen Piepssignalen zu finden, die alle gleich laut sind, also von sich aus keine besonders betonten Taktzeiten haben – wir hören trotzdem einen regelmäßigen Takt, meistens einen Dreier- oder Vierertakt. Und wenn ein Stimulus eine gewisse Unregelmäßigkeit hat, zum Beispiel, weil er von einem unerfahrenen Schlagzeuger gespielt wird, dann «reparieren» wir intern diese Abweichungen vom Taktmaß und hören uns das Ergebnis irgendwie zurecht, wie schon bei der Tonhöhe.

Und können wir einen Takt nicht richtig wahrnehmen, dann reagieren wir verstört. Oft sind die Intros bekannter Songs uneindeutig, wir finden den Beat nicht richtig oder hören ihn falsch. Mir geht das zum Beispiel so bei dem Song *Walking in Memphis* von Mark Cohn – die auf der Gitarre gezupfte Einleitung täuscht eine andere «Eins» vor, also den ersten Schlag eines Taktes, und wenn dann das Schlagzeug einsetzt, gibt es einen kleinen Moment der Verwirrung. Manche Stücke schaffen es auch, einen zwischendrin immer wieder zu verstoren, weil die Melodie einen anderen Takt suggeriert als den, der zugrunde liegt – das passiert mir immer wieder bei dem Song *Black Dog* von Led Zeppelin, bei dem eine raffiniert verschobene Melodielinie dem Zuhörer die Orientierung nimmt.

Wir europäischen Hörer haben auch manchmal Probleme mit wilden lateinamerikanischen Rhythmen – die sind oft sehr komplex, haben Schläge neben den betonten Taktzeiten (sogenannte Synkopen), sodass es uns schwerfällt, uns in diesem rhythmischen Gewirr noch zurechtzufinden. Wenn steife Europäer sich zu Sambarhythmen auf der Tanzfläche bewegen, dann sieht das manchmal unfreiwillig komisch aus – der Rhythmus fährt ihnen einfach nicht in die Beine.

Überhaupt zeichnet sich die Rhythmik in der abendländischen Musik nicht durch hohe Komplexität aus. Die Subtilität kommt in unserer Tradition durch die Melodien und vor allem durch ausgefeilte Harmonien zustande. Der Rhythmus ist da eher ein Stiefkind. Im Wesentlichen gibt es bei uns zwei Taktarten, sie beruhen auf den Zahlen 2 und 3.

Weil wir Zweibeiner sind und der Ursprung von Rhythmus in der Bewegung unserer Beine liegt, sind Takte, die auf einem Vielfachen von 2 beruhen, zunächst einmal die natürlichsten. Zu denen kann man mehr oder weniger schnell gehen oder marschieren. Die Taktarten sind der 2/4- und der 4/4-Takt. Beim 2/4-Takt wird einfach jede zweite Note betont:

Gebräuchlicher ist der 4/4-Takt, bei dem hat die dritte Note einen Akzent, der etwas weniger ausgeprägt ist als der auf der 1:

Zum Beispiel «Alle meine Entchen»: «Alle» wird etwas stärker betont als «meine» und so fort.

Beim 3/4-Takt dagegen wird jede dritte Note betont:

Die bekanntesten Beispiele für 3/4-Takte sind natürlich Walzer aller Art, etwa *An der schönen blauen Donau*, aber auch im Jazz und Pop findet man auf der Zahl 3 basierende Rhythmen, etwa der bekannte Standard *My Favorite Things* (der aus dem Film *The Sound of Music* stammt, und der spielt bezeichnenderweise im Walzerland Österreich).

Wenn man diesen Takt mit den Füßen nachtanzen will, dann beginnt ein Takt mit dem rechten Fuß, der nächste mit dem linken. Die Tanzfiguren sind komplizierter, es entsteht eine Art schwebende Leichtigkeit. Kein Wunder, dass es keine Militärmusik im 3/4-Takt gibt. In Günter Grass' *Blechtrommel* gibt es eine Szene, in der der kleine Trommler Oskar Matzerath eine Militärkapelle aus dem Konzept bringt, indem er penetrant einen 3/4-Takt spielt – prompt fangen die Soldaten an, aus der Reihe zu tanzen und sich in Paaren im Walzertakt zu drehen. Da bekommt der Walzer etwas regelrecht Subversives!

Takte, die auf anderen Zahlen beruhen, sind in unserer Musik eher selten. Die nächste Zahl wäre 5 – da gibt es das Stück *Take Five*, bekannt durch Dave Brubeck, das den krummen Takt ja schon im Titel trägt, und das Thema der *Mission Impossible*-Filme. Dann käme die 7, und Beispiele für einen 7/4-Takt sind *Money* von Pink Floyd und *Solsbury Hill* von Peter Gabriel. So ein Siebener-Takt fühlt sich meist an, als würde eine Note fehlen – ein perfektes Beispiel für eine enttäuschte Erwartung, die ein Stück abwechslungsreich und interessant macht (siehe Kapitel 7).

It don't mean a thing if it ain't got that swing

Wie schon erwähnt, sind in der europäischen Musik die rhythmischen Figuren, die die Musik über den einfachen Grundtakten vollführt, meist recht simpel. Wir mögen Stücke, bei denen man auf die Eins und die Drei klatschen kann (in der «Volksmusik» am liebsten auf alle vier Taktzeiten). Das gilt auch für weite Teile der klassischen Musik. Die Musik anderer Kulturkreise hat oft erheblich komplexere Grundmuster. In der indischen Musik zum Beispiel gibt es rhythmische Zyklen, die keinen Takt in unserem europäischen Sinne haben, sondern Figuren unterschiedlicher Länge aneinanderhängen. Südamerikanische Rhythmen, die auf ein afrikanisches Erbe zurückgehen, basieren dagegen zwar meist auf einem 4/4-Takt, aber diese vier Grundschläge können auf sehr komplexe Weise unterteilt werden – zum Beispiel in fünf Noten, die sich über zwei Takte hinziehen, wobei oft ausgerechnet die «Eins» nicht gespielt wird:

Ein anderes Phänomen, das für europäische Ohren gewöhnungsbedürftig ist, ist der Swing in der Jazz- und Blues-Musik. Auch da besteht der Grundtakt aus vier Vierteln, aber die feinere Unterteilung in Achtelnoten ist ungleichmäßig – das erste, dritte, fünfte und siebte Achtel ist länger als das zweite, vierte, sechste und achte.

«Klassisch» geschulte europäische Musiker versuchen oft, das in ihre musikalische Sprache zu übersetzen und als «triolische» oder «punktierte» Noten (mit einem exakten Verhältnis von 2:1 oder 3:1) zu spielen. Doch dafür ernten sie bei echten Jazzern meist nur ein müdes Lächeln – es klingt «zickig», es «groovt» nicht. Der Begriff des Swing ist schwer theoretisch zu fassen, aber letztlich ist er eine freie Interpretation des Beats und besitzt zwischen den Taktschlägen eben keine exakt vorgegebene Länge.

Was haben die Menschen aus diesen anderen Kulturkreisen, das wir nicht haben? Liegt der komplexere Rhythmus in ihren Genen? Natürlich nicht. Es gibt durchaus gute europäische Jazzmusiker, und so mancher weiße Mann (und manche weiße Frau) «hat den Blues». Alle Menschen kommen mit ähnlichen musikalischen Fähigkeiten zur Welt – und es spricht einiges dafür, dass unser rhythmisches Repertoire verkümmert, wenn wir nur Musik mit simplem Rhythmus geboten bekommen.

Das jedenfalls ist ein Schluss, den man aus einer Studie ziehen muss, die Erin Hannon von der amerikanischen Cornell University zusammen mit Sandra Trehub von der University of Toronto durchgeführt hat. Es ging um bulgarische Musik, die teilweise auf irregulären Rhythmen aufbaut. Die Forscherinnen verglichen amerikanische College-Studenten mit bulgarischen Immigranten und fanden heraus, dass die Bulgaren diese Musik besser verstanden. Nicht sehr überraschend.

Dann aber präsentierten sie dieselben Musikstücke nordamerikanischen Babys, die wenige Monate alt waren. Die konnten natürlich noch keine Aussagen über die Musik machen. In solchen Tests misst man oft einfach die Aufmerksamkeit, die die Babys einem Computerschirm widmen, auf dem die entsprechenden Klangbeispiele abgespielt werden. Und siehe da – die Babys hatten keine Probleme mit den irregulären Rhythmen, jedenfalls widmeten sie ihnen genauso viel Aufmerksamkeit wie den einfachen westlichen.

«Wir haben gezeigt, dass kleine Kinder, die viel weniger Erfahrung mit Musik haben, nicht die Wahrnehmungs-Vorurteile (der Erwachsenen) besitzen», sagte Hannon in einem Interview, «und deshalb sowohl auf gewohnte wie auf ungewohnte rhythmische Strukturen ansprechen.»

Gutes Rhythmusgefühl besteht darin, die vorgegebenen Muster möglichst exakt zu reproduzieren – sollte man meinen. Ein Schlagzeuger, der das Tempo nicht halten kann, hat seinen Beruf verfehlt. Schaut man aber genau hin, dann stellt man fest, dass gerade die besten Musiker eben nicht immer die Töne da spielen, wo sie mathematisch sitzen müssten. Musik, die rhythmisch exakt auf dem Computer produziert wird, erscheint uns flach und langweilig (Ausnahmen gibt es bei Techno-Musik, die gerade von den maschinellen Rhythmen lebt, und bei anspruchsarmer Popmusik). Menschliche Musiker nutzen kleine Abweichungen von der rhythmischen Norm als Mittel des musikalischen Ausdrucks. Beim Wiener Walzer werden vom Orchester nicht alle drei Taktzeiten gleich lang gespielt – meist ist das erste Viertel kürzer und dafür das zweite länger, was dem Walzer etwas Schwebendes, Wirbelndes gibt. Im Jazz haben die Musiker durch den Swing sowieso eine größere rhythmische Freiheit.

Diese subjektiven, minimalen Rhythmusverschiebungen exakt zu beschreiben ist praktisch unmöglich. Aber sie entscheiden, ob ein Stück «groovt» oder nicht. In der Pop-, Rock- und Jazzmusik ist vor allem das Zusammenspiel von Schlagzeuger und Bassist dafür entscheidend, ob der Song das «gewisse Etwas» hat oder nicht. Sie treiben den Rhythmus voran, indem sie etwas vor der eigentlichen Taktzeit spielen, oder sie spielen «laid back», indem sie ihren Ton oder Trommelschlag so weit wie möglich hinauszögern. Und unser rhythmussüchtiges Hirn ist durchaus anfällig für diese kleinen Verschiebungen, die sich im Bereich von Tausendstelsekunden bewegen. Wir merken: Da spielen Menschen, und auf subtile Weise teilen sie uns ihre Auffassung der Musik mit.

5. Man müsste Klavier spielen können
Was heißt «musikalisch»?

Das ist eben nichts Bewunderungswürdiges.
Man darf nur die rechten Tasten zur rechten Zeit treffen,
so spielt das Instrument von selbst.

Johann Sebastian Bach

In diesem Kapitel will ich endlich das Versprechen von der Titelseite des Buches einlösen: «Warum wir alle musikalisch sind» steht da, und nun kommen die harten Beweise. Ich will Ihnen zeigen, über was für erstaunliche musikalische Fähigkeiten auch Sie verfügen, selbst wenn Sie kein Instrument spielen, ja selbst wenn Sie keinen geraden Ton singen können (beziehungsweise glauben, keinen geraden Ton singen zu können). Ich werde einige Experimente beschreiben, in denen musikalische Laien erstaunliche Fähigkeiten bewiesen haben. Vielleicht überzeugt Sie das ja und ruft bei Ihnen den Wunsch hervor, mehr aus diesen Fähigkeiten zu machen.

In Umfragen bezeichnen sich meist mindestens 15 Prozent der Menschen als unmusikalisch. Aber was ist ein unmusikalischer Mensch eigentlich? Hier sind ein paar Möglichkeiten:

- Ein Mensch, der sich nicht sonderlich viel aus Musik macht.
- Ein Mensch, der kein Musikinstrument gelernt beziehungsweise den Unterricht aufgegeben hat.
- Ein Mensch, der in der Schule immer schlecht in Musik war und keine Noten lesen kann.
- Ein Mensch, der Schwierigkeiten hat, beim Singen den rich-

tigen Ton zu treffen, und deshalb auch schon einmal aus dem Schulchor geflogen ist.

○ Ein Mensch, der beim Tanzen einen linkischen Eindruck macht.

○ Ein Mensch, der zwei unterschiedliche Töne nicht auseinanderhalten kann.

Viel öfter als andere schreiben wir uns selbst die Eigenschaft «unmusikalisch» zu, zum Beispiel in Situationen, in denen man uns zum Singen oder Tanzen auffordert. Man könnte auch sagen «Das ist mir jetzt peinlich» oder «Ich habe keine Lust», aber da könnte ja der andere anfangen zu argumentieren. «Ich bin unmusikalisch» dagegen – damit drückt man eine Art von permanenter, nicht zu reparierender Behinderung aus, und die Diskussion ist damit, so hofft man, beendet. Mit einem Blinden will ja auch niemand ins Kino gehen.

Aber die ersten fünf der sechs möglichen Interpretationen, die ich beschrieben habe, stellen gar keine dauerhafte Behinderung dar. Man muss den Schulunterricht nicht gemocht haben, und singen, tanzen oder ein Instrument spielen lernen kann man auch in fortgeschrittenem Alter. Einzig der letzte Punkt ist eine ernsthafte Einschränkung: Wer zwei Töne nicht auseinanderhalten kann, der kann Musik nicht wirklich genießen, unterschiedliche Tonhöhen gehören nun mal zum Wesen der Musik dazu.

Die englische Sprache hat einen präziseren Begriff für diese Form der «Unmusikalität»: den schönen Ausdruck *tone deaf* («tontaub»), für den es keine deutsche Entsprechung gibt. Er beschreibt, laut Lexikon, dass jemand «relativ unsensibel gegenüber musikalischer Tonhöhe» ist. Wie viele von uns sind tontaub? Ist bei denen in musikalischer Hinsicht wirklich Hopfen und Malz verloren? Oder können sie mit ein bisschen Übung ein Talent zutage fördern, das auch in ihnen schlummert?

120

Amusie

Reden wir zunächst einmal von Menschen, bei denen echte Behinderungen des musikalischen Apparats vorliegen. In Kapitel 3 habe ich gezeigt, dass die Verarbeitung von Musik im Gehirn eine sehr dezentrale Angelegenheit ist. Es sind viele Instanzen daran beteiligt, die räumlich voneinander getrennt sind, und daher kann durch eine Schädigung des Gehirns auch jeder dieser Teile ausfallen, während der Rest noch funktioniert. Solche partiellen Schädigungen des Gehirns waren in der Frühzeit der Hirnforschung auch das einzige Mittel, die Funktion von Teilen des Gehirns überhaupt erst zu identifizieren. Das bekannteste Beispiel dafür ist wahrscheinlich die Entdeckung des sogenannten Broca-Areals in der linken Hirnhälfte: Der französische Arzt Paul Broca hatte 1860 einen Patienten, der Sprache ganz normal verstehen konnte, doch außer dem Wort «Tan» keine einzige Äußerung hervorbrachte – er versuchte zwar immer noch, Sätze zu bilden, aber sie bestanden nur aus dieser einen Silbe. Als «Monsieur Tan» gestorben war, untersuchte Broca sein Gehirn und fand eine lokale Verletzung – daraus schloss er, dass das geschädigte Areal wohl für die Sprachproduktion zuständig sei. Seitdem heißt diese Hirnregion das «Broca-Areal».

Hirnschädigungen können verschiedene Gründe haben: Unfälle, mangelnde Durchblutung, etwa bei einem Schlaganfall, Blutgerinnsel oder Tumore, die sich ausdehnen und dadurch die Hirnsubstanz schädigen, aber auch die allgemeine Degeneration im Alter, etwa durch die Alzheimer-Krankheit. Dieser Verfall beginnt oft in einer Region des Gehirns, betrifft zunächst nur eine Fähigkeit, erfasst dann jedoch mehr und mehr das ganze Gehirn und die ganze Persönlichkeit des Patienten.

Ein Beispiel für jemanden, der unter einer solchen Form von Verfall litt, war der Komponist Maurice Ravel (1875–1937). Genau weiß man heute nicht, was die Ursache für seine Ausfälle war – bei einer Hirnoperation, die dann letztlich zu seinem Tod führte, fand man keinen Tumor und keine größeren Schädigungen. Jedenfalls begannen die Ausfälle bei ihm zehn Jahre vor seinem Tod. Seine sprachlichen Fähigkeiten waren kaum beeinträchtigt, aber er hatte zunehmend Probleme mit der Koordination zwischen Kopf und Hand. Schließlich konnte er auch keine Noten mehr schreiben. Eine verzweifelte Situation für den genialen Musiker: «Ich habe noch so viel Musik im Kopf. Ich habe noch nichts gesagt. Ich habe noch alles zu sagen.» Er begann eine letzte Oper *(Jeanne d'Arc)*, konnte sie aber nicht mehr fertigstellen.

Obwohl er sein berühmtestes Werk, den *Boléro*, in der Frühphase seiner Krankheit komponierte, sehen viele in dem Stück den Ausdruck einer nachlassenden Fähigkeit, Melodien niederzuschreiben. Das Stück besteht, wie schon erwähnt, aus einem Thema, das sich immerfort wiederholt, von unterschiedlichen Teilen des Orchesters gespielt. Es gehört zum Greatest-Hits-Repertoire der klassischen Musik, Ravel selbst sah den Erfolg eher selbstironisch: «Mein Meisterwerk? Der *Boléro* natürlich. Schade nur, dass er überhaupt keine Musik enthält.» Bei seinem letzten öffentlichen Auftritt 1933 dirigierte Ravel ebendiesen *Boléro*, aber es hieß damals schon, das Orchester hätte sich sozusagen selbst geführt.

Bei Ravel war nicht die Fähigkeit ausgefallen, Töne und Musik zu hören und sie sich vorzustellen, es bestand nur keine Verbindung mehr zwischen diesem inneren Erleben und irgendeiner Form der Äußerung. So musste er mit einem Kopf voller Musik sein Leben beenden. Andere Schädigungen befallen dagegen auch die Tonwahrnehmung. So berichteten italienische Ärzte von der Universität Perugia 1997 von einem Mann, der ins Krankenhaus gekommen war, weil er plötzliche Kopfschmerzen hatte, begleitet von Übelkeit und Erbrechen sowie einer plötzlichen Sprachstörung. Durch eine Operation konnte man ein Hämatom im Gehirn entfernen. Im Verlauf der nächsten Tage bekam der Mann langsam seine Sprache zurück, nach ein paar Wochen war er fast wieder der Alte – bis auf einen wichtigen Unterschied: Er konnte nicht mehr Gitarre spielen wie früher, auch das Singen wollte ihm nicht gelingen, und er beklagte sich, dass seine Klangwelt «leer und kalt» geworden sei. Lieder konnte er nicht mehr identifizieren. Spätere Tests zeigten: Er konnte durchaus noch Rhythmen voneinander unterscheiden oder die Klangfarben verschiedener Stücke. Er verstand auch die Prosodie von Sprache, also das, was wir beim Sprechen durch unterschiedliche Tonhöhen ausdrücken – aber der Sinn für musikalische Melodien war verschwunden.

«Amusie» heißt es in der Fachsprache, wenn jemand große Probleme dabei hat, Tonhöhen zu erkennen – also genau das, was die Engländer und Amerikaner umgangssprachlich mit *tone deafness* bezeichnen. Der bekannte Neurologe Oliver Sacks hat ein ganzes Buch *(Der einarmige Pianist)* darüber geschrieben, wie Erkrankungen des Gehirns und Unfälle das musikalische Empfinden verändern können. Nicht immer zum Negativen: Da gibt es auch die kaum glaubliche Geschichte von dem Mann, der eines Tages vom Blitz getroffen wird und dieses Ereignis nicht nur überlebt, sondern der daraufhin überhaupt erst seine Liebe zur Musik entdeckt und zum Komponisten wird.

Im Zusammenhang mit der Frage nach der Musikalität soll uns aber vor allem die angeborene Amusie interessieren, in der Fachsprache «kongenitale Amusie» genannt (das hat nichts mit Geschlechtsorganen zu tun). Es geht also um Menschen, deren Tonwahrnehmung aufgrund genetischer Ursachen dauerhaft gestört ist.

Dass es Menschen gibt, die eine angeborene Schwäche beim Spracherwerb haben, ist schon lange bekannt. Wer nicht richtig sprechen kann, der ist stark behindert im täglichen Leben. Wer nicht singen, musizieren oder tanzen kann, der verpasst zwar eine Menge, aber seine allgemeine soziale Überlebensfähigkeit ist nicht betroffen. Die Leute sind halt mehr oder weniger musikalisch – das war früher die allgemeine Haltung zu dem Thema.

Das erste Mal einigermaßen wissenschaftlich beschrieben wurde die Amusie im Jahr 1878 von einem Forscher namens Grant-Allen in der Zeitschrift *Brain*. Grant-Allen schilderte den Fall eines 30-jährigen, gebildeten Mannes, der keine Hirnschädigungen aufwies und drei Sprachen fließend sprach. Aber er konnte zwei Töne nicht auseinanderhalten, bekannte Melodien nicht erkennen und keinen Takt einhalten, obwohl er als Kind Musikunterricht genossen hatte. (Das Wort «genossen» ist an dieser Stelle wahrscheinlich unangebracht – der Mann machte sich nichts aus Musik, was man angesichts seiner schweren Störung wohl verstehen kann.)

Diese Arbeit war allerdings nur eine anekdotische Fallbeschreibung. Offenbar gibt es Menschen mit einer angeborenen Unfähigkeit, Musik wahrzunehmen – aber wie verbreitet ist diese seltsame Störung? Den ersten Versuch, das zu beziffern, machte ein Forscher namens Fry im Jahr 1948, als er 1200 Menschen auf ihre Fähigkeit untersuchte, zwei unterschiedlich hohe Töne voneinander zu unterscheiden. Daraus leitete er eine Schätzung ab, dass 5 Prozent aller Briten amusisch seien. In einer späteren Studie zusammen mit seinem Kollegen Kalmus untersuchte er die Fähigkeit von Menschen, falsche Töne in einer Melodie zu erkennen, und kam auf eine Zahl von 4,2 Prozent amusischer Menschen.

Diese frühen Arbeiten sind methodisch stark kritisiert worden. Einen anerkannten Test für Amusie gibt es erst seit ein paar Jahren. Eine Gruppe um Isabelle Peretz an der University of Montreal entwickelte einen Test mit dem Namen «Montreal Battery of Evaluation of Amusia» (MBEA), der sechs musikalische Grundfähigkeiten erfasst: Tonleitern und Melodien erkennen, Intervalle unterscheiden, Rhythmen reproduzieren, den Takt eines Stückes spüren und Musikstücke aus der Erinnerung abrufen. Drei dieser Tests haben mit der Tonhöhe zu tun, zwei mit dem Rhythmus, und im letzten Test geht es schließlich darum, ob die Probanden ein «musikalisches Lexikon» haben und darauf zugreifen können.

In seinem ersten Fachartikel im Jahr 2002, wieder in der traditionsreichen Zeitschrift *Brain*, veröffentlichte Peretz' Team eine Untersuchung an einer Gruppe von Menschen, die an einer solchen Amusie litten. Man hatte sie über Anzeigen gefunden. Weil sich aber bekanntlich viele Menschen als unmusikalisch bezeichnen, ohne es wirklich zu sein, mussten erst einmal die wirklich stark musikalisch behinderten Menschen identifiziert werden. Von 100 Kandidaten blieben noch 11 übrig, die auch die Zusatzbedingungen erfüllten: Sie mussten einigermaßen gebildet sein, sollten schon früh Musikunterricht gehabt haben (um auszuschließen, dass ihr Defizit lediglich auf mangelnde Begegnung mit Musik zurückzuführen war), die musikalische Behinderung musste schon ihr Leben lang bestehen, und sie durften ansonsten keine neurologische oder psychiatrische Krankengeschichte haben.

Das Ergebnis dieses ersten systematischen Tests: Amusie gibt es wirklich. Alle 11 Probanden hatten Probleme, Tonhöhen korrekt zu identifizieren, und schnitten deshalb auch schlecht bei der Erinnerung von Melodien ab. Mit Rhythmen hatten die meisten ebenfalls Schwierigkeiten, aber nicht alle – was die Vorstellung von der Modularität der Musikwahrnehmung unterstützt (siehe Seite 67). Rhythmus wird räumlich getrennt von der Tonhöhe verarbeitet, und eine Schwäche in dem einen Hirnareal muss nicht notwendig mit einer Schwäche in dem anderen Gebiet einhergehen.

Interessant ist auch, dass die Amusie wirklich fast ausschließlich die Wahrnehmung von Musik betrifft. Mit der Sprache haben die meisten Betroffenen keine Probleme, allenfalls deuten neuere Untersuchungen darauf hin, dass sie bei subtilen Satzmelodien manchmal größere Probleme als «Normalhörer» haben, zwischen einer Frage und einer Aussage zu unterscheiden. Ansonsten aber gilt: Amusie betrifft wirklich nur die Musikwahrnehmung, ansonsten sind die kognitiven Fähigkeiten dieser Menschen völlig normal.

Die Ursachen für die Amusie liegen weitgehend im Dunkeln. Nach allem, was man bisher weiß, ist bei den Betroffenen nicht die grundlegende Hörfähigkeit gestört, sondern die Verarbeitung von Tönen auf einer höheren Ebene. 2008 erschien eine interessante Studie von Allen Braun und seinen Kollegen von den National Institutes of Health in den USA. Die Wissenschaftler untersuchten das EEG von «melodietauben» Probanden. *Tune deafness*, wörtlich «Melodietaubheit», ist ein anderer Ausdruck, der in der wissenschaftlichen Literatur für Menschen benutzt wird, die Melodien schlecht unterscheiden können.

Den Testpersonen wurden populäre Melodien vorgespielt sowie Abwandlungen davon, die falsche Töne enthielten. Dabei entdeckten die Forscher ein interessantes Phänomen: Die Personen versagten bei dem Test, und entsprechend zeigte auch das EEG keine bewusste Reaktion auf die verfälschten Melodien. Eine spätere, unbewusste Hirnreaktion aber, die sogenannte P300-Reaktion, trat auch bei ihnen auf, und zwar nur bei den falschen Melodien – also dann, wenn gegen die allgemein akzeptierten Hörgewohnheiten der westlichen Musikkultur verstoßen wurde (siehe auch Seite 193).

Die Forscher zogen daraus den Schluss, dass «die melodientauben Personen jene Abnormalitäten verarbeiten, die sie bewusst nicht wahrnehmen können». Das heißt: Diese scheinbar völlig unmusikalischen Menschen «erkennen» auf einer relativ hohen Ebene ihrer Wahrnehmung Abweichungen von der Norm genauso gut wie andere Menschen auch – nur dringt diese Information nicht in ihr Bewusstsein!

Wenn Sie bei der Lektüre der letzten Seiten über «tontaube» und «melodientaube» Menschen gedacht haben: «Genau, das bin ich!» (oder auch: «Genau, das bist du, Schatz!»), dann sollten Sie vielleicht einmal Ihre musikalischen Fähigkeiten überprüfen. Dazu muss man sich gar nicht unbedingt in ein Universitätslabor begeben – die einschlägigen Tests gibt es online. Ein paar Beispiele sowie Links zu kompletten Tests finden Sie auf der Homepage zu diesem Buch!

Selbstdiagnose: «tontaub»

Wie viele von den Menschen, die sich selbst als «unmusikalisch» bezeichnen, leiden denn nun tatsächlich an einer Amusie? Stimmt die pessimistische Selbsteinschätzung überein mit schlechten Ergebnissen bei objektiven Tests? Die kanadische Psychologin Lola Cuddy von der Queen's University im Staat Ontario wollte es wissen und machte einen Test mit freiwilligen Studenten aus ihrer Fakultät (also wieder einmal eine Studie über die Fähigkeiten von Psychologiestudenten). Ungefähr 17 Prozent der Erstsemester bezeichneten sich als *tone deaf*, also als «tontaub». Aus denen suchte sich die Forscherin 100 Probanden heraus und bildete dazu eine Kontrollgruppe mit 100 Studenten, die sich diese Eigenschaft nicht zuschrieben. Alle Teilnehmer an der Studie mussten den MBEA-Test zur Amusie absolvieren. Das Resultat: Die nach eigener Einschätzung tontauben Studenten hatten tatsächlich schlechtere Ergebnisse als diejenigen, die keine so schlechte Meinung von sich hatten. Allerdings war die Abweichung nicht groß, und insbesondere war sie bei den meisten nicht so groß, dass man sie mit wirklich amusischen Menschen vergleichen konnte. Nur 11 Prozent von ihnen schnitten so schlecht ab, dass man sie in diese Kategorie einordnen konnte. Für den Rest galt: Sie mögen keine musikalischen Wunderkinder sein, aber ihre Fähigkeiten sind durchaus normal.

Wie kommt es dann zu dieser vernichtenden Selbsteinschätzung? Die Forscher ließen ihre Probanden noch einen Fragebogen ausfüllen, in dem vier Faktoren näher untersucht wurden, die ihre musikalische Biographie geprägt hatten. Der erste Faktor bezog sich aufs Singen: Wie gut treffen Sie den Ton, wenn Sie Ihre Lieblingslieder mitsummen? Merken Sie beim Singen, ob Sie mit dem Ton danebenliegen? In der zweiten Fragengruppe ging es um die musikalische Ausbildung: Spielen Sie ein Instrument? Seit wie vielen Jahren? Wie viel haben Sie geübt? Faktor drei betraf die Hörgewohnheiten: Wie oft hören Sie Musik? Haben Sie oft einen

Ohrwurm im Kopf? Und in der vierten Gruppe von Fragen ging es um Kindheitserinnerungen: Sind Sie in Ihrer frühen Kindheit zum Singen ermutigt worden? Haben Familienmitglieder Ihnen etwas vorgesungen?

Das Ergebnis war eindeutig: Die Selbsteinschätzung, tontaub zu sein, hatte wenig zu tun mit dem Musikunterricht, den die Studenten genossen hatten, oder mit irgendwelchen Kindheitserlebnissen. Es waren zwei Faktoren, die zu ihrem Urteil beitrugen: Erstens fühlten sich die Studenten nicht besonders zur Musik hingezogen. Das ist kein großes Wunder – wer sich selbst für einen solchen Versager auf musikalischem Gebiet hält, der hat wohl auch nicht so viel Freude daran. Vor allem aber korrelierte die Selbsteinschätzung «unmusikalisch» mit dem Faktor Nummer eins: Die Studenten sagten, sie könnten nicht singen. Und dieses Urteil – ob es stimmt oder nicht – prägte offenbar stark ihr Selbstbild.

In diesem Versuch wurde nun nicht überprüft, ob die Probanden wirklich nicht singen konnten. Auch da hätte man wahrscheinlich einige positive Überraschungen erlebt von Menschen, die erstaunlich viele Töne treffen. Aber nehmen wir einmal an, es stimmte: Wieso haben Menschen, die eine ganz normale Wahrnehmung haben und falsche von richtigen Tönen gut unterscheiden können, Probleme mit dem Singen? Nehmen sie ihre eigenen schiefen Töne nicht wahr? Oder hören sie sie vielleicht, aber ihre Stimme «gehorcht» ihnen nicht? Hat man ihnen das Singen von Kind an ausgetrieben? Zeit also, einen Blick auf die ursprünglichste Form der musikalischen Äußerung zu werfen, die der Mensch und seine Vorfahren seit Hunderttausenden von Jahren betreiben und zu der doch so erstaunlich viele Zeitgenossen ein zwiespältiges Verhältnis haben.

Singen? Bloß nicht!

Vor kurzem traf sich meine weit verzweigte Verwandtschaft zu einem Familientreffen. Es waren etwa 60 Menschen aus vier Generationen da, vom Kleinkind bis zur 90-Jährigen. Zu später Stunde hieß es dann: «Lasst uns etwas singen!»

Dazu muss ich zwei Dinge anmerken: Erstens, der größte Teil meiner Sippe stammt aus dem Osten Deutschlands, meine Cousinen und Cousins wuchsen in der DDR auf. Und zweitens, die Generation meiner Mutter und ihrer Schwestern war sehr sangesfreudig. Mit dem SED-Regime hatte man nichts am Hut, man lebte in schweigender christlicher Opposition. Und pflegte das deutsche Volkslied.

Meine Schwester und ich dagegen, aufgewachsen im Westen, haben mit dem deutschen Volkslied wenig am Hut. Und auch die jüngere, gesamtdeutsche Generation saß dann mehr oder weniger schweigend, teilweise fassungslos da, als die älteren die alten Lieder anstimmten. *Lustig ist das Zigeunerleben* – kann man das singen angesichts der Sinti und Roma, die in den KZs umkamen? Faria, faria, ho? Einige können es offenbar, anderen dreht sich der Magen um.

Als gemeinsamer Nenner blieben uns dann *Die Gedanken sind frei*, ein politisch korrektes Lied aus dem deutschen Vormärz, und *Über den Wolken* von Reinhard Mey. Der geht zwar bei vielen Westlern irgendwie gar nicht, aber mein Cousin, Mitte fünfzig, hatte in den Siebzigern viele West-Liedermacher gehört und war da ziemlich textsicher.

Als die Reihe an mich kam und ich aufgefordert wurde, doch mal etwas Englisches zu singen, fiel meine Wahl auf *American Pie* von Don McLean, der schöne Folksong von 1972 mit dem anspielungsreichen Text, in dem die gesamte Beat-Ära verschlüsselt ist. Und siehe da: Der Refrain wurde zu meiner Gitarrenbegleitung aus vielen Kehlen mitgesungen.

Nun hätte ich zum Beatles-Repertoire übergehen können, das

habe ich relativ vollständig drauf, aber irgendwie war mir die Lust vergangen. Sind die englischsprachigen Evergreens aus den 60er und 70er Jahren das einzige Liedgut, das die Deutschen aller Generationen gemeinsam haben? Gibt es nichts Deutsches, was 18- und 80-Jährige zusammen singen können? Offenbar ist unserem Volk in seiner wechselhaften Geschichte das Singen vergangen. Singen in der Gruppe, zu deutschen Texten, das erinnert die einen an den militärischen Drill der Nazizeit, an Soldaten im Gleichschritt, das Horst-Wessel-Lied auf den Lippen. Die anderen denken an die Arbeiter-Kampflieder aus der DDR, deren greise Führungskader sich als «junge Garde des Proletariats» feiern ließen. Und den Jüngeren kommen vielleicht nur noch die grausigen Musiker-Darsteller des pseudofolkloristischen *Musikantenstadl* in den Kopf.

Ein paar Inseln deutschen Liedguts gibt es natürlich: Fußballfans singen ihre Hymnen im Stadion ab. Die heute 40- bis 50-Jährigen haben als kleinsten gemeinsamen Nenner die Schlager der «Neuen Deutschen Welle», von *Skandal im Sperrbezirk* bis *Hurra, hurra, die Schule brennt.* Die 20-Jährigen können die Hits von Wir sind Helden oder Fettes Brot mitsingen («Bettina, zieh dir bitte etwas an!»). Doch meistens beschränkt sich die Textsicherheit auf den Refrain, und die Songs funktionieren nur, wenn das Original abgespielt wird. Ohne Playback wird in Deutschland kaum noch gesungen. Ein Volk, das nur noch unter Alkoholeinfluss Karaoke singt?

Andere Nationen haben es etwas leichter – etwa die Engländer und Amerikaner. Sie haben erstens keinen historischen Bruch musikalisch zu verarbeiten, und außerdem sind die völkerumspannenden Welthits seit 100 Jahren fast nur in ihrer Sprache geschrieben. Die Beatles, die Stones, Bob Dylan, Pete Seeger, dazu die Evergreens aus hundert Jahren davor – ein großer Fundus an Liedern. Aber auch, wenn ich mit amerikanischen Freunden zusammen bin, stelle ich fest, dass dort kaum jemand von sich aus ein Lied anstimmt. Das Phänomen ist also international.

Kann jeder singen?

Der Musikforscher Daniel Levitin erzählt in seinem Buch *Der Musik-Instinkt* eine Geschichte von dem Anthropologen Jim Ferguson, mit dem er seit langem bekannt ist. Er schildert ihn als einen scheuen Forscher, der lange in einem Dorf im südafrikanischen Lesotho Feldstudien durchgeführt hat. Als die Einheimischen ihn eines Tages einluden, doch bei einem ihrer Lieder mitzusingen, antwortete Ferguson: «Ich singe nicht.» Woraufhin er die ungläubige Replik bekam: «Was bedeutet das, du singst nicht?! Du redest doch!» Levitin zitiert Ferguson mit den Worten: «Das war für sie so komisch, als wenn ich ihnen gesagt hätte, ich könnte nicht laufen oder tanzen, obwohl ich zwei gesunde Beine habe.»

«Ich singe nicht» – diese Worte kamen nicht etwa von jemandem, der mit Musik überhaupt nichts am Hut hat, sondern von einem sehr guten Oboisten. Wäre eine Oboe greifbar gewesen, hätte er vielleicht in die Weisen eingestimmt, aber so ... Gerade unter klassischen Musikern gilt die Stimme als ein Instrument, in das man viel Zeit investieren muss. Und wenn man das nicht getan hat, dann singt man besser nicht in der Öffentlichkeit.

Viele von uns überkommt ein peinliches Gefühl, wenn es ums Singen geht. Man muss große Hemmungen überwinden, vor allem wenn man allein vor anderen singen soll. Es stimmt ja, dass die Stimme ein Musikinstrument ist, noch dazu eines, das die direkteste emotionale Wirkung auf die anderen hat – und das viel über die Emotionen des Sängers verrät. Doch im Unterschied zu einem «künstlichen» Musikinstrument verfügen die meisten von uns über die angeborene Fähigkeit, dieses älteste Instrument zu nutzen. Nur tun es immer weniger Menschen, während sie gleichzeitig so viel Musik hören wie nie zuvor in der Geschichte. Hat das vielleicht miteinander zu tun? Schrecken uns die perfekt produzierten Klänge aus Radio und iPod davon ab, es selbst einmal zu versuchen? Fallen wir auf die schon erwähnte Ideologie von *Deutschland sucht den Superstar* herein, nach der die Menschheit sich scharf einteilen lässt in die wenigen potenziellen Superstars und die Masse der musikalischen Analphabeten?

Dass das gemeinsame Singen insbesondere in Deutschland in Verruf geraten ist, hat natürlich auch historische Gründe. «In den Jahren nach 1933 wurde viel gesungen», sagt der Hannoveraner Musikforscher Eckart Altenmüller. Die Fackelzüge der Nazis wurden von Marschmusik begleitet, ihre gemeinschaftstiftende Kraft entfaltet die Musik also auch, wenn die Gemeinschaft Böses im Schilde führt. Nach dem Zweiten Weltkrieg übertrugen viele den Hass auf die Gemeinschafts-Ideologie der Nationalsozialisten gleich mit auf jede Form des gemeinsamen Singens. «Nirgends steht geschrieben, dass Singen Not sei», schrieb der Philosoph und Musiktheoretiker Theodor W. Adorno. Es begann – zumindest bei den kulturellen Eliten – der Siegeszug einer abstrakten, wenig tonalen Musik, die nun wirklich niemand mehr mitsummen und -singen konnte. Gemeinsames Singen setzen viele mit dumpfem Volksempfinden gleich.

Aber das Singen ist eine viel zu ursprüngliche musikalische Äußerung, als dass man sie den Militaristen, Marsch- und «Volksmusik»-Fans überlassen dürfte. In gewissem Sinne ist es, entgegen Adornos Satz, eben doch eine «Not», indem es zum Menschen dazugehört. Kleinkinder fangen im Alter von 18 Monaten an, Lieder nachzusingen und eigene Melodien zu ersinnen – bevor sie anfangen zu sprechen. Warum lassen wir uns dieses Bedürfnis im späteren Leben wieder austreiben, warum ist es irgendwann so eine mit Scham besetzte Angelegenheit?

Ich schreibe in diesem Buch zwar immer wieder, dass fast alle Menschen musikalisch sind – doch ich leugne nicht, dass einige von ihnen ganz schön falsch singen. Ich habe fast zehn Jahre in einem Chor gesungen, in dem es eine große Fluktuation gab, und man erlebte schon einiges, was die Bandbreite des sängerischen Könnens angeht.

Im Chor zu singen stellt eine gewisse Anforderung an die Sänger. Chöre singen, zumindest in der westlichen Welt, im allgemeinen mehrstimmig, und das sind die meisten Menschen einfach nicht gewohnt. Wenn wir jemandem ein Geburtstagsständchen bringen, dann singen wir ja meist «unisono», das heißt, alle singen dieselben Töne (oder eine Oktave drunter oder drüber). Es ist gar nicht so leicht, eine Melodie in einer anderen Tonlage zu singen als der Mensch, der rechts oder links neben einem steht. Das ist eine Sache der Gewöhnung. Ich habe mit unerfahrenen Sängern, zum Beispiel Kindern, öfter den folgenden Versuch gemacht: Wir beginnen gemeinsam eine bekannte Melodie zu singen, dann versuche ich leise auf eine zweite Stimme auszuweichen – und prompt folgt mir der andere. Eine solche Reaktion ist ja eher ein Zeichen von Musikalität in dem Sinne, dass derjenige versucht, dasselbe zu singen, was er hört – und offenbar sehr schnell in der Lage ist, sich anzupassen.

Im Chor wird mit solchen Kandidaten dann oft so verfahren, dass man sie möglichst außer Hörweite der anderen Stimmen platziert, also einen unsicheren Bass ringsum mit anderen Bässen umstellt, sodass keine Gefahr besteht, dass er in die Tenorlage rutscht. Das kann funktionieren. Bei Menschen, die zwar die richtigen Töne singen wollen, aber sie nicht treffen, ist dieses «Ins-Ohr-Singen» dagegen eher kontraproduktiv, siehe unten.

Es gibt tatsächlich Menschen, die keinen Ton richtig treffen. Doch sind sie in der Mehrheit? In Umfragen antworten regelmäßig etwa 60 Prozent, sie könnten nicht singen. Wäre die Tonsicherheit beim Singen so verteilt, wie es uns die Talentshows im Fernsehen weiszumachen versuchen, dann müsste sich eine Art abfallende Kurve ergeben: am linken Rand der Skala, wo diejenigen angesiedelt sind, die total falsch singen, ganz viele Menschen, und mit zunehmender Kompetenz immer weniger. In Wirklichkeit verteilt sich aber die Sangesfähigkeit wie eine Glockenkurve – sehr wenige Menschen sind sehr schlecht oder besonders gut, die breite Masse dagegen ist im dicken Mittelbauch der Kurve angesiedelt. Und kann sehr wohl saubere Töne singen.

Wissenschaftlich untersucht wurde die Sangesfähigkeit der «breiten Masse» bisher äußerst selten. Der Psychologe Simone Dalla Balla, der an der Universität Warschau lehrt, hat vor ein paar Jahren einen Versuch mit zwei kanadischen Wissenschaftlern aus Montreal durchgeführt, darunter auch Isabelle Peretz, die anerkannteste Autorität auf dem Gebiet der Amusie. Das Experiment fand im französischsprachigen Québec statt, und dort gibt es einen sehr populären Song des Liedermachers Gilles Vigneault mit dem Tiel *Gens du Pays*, der gern statt des internationalen *Happy Birthday* als Geburtstagslied gesungen wird. Die Testpersonen bestanden aus 20 Universitätsangehörigen (wir dürfen annehmen: vor allem Psychologiestudenten), 42 Menschen, die auf der Straße angesprochen wurden, vier professionellen Sängern sowie dem Komponisten des Liedes. Um wildfremde Menschen auf der Straße zum freiwilligen Singen zu bewegen, wurde ein Experimentator vorgeschickt, der den Leuten eine Geschichte auftischte: Es sei sein Geburtstag, und er habe mit Freunden gewettet, er würde 100 Fremde dazu bewegen können, ihm *Gens du Pays* als Ständchen zu singen. So hatte er keine Probleme, seine Stichprobe zusammenzubekommen.

Die aufgenommenen Gesangsproben wurden sowohl von einer Jury beurteilt als auch elektronisch ausgewertet. Das ist erst in den letzten Jahren möglich geworden – inzwischen gibt es recht verlässliche Software, die zumindest eine einstimmig gesungene Melodie erkennen kann. Auf diese Weise bestimmten die Forscher für jede Aufnahme eine Reihe von Parametern: wie gleichmäßig die Sänger den Ton hielten, mit dem sie angefangen hatten (es wurde ihnen keine Tonart vorgegeben), wie viele falsche Töne die Melodie enthielt, ob sie gar Fehler bei der Kontur machten (also die Melodie aufwärts sangen, wenn sie korrekterweise abwärts gegangen wäre), welches Tempo sie anschlugen, ob sie dieses Tempo hielten, ob sie die Melodie rhythmisch korrekt wiedergaben.

Das Ergebnis entsprach zunächst einmal den Erwartungen: Am

besten sangen die vier Profis, gefolgt von dem Liedermacher. Die Laien waren in allen Bereichen durchweg schlechter, allerdings längst nicht so schlecht, dass man ihren Gesang als falsch bezeichnen könnte. Was aber vor allem auffiel: Die Laien sangen fast doppelt so schnell wie die Berufssänger. Sie nahmen sich nicht die Zeit, sich mit der Melodie anzufreunden, sondern spulten sie recht hastig ab. Das stellt man oft bei Laiensängern fest – als sei das Singen eine lästige Sache, die man möglichst schnell hinter sich bringen will. Trugen die Forscher in einem Diagramm die Fehlerrate gegen das Tempo ab, dann ergab sich ein klarer Zusammenhang: Je schneller jemand sang, desto mehr Fehler machte er. Eigentlich ganz verständlich.

Deshalb wiederholten Dalla Balla und seine Kollegen den Versuch noch einmal drei Jahre später. Aber diesmal gaben sie jedem der Gelegenheitssänger nach seiner spontanen Kostprobe eine zweite Chance – diesmal wurde ein Tempo von 120 Schlägen pro Minute durch ein Metronom vorgegeben, ein Tempo, das näher an dem lag, das die Profis angestimmt hatten. Und siehe da: Von zwei schwachen Sängern abgesehen sangen die Kandidaten erheblich genauer als beim ersten Experiment, sie machten nicht mehr Fehler als die ausgebildeten Profi-Sänger und der Komponist des Liedes! «Die durchschnittliche Person kann fast genauso gut den Ton halten wie ein Berufssänger», schlossen die Forscher aus ihren Versuchen. «Singen scheint eine sehr weit verbreitete Fähigkeit zu sein.»

Wohlgemerkt: In der Studie wurde nicht beurteilt, wie «schön» die Probanden sangen. Ob man eine Stimme als schön empfindet, ist ja vor allem Geschmackssache. Mit dem Stimm-Ideal der klassischen Musik stehen viele Menschen heute auf Kriegsfuß (und ich gebe gern zu, dass ich damit auch meine Schwierigkeiten habe). Die ausgefeilte Gesangstechnik, die Opernsänger lernen, hat vor allem mit einem technischen Handicap vergangener Zeiten zu tun: Sie mussten und müssen sich unverstärkt gegen ein ganzes Orchester durchsetzen. Schaut man sich jedoch das Frequenzmuster der normalen menschlichen Stimme an, dann liegen dessen Spitzen just in dem mittleren Bereich um 450 Hertz, in dem auch der Klang der meisten Musikinstrumente sein Maximum hat. Um dagegen anzusingen, muss man entweder sehr laut sein, praktisch schreien – ein hoffnungsloses Unterfangen, das dem Sänger nur Schäden an den Stimmbändern bescheren würde –, oder aber man findet eine eigene Nische im Frequenzspektrum. Genau das tut die klassische Gesangsausbildung: Sie trainiert die Sänger – Männer und Frauen – darin, besonders kräftige Obertöne im Bereich von 2500 bis 3000 Hertz zu produzieren. «Sängerformanten» nennt man diese Obertöne, die dann strahlend aus dem Gesamtklang hervorstechen.

Bezahlt wird das mit einer Verfälschung der Vokale, sie werden dunkler, und deshalb hat das Opernpublikum so oft Probleme, den Text zu verstehen. In der Pop- und Jazzmusik ist Lautstärke kein Problem, da die Stimmen von Sängern sowieso verstärkt werden. Dadurch ist das mögliche Klangspektrum erheblich erweitert – vom Flüstern bis zum Brüllen ist alles möglich, und in der populären Musik bevorzugen wir einen Gesang, der näher am Klang der Sprache angesiedelt ist als das klassische Stimmideal.

Das heißt nicht, dass Popmusiker keinen Gesangsunterricht bräuchten. Auch sie müssen die Technik des komplizierten Vokalapparats beherrschen lernen – also richtig atmen, die Stimme mit dem Zwerchfell «stützen», die Töne sauber formen. Deshalb können wir auch ihren Gesang schnell von dem von Laien unterscheiden. Zusätzlich muss man berücksichtigen, dass wir diese Stars ja eigentlich nie «in Natur» hören, sondern meist aus der Konserve. Und die moderne Studiotechnik erlaubt da so einiges an Korrekturen. Zwar ist die Vorstellung falsch, dass man auch das dünnste Stimmchen im Studio zu einem voluminösen Organ aufblasen könnte – insbesondere der musikalische Ausdruck lässt sich nur schwer im Nachhinein in eine Aufnahme hineinhauchen. Bei der Tonhöhe dagegen lässt sich einiges drehen, vor allem, seit 1997 das Programm Auto-Tune der Firma Antares auf den Markt kam. Das ist eine Software, die «schiefe» Töne erkennt und sie mit sanfter Gewalt auf den nächsten «richtigen» Ton anhebt oder absenkt. Übertreibt man das, dann ergibt sich ein «kieksender» Effekt, der von der Sängerin Cher *(Believe)* populär gemacht wurde und der in jüngster Zeit wieder verstärkt verwendet wird, etwa von dem R&B-Sänger T-Pain.

Aber die Software hat viele Knöpfe, an denen man drehen kann, und setzt man sie subtil ein, dann merkt der unbedarfte Hörer nichts – außer dass der Gesang eben sehr korrekt klingt. Auto-Tune und ähnliche Produkte sind auch in der Lage, bei Live-Konzerten für den guten Ton zu sorgen, und es wird gemunkelt, dass inzwischen sogar klassische Sänger die Fehlerkorrektur im Studio einsetzen. Ob ein Sänger wirklich gerade singen kann, das kann man eigentlich nur noch feststellen, wenn man ihm persönlich gegenübersteht.

Umso wichtiger ist es festzuhalten: Die Mehrheit der Menschen kann singen, zumindest die Töne richtig treffen. Was ist mit der Minderheit, die dabei versagt?

Auch bei denen ist noch nicht Hopfen und Malz verloren, das legen jedenfalls Studien über schiefen Gesang nahe. Wer chronisch falsch singt, der muss noch lange nicht falsch hören.

Peter Pfordresher von der University of Texas in Austin ging dem Phänomen des Falschsingens im Jahr 2005 auf den Grund. Zu Beginn seines Experiments hatte er vier mögliche Hypothesen: Entweder singen die Menschen falsch, weil sie nicht richtig hören können. Oder, zweitens, sie haben keine volle Kontrolle über ihren Stimmapparat und können die Töne, die sie eigentlich produzieren wollen, nicht hervorbringen. Drittens: Dass Menschen neue, ihnen unbekannte Melodien nicht nachsingen können, liegt womöglich daran, dass sie sich die Töne nicht richtig merken können (das würde natürlich nicht das schiefe Singen bekannter Lieder entschuldigen). Und viertens: Falscher Gesang beruht darauf, dass die Sänger die Information über die Tonhöhe nicht korrekt in die entsprechende motorische Aktion umsetzen können. Also im Wesentlichen ein Problem der Kommunikation verschiedener Hirnpartien.

In seinen Experimenten ließ Pfordresher ganz normale, musikalisch nicht ausgebildete Studenten verschiedene Tonfolgen nachsingen, die ihnen vorgespielt wurden. Das fing mit einfachen Tonwiederholungen an und steigerte sich zu komplexeren Melodien, die auch schwierige Tonsprünge beinhalteten. Ganz bewusst beschränkten sich die Forscher auf unbekannte, künstliche Melodien, sodass kein Teilnehmer Vorteile hatte, weil er die Melodie vielleicht besser kannte als andere.

Die Ergebnisse führten dazu, dass drei der vier Hypothesen verworfen werden konnten: Die etwa 15 Prozent der Teilnehmer, die als schlechte Sänger identifiziert wurden, konnten bei Hörtests Tonhöhen genauso gut unterscheiden wie die guten Sänger. Sie hatten auch keine grundsätzlichen motorischen Probleme bei der Erzeugung von Tönen – sie sangen nicht unvorhersehbar falsch, sondern mit einer gewissen Regelmäßigkeit: entweder stets zu hoch oder stets zu tief. Außerdem neigten sie dazu, große Intervallsprünge zu verkleinern. Auch der Gedächtniseffekt war keine Erklärung, im Gegenteil, bei komplizierten Melodien war die Leistung der Falschsinger sogar ein bisschen besser als bei einfachen Tonwiederholungen.

Ein interessantes Nebenprodukt des Experiments: Es half den schlechten Sängern auch nicht, wenn man ihnen einen guten als Korrektiv zur Seite stellte. Das brachte sie nur noch mehr aus dem Konzept, offenbar kam zu ihrem Grundproblem noch die Schwierigkeit dazu, die eigene Stimme von der fremden zu unterscheiden.

Pfordresher schloss aus seinen Versuchen: Schlechtes Singen ist darauf zurückzuführen, dass im Gehirn der Sänger die Information über die beabsichtigte Tonhöhe nicht in die korrekten Anweisungen an den Muskelapparat umgesetzt wird. Das ist ein Ansatzpunkt für ein mögliches Training, das diesen «Übersetzungsfehler» im Gehirn korrigieren könnte.

Fassen wir die aktuellen Erkenntnisse über die Sangeskünste von Normalsterblichen zusammen: Etwa 60 Prozent der Bevölkerung glauben, sie könnten nicht sauber singen. Dabei sind nur etwa 15 Prozent tatsächlich nicht in der Lage, gerade Töne zu produzieren. Und nur bei 5 Prozent kann man davon ausgehen, dass sie aufgrund eines Defizits in der Tonhöhenwahrnehmung auch nicht in der Lage sind, das Singen zu lernen. Bleiben also 95 Prozent, bei denen auf jeden Fall nicht Hopfen und Malz verloren sind.

Die Musikalität des Hörers

In vergangenen Jahrhunderten oder gar Jahrtausenden waren Musik-Machen und Musik-Hören eins – heute dagegen sind die meisten von uns fast ausschließlich Musikhörer. Wir nehmen im Verlauf unseres Lebens eine unüberschaubare Menge von Liedern und Stücken in uns auf, und auch das führt zu Musikalität. Einer Musikalität, die nicht mit den klassischen Kriterien zu messen ist – also etwa, ob jemand einen Ton sauber singen oder Intervalle benennen kann. Die Musikalität von Nichtmusikern, die ihr Leben lang Musik nur passiv genossen haben, ist in den vergangenen Jahren ins Interesse der Musikforscher gerückt. Und die kommen übereinstimmend zu dem Ergebnis, dass Laien Musik genauso gut «verstehen» wie Experten. Vielleicht nicht auf der abstrakt-analytischen Ebene, weil ihnen dafür die Begriffe fehlen. Aber sehr wohl auf der emotionalen und «grammatischen» Ebene.

Traditionell verstehen wir Musik als eine Abfolge von Noten. Eine Melodie ist dieselbe, egal, ob sie gesungen oder von einem Klavier gespielt wird. Die Melodie bleibt auch dieselbe, wenn man ihre Tonhöhe verändert. Mündlich überlieferte Melodien haben keine eindeutig festgelegte Höhe – jeder singt sie so, wie es seiner persönlichen Tonlage entspricht.

Seit die Musiker Noten schreiben und Komponisten die Autorenschaft für ihre Melodien beanspruchen, gibt es verbindliche Tonhöhen. Das C-Dur-Präludium aus Bachs *Wohltemperiertem Klavier* steht halt in C-Dur, kaum jemand wird es je in D-Dur gehört haben, es sei denn, das Klavier war arg verstimmt. Die vielen Aufnahmen, die wir von dem Stück gehört haben, unterscheiden sich neben der Interpretation nur in der Klangfarbe – jedes Klavier klingt anders, und es gibt auch Cembalo-Aufnahmen von dem Stück.

In der modernen Popmusik schließlich gibt es von den meisten Hits auch «amtliche» Aufnahmen, wir kennen die meisten Songs nur in einer Version. Nur wenige Songs werden häufig «gecovert», also von anderen Künstlern in ihrer eigenen Version aufgenommen, etwa *Yesterday* von den Beatles oder *Umbrella* von Rihanna. Wenn wir an *Hotel California* denken, dann denken wir an das charakteristische Gitarren-Intro der Eagles und nicht an die Version der Tanzband auf dem letzten Dorffest. Ich weiß nicht, wie oft ich *Hotel California* gehört habe, aber es ist gewiss eine dreistellige Zahl. Wie tief graben sich diese Songs in unser Musikgedächtnis ein?

Im Fernsehen wird manchmal Leuten auf der Straße ein Mikrophon unter die Nase gehalten, und sie singen dann ihre Lieblingshits. Und ich habe es schon öfters gesehen, dass dann diese Tonspur mit der Originalaufnahme überblendet wird. Das klingt ganz natürlich, und die meisten denken sich nichts dabei, aber jeder Musiker fragt sich sofort: Wieso passt das zusammen? Wieso singen die Laien auf der Straße zufällig in der gleichen Tonhöhe wie das Original, und auch das Tempo passt ziemlich genau?

Daniel Levitin, der Musikforscher von der kanadischen McGill University in Montreal, hat in den 90er Jahren in zwei Experimenten untersucht, wie exakt sich Menschen an populäre Songs erinnern. Die erste Studie betraf die Tonhöhe. 46 Studenten

(Psychologiestudenten!) nahmen an dem Versuch teil. Sie wurden in einen Raum geführt, in dem sie sich aus 58 Musik-CDs eine auswählen konnten, die ein Stück enthielt, mit dem sie sehr vertraut waren (in einem Vortest waren diese Pop-CDs als besonders populär eingestuft worden). Wenn die Probanden sich für ein Stück entschieden hatten, wurden sie angewiesen, die Augen zu schließen und es sozusagen in ihrem Kopf abzuspielen. Dazu sollten sie singen, summen oder pfeifen – egal an welcher Stelle des Liedes. Mit einem Computerprogramm wurde die Tonhöhe dieser Gesänge bestimmt und mit dem Original verglichen.

Das Ergebnis war frappierend: Wären die Tonhöhen zufällig verteilt gewesen, dann hätten sich die Abweichungen zwischen Original und Reproduktion gleichmäßig auf die Werte minus sechs bis plus fünf verteilen müssen (es gibt zwölf Töne auf der Tonleiter, und Töne im Abstand von einer Oktave wurden als gleich gewertet), jeweils acht Prozent für jeden dieser Werte. Tatsächlich aber traf etwa ein Viertel der Teilnehmer den Ton des Originals exakt, und mehr als die Hälfte lag maximal einen Ganzton daneben. Das ist ein Ergebnis, das bis heute nicht so richtig verstanden ist – es hat ja nur eine kleine Minderheit der Menschen das absolute Gehör, kann also einen beliebigen Ton exakt benennen (siehe Seite 86). In Bezug auf bekannte Lieder aber scheint es eine Form des absoluten Erinnerns der Tonhöhe zu geben, die sehr weit verbreitet ist.

Levitin fragte sich nun, ob dieses absolute Gedächtnis auch das Tempo der Stücke betraf. Auch da ist es ja so, dass traditionelle Lieder kein festgelegtes Tempo haben, jeder singt sie nach Gefühl. Bei klassischen Kompositionen gibt es zwar eine Tempovorgabe des Komponisten, von «adagio» bis «prestissimo», aber das sind subjektive Werte, und die Interpretation schwankt ganz gewaltig: Von Beethovens neunter Symphonie gibt es eine Aufnahme von Karajan, die 66 Minuten lang ist, und eine Furtwängler-Einspielung von 74 Minuten Länge – das ist ein Unterschied von über 12 Prozent. Die Standard-Aufnahmen von Popsongs dagegen haben natürlich nicht nur eine feste Tonhöhe, sondern auch ein festes Tempo. Gräbt sich das auch irgendwie ins Bewusstsein? Levitin nahm sich die Aufnahmen aus seinem ersten Versuch noch einmal vor und verglich das Tempo der nachgesungenen Lieder mit dem Original. Und abermals staunte er, wie nahe die singenden Laien dem Original kamen: 72 Prozent der Teilnehmer sangen maximal 8 Prozent schneller oder langsamer als das Original. Das ist bemerkenswert angesichts der Tatsache, dass wir Temposchwankungen bis zu vier Prozent kaum wahrnehmen können. Hier lag der Schluss nahe: Auch das Tempo von oft gehörten Stücken wird von uns in irgendeiner Weise absolut gespeichert.

Doch es bleibt nicht bei Melodie und Tempo. Wahrscheinlich hat es jeder schon einmal erlebt, dass im Radio ein Lied gespielt wurde, das er das letzte Mal vor 20 Jahren gehört hat – und das Gehirn schüttet unmittelbar einen Schwall von Gefühlshormonen aus. Besonders gut funktioniert das mit Musik, die man während der Pubertät gehört hat und die vielleicht noch mit einer glücklichen oder unglücklichen Liebe verknüpft ist. Um diesen «Flashback» auszulösen, muss man nicht das ganze Lied hören, auch keine ganze Strophe, nicht mal einen ganzen Takt. Es reicht ein kurzer Ausschnitt, der noch nicht einmal eine Melodie enthält – der Sound des Stücks, seine Klangfarbe, ist offenbar für immer eingebrannt in unsere Gehirnwindungen. *Angie* von den Rolling Stones beginnt mit einem einfachen, offenen A-Moll-Gitarrenakkord. Es gibt Hunderte von Songs, die so anfangen, aber wir hören beim ersten Klang der Saiten, um welches Stück es sich handelt. Wie lang muss der Ausschnitt sein, damit wir das Stück erkennen?

Offenbar nur sehr kurz. In Radiosendungen gibt es häufig Gewinnspiele, bei denen Hörer anhand von Ein-Sekunden-Schnipseln von populären Hits den Song identifizieren müssen – und spätestens der dritte Anrufer hat die korrekte Lösung. Solche Schnipsel-Tests sind auch wissenschaftlich durchgeführt worden, etwa von Glenn Schellenberg von der University of Toronto im

Jahr 1999. Der legte 100 Studenten (raten Sie mal, welches Fach die studierten) fünf Hits aus den Billboard-Charts der letzten Monate vor (darunter der Ohrwurm *Macarena* von Los Del Rios). Zunächst durften sich die Probanden noch einmal einen längeren Ausschnitt von jedem der Stücke, die sie alle vorher gekannt hatten, anhören, dann bekamen sie in unterschiedlichen Versuchsanordnungen sehr kurze Soundclips der fünf Songs zu hören und mussten die Titel zuordnen.

In einem Versuch waren die Schnipsel 200 Millisekunden lang, also zwei Zehntelsekunden. Im nächsten waren es nur noch 100 Millisekunden. Dann wurde dieses kurze Stückchen auch noch rückwärts gespielt sowie auf zwei Arten akustisch verfremdet (einmal wurden die Frequenzen unterhalb von 1000 Hertz abgeschnitten, einmal oberhalb). Wenn Sie wissen wollen, wie so etwas klingt – auf der Website zum Buch können Sie so kurze Soundschnipsel einiger Songs hören! ◄))

Schellenbergs Ergebnis: Selbst die 100-Millisekunden-Ausschnitte konnten von mehr als der Hälfte der Teilnehmer noch besser zugeordnet werden, als wenn sie geraten hätten. Lediglich bei den rückwärts gespielten Sounds und nach dem Abschneiden der hohen Frequenzen versagten die Testpersonen.

Diese phänomenale Fähigkeit, ultrakurze Ausschnitte von bekannten Musikstücken zu erkennen, wurde in vielen anderen Versuchen bestätigt. Der österreichische Forscher Hannes Raffaseder von der Fachhochschule in St. Pölten macht das jedes Jahr wieder mit seinen Studenten: Er spielt ihnen den Anfangsakkord eines Liedes vor, zum Beispiel *Wonderwall* von Oasis oder *Don't Speak* von No Doubt, und lässt sie raten – stets erkennt die Mehrheit den richtigen Song, obwohl weder ein Rhythmus noch eine Melodie wahrnehmbar ist. Raffaseder bewundert vor allem die Dauerhaftigkeit dieses Gedächtnisses für Klangfarben: «Der Umstand, dass zwischen der Veröffentlichung des Songs und der erstmaligen Durchführung des beschriebenen Experiments mehr als sieben Jahre vergangen sind», schreibt er, «weist auch einmal mehr darauf hin, dass Klangfarben offensichtlich verhältnismäßig lange im Gedächtnis behalten werden können.»

Auf die Spitze getrieben hat diese Studien schließlich Emmanuel Bigand von der französischen Université de Bourgogne: Der zerhackte klassische Melodien wie Vivaldis *Vier Jahreszeiten*, bis nur noch 50 Millisekunden lange Ausschnitte übrig waren – und immer noch konnten seine Probanden die Stücke identifizieren. Parallel dazu testete Bigand sprachliche Tonschnipsel. Von denen brauchten die Hörer mindestens 250 Millisekunden, um etwas zu erkennen. Unser musikalisches Gedächtnis spricht also auf extrem kurze Stimuli an und holt uns dann ein komplettes Stück aus seinem gespeicherten Schatz.

In all diesen Experimenten zeigte sich kein Unterschied zwischen Musikern und Nichtmusikern. In diesem Sinne sind wir also alle Musikexperten. Und das beschränkt sich nicht auf die gerade geschilderten Versuche. Auch wenn es um das tiefere Verständnis von Musik geht, um die Regeln, nach denen sie funktioniert, und um ihren emotionalen Gehalt, sind Laien erstaunlich kompetent und stehen den Profis in nichts nach. Wie wir Musik verstehen und welche Gefühle sie in uns auslöst, das ist der Gegenstand der nächsten Kapitel.

6. Feel
Musik und Gefühl

> Die Musik ist die Stenographie des Gefühls.
>
> *Leo Tolstoi*

Ich kann mich aus dem Stegreif an drei Momente in den letzten Jahren erinnern, in denen Musik mich zu Tränen gerührt hat: Erstens, der Auftritt von Aretha Franklin bei der Amtseinführung des amerikanischen Präsidenten Barack Obama im Januar 2009. In einer Situation, die ohnehin von starken Emotionen geprägt war, stieg die gewichtige Soul-Lady aufs Podium und sang *My Country, 'tis of Thee,* eine alte patriotische US-Hymne, deren Melodie identisch ist mit der britischen Nationalhymne *(God Save the Queen).*

Zweitens, ein Konzert des alten kanadischen Liedermachers Leonard Cohen. Ich war in meiner Jugend ein Fan von Cohens dunkler, lyrischer Musik und hatte ihn erst im Lauf des letzten Jahres wieder für mich entdeckt. Mit 73 ging der alte Barde nun wieder auf Welttournee, und ich konnte ihn in Hamburg live erleben.

Drittens, eine Situation, in der ich eine Aufnahme meines alten Chores hörte, live gesungen bei einem bundesweiten Wettbewerb, zu dem wir nach Regensburg gereist waren. Die Aufnahme führte mich ganz konkret zurück zu dem Ereignis, und ich wurde unmittelbar zurückversetzt in jene Tage, die geprägt waren von einem sehr schönen Gemeinschaftserlebnis, aber auch von allerlei amourösen Verwirrungen.

Drei Beispiele dafür, wie Musik bei einem Menschen sehr starke Gefühle auslösen kann. Mit etwas Nachdenken würde ich noch mehr Beispiele finden, und sicher kann sich fast jeder Leser an Situationen erinnern, in denen Musik ihn emotional aus der Fassung gebracht hat. Diese Wirkung ist sehr unmittelbar, sie umgeht jegliche Rationalität. Wie macht Musik das? Sicher, auch in einem Film verdrücken wir die eine oder andere Träne, aber da ist der Mechanismus klarer: Es ist die Geschichte, die der Film erzählt und die, wenn sie gut umgesetzt ist (insbesondere mit der richtigen Musik), bei uns Empathie auslöst. Wir versetzen uns in die Protagonisten hinein und leiden beziehungsweise freuen uns mit ihnen.

Sentimental Journey

Doch Musik erzählt ja nur bedingt eine Geschichte, sie kommuniziert keine direkt fassbare Information. Wie kann sie uns dann emotional so berühren? Dieses Rätsel erforscht die Musikpsychologie schon seit Jahrzehnten, und offen gestanden ist sie mit der Lösung noch nicht sehr weit gekommen.

Schauen wir uns die drei Beispiele noch einmal genauer an: Die Inauguration von Obama markierte einen Wendepunkt in der amerikanischen Politik. Zum ersten Mal wurde ein Schwarzer Präsident. Hunderttausende von Menschen standen bei klirrender Kälte in der Hauptstadt Washington, um die Amtseinführung zu begleiten. Ich habe eigentlich eine gesunde europäische Skepsis gegenüber der amerikanischen Politik, abgesehen von einem grundsätzlichen Respekt vor der demokratischen Tradition dieses Landes, und ich schere mich wenig um politische Rituale und Zeremonien. Aber als Aretha Franklin die Bühne betrat (mit einem Hut auf dem Kopf, über den noch tagelang diskutiert wurde) und das Lied anstimmte, brachte sie die Emotionen dieses Tages auf einzigartige Weise auf den Punkt. Eine Kamera zoomte an die Staatsflagge heran, eine andere fegte über die atemlos zuhörenden Massen hinweg, doch in der Stimme der alten Soul-Sängerin lag mehr als nationales Pathos. Sie nahm sich diese steife angelsächsische Melodie vor und verfremdete und verjazzte sie in ihrer unnachahmlichen Art.

Damit brachte sie den Stolz der Schwarzen auf den Punkt: Seht her, wir schätzen die Tradition dieses Landes, aber wir prägen ihr unseren eigenen Stempel auf. Ab heute sind auch wir Leitkultur! Sicher trägt die Struktur der Musik zu dem Gefühl bei, das beim Zuhörer entsteht – ihr feierliches Tempo, der vor Emotionalität berstende Gesang –, doch die eigentliche Magie entsteht durch die singuläre Situation, in der die Musik gehört wird. Und sie erzielt diese Wirkung bei Millionen Menschen gleichzeitig, bei allen jedenfalls, für die der Tag ein hoffnungsvolles Ereignis war.

Wieso wirkte im zweiten Beispiel Leonard Cohen so auf mich? Hier kommt eine Menge persönlicher Geschmack ins Spiel. Mich hat Cohens dunkle Stimme schon immer sehr angerührt. Sie gibt den musikalisch meist recht einfach gestrickten Songs, die oft auch noch kitschig produziert sind, mit sehnsuchtsvoll raunenden, verhallten Frauenstimmen im Hintergrund, eine emotionale Tiefe. Mit 17 Jahren konnte ich von den Texten nicht viel verstehen, wusste nicht, warum Suzanne dich mit runter zum Fluss nimmt und warum sie Lumpen und Federn von der Heilsarmee trägt, und auch erwachsene Muttersprachler werden Probleme haben, den Sinn von Cohens Lyrik zu erklären. Es war mehr das Grundgefühl, das mich ansprach: ein erwachsener Mann, der seine Verzweiflung an der Welt heraussang, aber offenbar immer noch genug von der Welt geliebt wurde, um einige rätselhafte Frauengeschichten erzählen zu können. Eine Musik, die vage genug war, dass man alle seine von außen gesehen unbedeutenden, für die eigene Person jedoch existenziellen Probleme darauf projizieren konnte.

30 Jahre später nehme ich die Songs natürlich anders wahr, verstehe die Texte besser, habe ein differenzierteres Verhältnis zur Musik. Vor allem aber wirkt die Person Cohens anders auf mich: Da steht nicht mehr der leicht nihilistisch angehauchte Ladies' Man, sondern ein alter Sänger, der es noch einmal wissen will (man mun-

kelte auch von finanziellen Problemen, die ihn wieder auf Tournee zwangen), der mit großer Wärme auf sein Publikum zugeht und fast nochmal die doppelte Portion Gefühl in seine Lieder legt wie früher. Auch hier gilt: Die Musik steckt voller Emotion, aber sie wirkt auf mich auf eine ganz spezifische Weise, die ich wohl nur mit einem Ausschnitt der Menschen meiner Generation teile.

Und das Beispiel Nummer drei? Diese Aufnahme (eine Chorversion des Songs *Time to Wonder* von Fury in the Slaughterhouse) hätte wohl bei nur wenigen anderen Menschen zu ähnlichen emotionalen Reaktionen geführt – allenfalls bei denen, die eine vergleichbare persönliche Erfahrung damit verbinden. Auch wenn das Lied ebenfalls einen eher langsamen Rhythmus und eine melancholische Grundstimmung hat: Hier liegt die Ursache für den Gefühlsausbruch gänzlich außerhalb der Musik, die nur als Auslöser für ein heftiges Wieder-Erleben fungiert. Interessanterweise tut sie das aber ganz anders als etwa eine sprachliche Erinnerung. «Weißt du noch, vor drei Jahren in Regensburg?» ist ein Satz, der normalerweise nicht eine solche emotionale Reaktion hervorruft – man kramt bewusst in der Erinnerung. Das Lied dagegen greift direkt, ohne den Umweg über das Bewusstsein, auf das Gedächtnis zu, und das in einer «ganzheitlichen» Art. Es kommen nicht nur Erinnerungen an die Situation zum Vorschein, sondern man ist buchstäblich wieder mittendrin. Ein direkter Bezug zur persönlichen Biographie.

Zusammenfassend kann ich zu den drei beschriebenen, durch Musik ausgelösten Gefühlswallungen sagen: Bei keinem der Lieder hätte ich genauso reagiert, wenn ich sie noch nicht gekannt hätte und man sie mir ohne äußeren Bezug im Labor vorgespielt hätte. Im ersten Beispiel waren die äußeren Umstände sehr wichtig, in den anderen beiden verschiedene Grade an persönlicher Erinnerung, entweder an ein allgemeines Lebensgefühl oder aber sogar an ein konkretes Ereignis. Die «reine» Musik taugt nicht zum Auslöser heftiger Gefühle – man muss stets die kulturelle und biographische Situation des Hörers einbeziehen.

Auf der Suche nach dem universellen Chill

Diese Erfahrung musste auch Eckart Altenmüller von der Hochschule für Musik und Theater in Hannover machen, Deutschlands profiliertester Musikforscher. Er hat sich mit seinen Kollegen auf die Suche nach der Ursache von «Chill» gemacht hat – nach Musik, die uns eine Gänsehaut den Rücken herunterlaufen lässt. Dazu musste man diesen Effekt erst einmal im Labor herbeiführen. 38 Teilnehmer zwischen 11 und 72 Jahren hörten Musik, entweder eines von sieben Stücken, das die Forscher ausgesucht hatten, oder CDs, die sie von zu Hause mitgebracht hatten. Auf einem Bildschirm stellten sie in einem Koordinatensystem laufend ihre emotionale Stimmung ein und drückten eine Taste, wenn sie von einem Gänsehauterlebnis geschüttelt wurden (das entsprechende Programm ist auch im Internet abrufbar, siehe Website zum Buch!). Diese Erlebnisse erwiesen sich als erstaunlich häufig – bei jedem dritten Hörerlebnis traten sie auf. Und einige Testpersonen waren offenbar besonders anfällig für den Chill: Bei ihnen klappte das bis zu 70-mal innerhalb von zwei Stunden.

Die Erlebnisse wurden aber nicht nur aufgrund der subjektiven Angaben der Teilnehmer dingfest gemacht, die Wissenschaftler maßen auch körperliche Parameter wie Herzschlag und Hautleitwert. Und die stimmten recht gut mit den Angaben der Probanden überein: Vier Sekunden vor dem Chill schlug das Herz schneller, zwei Sekunden später stieg der Hautleitwert.

Aber gibt es tatsächlich Musik, die unweigerlich zu solchen emotionalen Zuständen führt? «Unser Traum war: Wir finden die ultimative Gänsehautmusik, die in Neuguinea und in Thule den gleichen Effekt hat», erzählt Altenmüller. Er war fest davon überzeugt, dass es Musik gibt, die bei jedem Menschen heftige Gefühle auslöst.

Sein Paradebeispiel war der «Barrabas-Ruf» aus der Matthäuspassion von Bach. Das ist die Szene im Prozess gegen Jesus, in der Pontius Pilatus die Menge fragt, ob er ebendiesen Jesus freilassen soll oder den Barrabas. Und das Volk ruft «Barrabam!» – eine dramaturgisch und musikalisch entscheidende Stelle des Drei-Stunden-Werks. Wie ein Peitschenhieb fährt der Ruf ins Ohr des Hörers, Bach benutzt einen lauten und dissonanten Akkord von Chor und Orchester, der keinen Zweifel daran lässt, dass es jetzt ernst wird für den Angeklagten. «Das ist ein musikalischer Schlag ins Gesicht», sagt Altenmüller. «Ich kann Ihnen auf Anhieb in meiner direkten Bezugsgruppe 40 Leute nennen, die beim Barrabas-Ruf sofort eine Gänsehaut kriegen.»

Das aber lässt nur Schlüsse über Altenmüllers Bekanntenkreis zu, nicht über die Wirkung der Musik. Denn im Labor wurde die Annahme nicht bestätigt, dass es sozusagen eine «idiotensichere» Methode zur Erzeugung von Gänsehautgefühlen gebe. Bei den meisten Probanden ließen sich solche Effekte nur mit Musik auslösen, die sie mit einem emotional aufwühlenden Erlebnis verbanden, etwa dem ersten Verliebtsein («Schatz, sie spielen unser Lied!»). Beim Versuch, gemeinsame musikalische Charakteristika all dieser Lieder zu finden, kamen nur sehr allgemeine Attribute heraus: Fast immer steigt vor dem Gänsehaut-Moment die Lautstärke an. Häufig schraubt sich auch eine menschliche Stimme in die hohen Register. Und ein fast schon plumper Weg für eine «Gänsehaut nach Noten», schreiben die Forscher, ist ein Überraschungseffekt. «In diesem Fall beruht das Ganze vermutlich auf einer Art Schreckreaktion und würde wohl genauso von einem Pistolenschuss im Dunkeln ausgelöst.» Aber darin erschöpften sich schon die Gemeinsamkeiten – ansonsten sind die Chill-Faktoren von Individuum zu Individuum verschieden.

Gänsehaut entsteht, wenn sich unsere Körperhaare aufrichten – bei uns nackten Affen eine physiologisch völlig überflüssige Reaktion, ein Überbleibsel unserer behaarten Vergangenheit. Hätten wir noch ein Fell wie die mit uns verwandten Primaten, dann wäre die Reaktion durchaus sinnvoll: Das Fell fasst bei aufgerichteten Haaren mehr Luft, und die isoliert den Körper gegen Wärmeverlust. Der Psychologe Jaak Panksepp von der Washington State

University hat beobachtet, dass manche Affenmütter sogenannte *separation calls* ausstoßen, wenn man sie von ihren Kindern trennt – und die führen dazu, dass sich beim Baby die Haare aufstellen. Demnach wäre der Ursprung des Gänsehautempfindens ein kollektiver – während zumindest die westlichen Menschen von heute emotionale Erlebnisse mit Musik lieber allein genießen. In Gruppen zeigen sie weniger Gefühl. «Wir leben in einer Schamkultur», sagt Altenmüller, «das Gänsehauterleben ist so intim, dass die Anwesenheit der anderen das eher hemmt.» Dazu passt auch seine Hypothese, dass in solchen Momenten die frontalen Hirnareale synchron zu schwingen beginnen – ein Zeichen dafür, dass sich das Denken ausschaltet und man sich dem Moment hingibt. Bei einem Orgasmus passiert etwas ganz Ähnliches. Und den erleben wir ja auch lieber in einer intimen Situation.

Doch sind diese Mutter-Kind-Rufe wirklich der Ursprung der Gänsehautmusik? «Nach unserer Ansicht kann man diese Überlegung nicht mehr aufrechterhalten», schreibt Altenmüller. Chill-Erlebnisse beruhten nicht auf Trennungsangst, sondern, im Gegenteil, sie würden das limbische Belohnungszentrum aktivieren, jene Hirnregion, die auch bei Sex und gutem Essen ihre Glückshormone ausschüttet.

Wenn aber jeder bei einer anderen Musik den Chill erlebt – heißt das, dass die Gefühle, die Musik auslöst, völlig unabhängig sind von der Art der Musik? Sind wir einfach nur konditioniert auf bestimmte akustische Signale, die ansonsten beliebig sind? Oder gibt es Konstanten in der Musik, die auf alle Menschen wirken, oder zumindest auf alle Menschen eines Kulturkreises?

Dass man mit Musik gezielt die Gefühle von Menschen beeinflussen kann, beweist ihre Verwendung in zwei Bereichen: Sie wird eingesetzt, um Produkte zu verkaufen, und sie erhöht die emotionale Wirkung von Filmen. In beiden Fällen ist sie mehr oder weniger unterschwellig – wir hören dieser Musik im Allgemeinen nicht gezielt zu, oft bemerken wir sie gar nicht. Aber sie wirkt. Nachweisbar.

Gedudel überall

Eine Firma steht mit ihrem Namen für das ganze Genre der Fahr-
stuhl- und Supermarktmusik: Muzak. 1934 in den USA gegründet,
bot Muzak Hoteliers und Ladenbesitzern die permanente Beschallung ihrer Geschäftsräume mit Dudelmusik an. Dazu wurden
in den ersten Jahrzehnten bekannte Melodien mit Orchestern neu
aufgenommen. Der Zweck der Übung war es, der Musik jede Ecke
und Kante zu nehmen. Sie sollte dahinplätschern, gerade so laut,
dass man sie wahrnahm, sich jedoch nicht durch sie vom Shoppen
abhalten ließ. Echte wissenschaftliche Studien zur Wirksamkeit
von Muzak gab es nie, aber das Gedudel lief vor allem in den USA
in allen großen Einkaufszentren und Hotels.

Für viele Musiker war Muzak ein Feindbild, stand es doch für
die Entmusikalisierung der Musik, für ihre Ausbeutung zu kom-
merziellen Zwecken. Der Rockmusiker Ted Nugent bot sogar einmal 10 Millionen Dollar für die Firma, mit dem Ziel, sie nach dem
Kauf sofort dichtzumachen. Sein Angebot wurde abgelehnt.

Als in den 70er Jahren vor allem die Jugendlichen in den Fokus
der Marketingleute gerieten, die ihren Lebensstil über Musik definierten, wandelte sich der Einsatz von Musik zur Erzeugung von
Kaufimpulsen. Nicht mehr die stilfreie musikalische Soße war
nun angesagt, im Gegenteil, durch die Wahl einer spezifischen
Musik-Umgebung konnten sich Läden ein Profil geben und von
der Konkurrenz absetzen. Auch die Firma Muzak folgte diesem
Trend, statt der aufwendigen eigenen Musikproduktionen vertrieb
sie nun per Satellit 80 Kanäle mit Originalmusik unterschiedlicher
«Farbe». Aber man hatte damit auch das Monopol verloren. Die
Geschäfte gingen immer schlechter, im Februar 2009 meldete Mu-
zak Konkurs an.

Musikberieselung kann auch dazu dienen, negative Gefühle zu
erzeugen, und dazu muss sie nicht einmal hässlich und dissonant
sein: Der Platz vor dem Hamburger Hauptbahnhof wird seit Jahren mit klassischer Musik beschallt. Damit sollen Drogensüchtige

und ihre Dealer abgeschreckt werden, und offenbar funktioniert das. Hier dient die Musik dazu, den unerwünschten Gästen zu signalisieren: Das ist hier nicht deine Szene, du bist unerwünscht.

Und wer daran zweifelt, dass Filmmusik wirkt, der muss nur einmal eine relativ neutrale Filmszene, etwa eine Außentotale von einer Großstadt im Dunkeln, mit zwei unterschiedlichen Musiken unterlegen. Sofort kann die Szene ihren Charakter ändern, aus einer schläfrigen Nachtszene wird eine bedrohliche Situation, in der man hinter jeder Ecke einen Übeltäter vermutet. Diese Art, Gefühle zu erzeugen, funktioniert offenbar auch kulturübergreifend – wenn man nicht davon ausgeht, dass die Kultur der Welt durch die Macht von Hollywood sowieso schon weitgehend vereinheitlicht ist.

«Die Filmmusiker sind die wahren empirischen Emotionsforscher», sagt Eckart Altenmüller anerkennend. Und interessanterweise lassen sich die Filmzuschauer dabei von Musik emotional steuern, die sie zu Hause nie in der Stereoanlage spielen würden. Denn die Komponisten bedienen sich vorwiegend aus dem Repertoire klassischer Musik des 19. und 20. Jahrhunderts – von der expressiven Romantik bis hin zu den schrägen Experimenten der Zwölftöner (letztere kommen hauptsächlich in gruseligen und beklemmenden Szenen zum Einsatz).

Wie erzeugt Musik Gefühle?

Wie kann Musik überhaupt Gefühle erzeugen? Dazu muss man erst einmal klarstellen, was man unter Emotionen versteht. Eine mögliche Definition besagt: Der Mensch hat Ziele, die ihm durch seine Biologie, aber auch seine Kultur vorgegeben sind, und ein Ereignis, das eines dieser Ziele entweder befördert oder ihm entgegensteht, erzeugt eine positive oder negative Emotion. Damit sind die Gefühle ein Mittel, uns sozusagen «auf den richtigen Weg» zu bringen. Die Lust beim Sextrieb fördert die Fortpflanzung, der Ekel vor Körperausscheidungen und anderen ungesunden Stoffen verhindert, dass wir uns vergiften, und so weiter. Musik aber hat gar keinen Einfluss darauf, ob wir unsere Ziele erreichen – sieht man mal ab von Beispielen wie dem Nachbarn, der nachts laute Musik spielt, uns den Schlaf raubt und damit ganz unmittelbar unseren Ärger weckt, weil das Ziel, am nächsten Morgen ausgeschlafen und fit zu sein, damit vereitelt wird. Ansonsten hat das Hören von Musik relativ wenige unmittelbare Konsequenzen. Wenn sie Gefühle hervorruft, dann nur, weil wir sie mit solchen Ereignissen assoziieren.

Der schwedische Musikforscher Patrik Juslin zählt sechs Mechanismen auf, wie Musik diese Wirkung entfaltet:

1. **Reflexe des Hirnstamms.** Wir «scannen» ständig unsere akustischen Sinneseindrücke nach potenziell gefährlichen Signalen. Das geschieht nicht auf der Ebene des Bewusstseins, sondern im Hirnstamm, einem evolutionär sehr alten Teil des Gehirns («Reptiliengehirn»). Wenn in unserer Nähe ein Schuss fällt, dann können wir eine Alarmreaktion unseres Körpers kaum vermeiden (außer vielleicht in der Silvesternacht, wenn dieser Reflex durch das unermüdliche Knallen sozusagen betäubt ist). Zwar gab es in der Vorzeit noch keine Schusswaffen, doch auch damals war ein Knall meist mit Gefahr verbunden, sei es ein Blitzeinschlag oder der Tiger, der durchs Gebüsch bricht. Und die Gefahr erforderte eine prompte, gleichsam automatische Reaktion. Klänge, die solche Reflexe hervorrufen, sind plötzliche Lautstärkeänderungen, eine schnelle Abfolge von Tönen, sehr hohe oder tiefe Frequenzen, aber auch Dissonanzen. Die Reaktionen sind sozusagen fest verdrahtet im Gehirn, wir müssen sie nicht lernen, können sie allerdings auch kaum wegtrainieren. Der Barrabas-Ruf, der Eckart Altenmüller so fasziniert, ist wohl zumindest teilweise auf einen solchen Reflex zurückzuführen. Wichtig ist, dass diese «primitiven» Reaktionen auf akustische Reize von uns nicht unbedingt negativ empfunden werden müssen – eine gewisse Aufregung und

Überraschung erwarten wir auch von guter Musik, es kommt halt auf das Niveau und auf die Mischung an.

2. Evaluative Konditionierung. Den Begriff der Konditionierung kennen wir vom Pawlow'schen Hund: Der wurde immer gefüttert, wenn ein Glöckchen erklang, und nach dem Training begann bei ihm schon der Speichel zu fließen, sobald die Glocke klingelte, auch wenn gar keine Wurst da war. In der musikalischen Konditionierung geht es darum, dass wir aufgrund persönlicher Erfahrungen ein bestimmtes Musikgenre mit bestimmten Situationen verbinden. Ich kann zum Beispiel berichten, dass ich Barockmusik noch immer mit dem Geruch aufgebackener Brötchen am Sonntagmorgen in Verbindung bringe. In meinem Elternhaus lief in der Woche morgens immer der Nachrichtenkanal mit aktueller Popmusik, aber am Sonntag wurde auf Klassik umgeschaltet. Solche Konditionierungen können sehr dauerhaft sein: Obwohl ich in späteren Jahren barocke Musik in allen möglichen Zusammenhängen gehört habe, bleibt diese Assoziation doch wahrscheinlich lebenslänglich erhalten. Auf einer solchen Konditionierung, nur mit negativen Assoziationen, beruht vielleicht auch die Wirkung der klassischen Musik am Hamburger Bahnhof. Oder auch der abstoßende Effekt, den Schlager- oder sogenannte «Volksmusik» auf viele Hörer hat: Sie ist zwar melodisch und harmonisch sehr harmlos und seicht, trotzdem kann sie durch das Spießer-Setting, in dem viele sie erfahren haben, zu einem negativen Chill führen, bei dem sich die Nackenhaare aufstellen.

3. Emotionale Ansteckung. Dahinter steckt die Vorstellung, dass ein Gefühl, das die Musik ausdrückt, entsprechende Gefühle beim Hörer erzeugt. Menschen verfügen über Empathie, das heißt, sie sind in der Lage, sich in die Gefühlswelt des Gegenübers hineinzuversetzen. Seit der Entdeckung der sogenannten Spiegelneuronen im Gehirn im Jahr 1992 glaubt man auch, eine hirnphysiologische Grundlage für dieses Phänomen zu haben: Damals wurde bei Affen entdeckt, dass ganz spezifische Hirnzellen sowohl aktiv werden, wenn der Affe selbst eine Handlung ausführt, als auch dann, wenn er die Handlung nur bei anderen Tieren beobachtet. Empathie ist im Spiel, wenn wir die emotionalen Gesichtsausdrücke anderer unwillkürlich spiegeln oder wenn wir in romantischen Filmen mit den Hauptdarstellern leiden. Für die Musik wirft diese Erklärung die Frage auf: Wie erkennen wir denn die tatsächlichen oder vorgespiegelten Gefühle des Musikers? Bei gesungenen Liedern kann man das noch über den Text erklären, aber wie ist es bei instrumentaler Musik? Manche Forscher sagen, dass Musikinstrumente Erweiterungen der menschlichen Stimme sind. Eine Geige etwa klingt wie eine singende Frauenstimme, nur hat sie noch ein viel weiteres tonales Spektrum, sie kann sich schneller und intensiver artikulieren und damit Gefühlsäußerungen sozusagen verstärken. Andere Forscher finden diese Erklärung ein wenig an den Haaren herbeigezogen, weil ein Symphonieorchester oder eine Jazzband eben nicht wie eine weinende oder lachende Gruppe von Menschen klingen.

Interessant bei der emotionalen Ansteckung ist auch, dass wir auf ein in der Musik dargestelltes Gefühl nicht unbedingt mit demselben Gefühl reagieren: Ein Lied mag von enttäuschter Liebe und Depression handeln, aber ein Jugendlicher, der sich in einer ähnlichen Situation befindet, legt sich die Platte nicht auf, um noch depressiver zu werden, sondern im Gegenteil, es lindert die negativen Gefühle, wenn man sozusagen jemanden hat, der mit einem leidet. Meine erwähnte Vorliebe für Leonard Cohen als Heranwachsender hat sicherlich etwas damit zu tun – der Trost, dass auch ein erwachsener Mann auf diffuse Weise an der Welt leidet, hat sicherlich meine pubertäre Verwirrung ein bisschen gemildert.

4. Visuelle Bilder. Musik ist in der Lage, uns zum Träumen zu bringen und Bilder von schönen Landschaften oder Sonnenuntergängen heraufzubeschwören. Das wird vor allem in Psychotherapien oder allerlei esoterischen Praktiken eingesetzt: Musik erleichtert das Eintauchen in eine Gedankenwelt, und diese «Reise» kann man zu therapeutischen Zwecken nutzen.

5. Episodisches Gedächtnis. Hier ruft die Musik nicht nur eine allgemeine Assoziation oder eine abstrakte Situation hervor, sondern wir werden schlagartig zu einem Ereignis zurückgeführt, in dem wir diese Musik gehört haben. Da heutzutage unser ganzes Leben von einem Soundtrack begleitet wird (siehe Seite 234), können das die unterschiedlichsten Ereignisse sein. Natürlich sind es vorzugsweise Situationen, die selbst mit starken Gefühlen verbunden waren: Liebesgeschichten, Urlaubsreisen, der Tod eines nahen Verwandten. Allerdings sind es auch hier die prägenden Ereignisse in Kindheit und Jugend, die eine stärkere Assoziation mit bestimmter Musik erzeugen, in späteren Jahren werden diese Prägungen schwächer.

6. Musikalische Erwartung. Allgemein entwickeln wir starke Gefühle von Befriedigung oder Überraschung, wenn ein Ereignis einen erwarteten oder unerwarteten Verlauf nimmt. Die Fähigkeit, korrekte Vorhersagen zu machen, ist für Mensch und Tier überlebenswichtig (siehe Seite 185) und wird entsprechend durch Gefühle unterstützt. Musik gehorcht gewissen Regeln, mit denen wir uns im nächsten Kapitel noch genauer beschäftigen werden. Diese Regeln lernen wir seit der frühesten Kindheit, und wenn sie verletzt oder bestätigt werden, löst das Gefühle bei uns aus. Von Mozart wird erzählt, dass er seinen kranken Vater quälte, indem er auf dem Klavier harmonische Wendungen spielte, denen am Schluss die Auflösung zum Grundakkord fehlte – der alte Mann sprang aus dem Bett und spielte den fehlenden Akkord.

Schaut man sich diese Liste an, dann gibt es nur einen «Gefühlskanal» der Musik, der unabhängig ist von kulturellen und biographischen Erfahrungen: nämlich die Nummer eins, wenn die Musik direkt in den Hirnstamm fährt. Kein Wunder, dass Eckart Altenmüller auf der Suche nach seiner ultimativen Chill-Musik scheitern musste. Er bestätigt denn auch, dass außereuropäische Völker mit den Höhepunkten unserer klassischen Musik herzlich wenig anfangen können. Und er erzählt die Anekdote von einem Besuch des sambesischen Präsidenten in der Berliner Oper. Der berichtete nachher, er habe den Anfang am schönsten gefunden – den Moment, in dem die Orchestermusiker ihre Instrumente stimmten.

Stefan Koelsch, der fünf Jahre lang am Leipziger Max-Planck-Institut für Kognitions- und Neurowissenschaften eine Arbeitsgruppe zur Musik geleitet hat und nun in Brighton lehrt, glaubt zumindest an ein paar universelle Strukturen in der Musik, die auf alle Menschen gleich wirken. «Jeder hört, ob ein Rhythmus lebendig oder langweilig ist. Feurig oder sanft. Ob eine Melodie fröhlich oder traurig ist», sagt Koelsch. Das habe auch eine Reise seines Mitarbeiters Thomas Fritz zum Bergvolk der Mafa in Kamerun ergeben, die eine sehr eigene, für uns fremde Musik haben (es wird immer schwerer, solche entlegenen Stämme zu finden, die völlig unbeeinflusst sind von westlicher Musik). Fritz spielte den Mafa Klavier- und Tanzmusik aus den vergangenen vier Jahrhunderten vor, von Bach über Tango bis Rock 'n' Roll. Die Eingeborenen sollten die Stücke in drei emotionale Kategorien einordnen – fröhlich, traurig oder bedrohlich. Das funktionierte erstaunlich gut, und umgekehrt konnten auch westliche Hörer den Gefühlsgehalt der Mafa-Musik beurteilen.

Ein Wort ist in diesem Kapitel noch nicht gefallen: Harmonie. Ist das nicht eine Universalie jeder Musik? Das «schöne» Zusammenklingen von Tönen? Oder auch der bewusste Einsatz von Dissonanzen, von Missklängen? Können sich darüber nicht alle Menschen verständigen? Um das zu klären, muss man wieder zurückgehen zu den physikalischen Anfängen und die Frage beantworten, wann Töne einen Gleichklang ergeben und wann sie sich reiben.

Zwischen Wohlklang und Missklang

In der westlichen Musik fand vor etwa 1200 Jahren eine Revolution statt. Bis dahin waren die Gesänge – und das heißt vor allem kirchliche Gesänge, von anderen Formen der Musik ist uns wenig überliefert – im Wesentlichen einstimmig gewesen. Im sogenannten Organum (abgeleitet von der Orgel, die damals gebräuchlich wurde) begannen die Mönche zunächst, die Melodie der Kirchenlieder um eine Quint oder Quart versetzt mitzusingen, also vollständig parallel. Die gregorianischen Gesänge faszinieren uns heute noch, weil sie zwar mehrstimmig sind, aber nicht dem entsprechen, was wir unter Harmonie verstehen. Quinte und Quarte sind spannungsarme Intervalle, sie klingen harmonisch eher fad, sie reiben sich nicht so wie andere Intervalle, die sich die Mönche damals noch nicht zu verwenden trauten.

In Kapitel 3 ging es darum, dass es für Tonleitern, auf denen die Melodien aufbauen, eigentlich nicht so wichtig ist, in was für einem Verhältnis die Tonhöhen zueinander stehen, und dass es in den verschiedenen Kulturen sehr unterschiedliche Skalen gibt, von denen keine «besser» ist als die andere. Reiht man die Töne jedoch nicht nur zeitlich in Melodien aneinander («horizontal»), sondern lässt sie auch gleichzeitig erklingen («vertikal»), dann erweist sich das westliche Tonsystem als ideal dafür. Wir erinnern uns: Nach den mathematischen Idealen des Pythagoras sollen die Frequenzen der Töne in möglichst «kleinen» ganzzahligen Verhältnissen zueinander stehen.

Aber welche Töne klingen nun «gut» zusammen und welche nicht? Welche Töne sind «konsonant» und welche «dissonant»? Gibt es objektive, physiologische Gründe dafür, was wir als gut zusammenklingend empfinden? Und ist Konsonanz gleich Wohlklang, oder ist das schon wieder eine ganz andere Kategorie? Es gibt seit Jahrhunderten Kompositionslehren, in denen die Intervalle nach ihrer Konsonanz sortiert werden, aber die sind teilweise sehr der Kultur ihrer Zeit verhaftet. Erst seit etwas über 100 Jahren versucht man, Konsonanz und Dissonanz auch physiologisch zu erklären. Und erst in den letzten Jahren hat man endlich verstanden, wie das Gehirn dazu kommt, Klänge als «verschmelzend» zu empfinden.

Die ersten wichtigen Erkenntnisse dazu stammen von Hermann von Helmholtz, der Ende des 19. Jahrhunderts systematisch die musikalische Wahrnehmung erforschte. Der ging von dem Gedanken aus, dass die mehrstimmigen Intervalle, die wir hören, ja meist von menschlichen Stimmen oder Instrumenten erzeugt werden, und deshalb hören wir nicht nur die Grundfrequenzen der Töne, sondern auch sämtliche Obertöne mit.

Wenn zwei Töne gemeinsam erklingen, etwa von zwei Stimmen gesungen, dann hören wir also die Grundfrequenz des ersten Tons sowie ihre ganzzahligen Vielfache und gleichzeitig die Grundfrequenz des zweiten Tons und deren Vielfache. Das ist schon wieder so ein Moment, wo man nur staunend vor der Differenzierungsfähigkeit des menschlichen Gehörs stehen kann: Geübte Hörer können ohne weiteres aus dem Gewirr der Frequenzen drei, vier oder fünf verschiedene Stimmen heraushören und benennen, obwohl die ja alle gleichzeitig aufs Trommelfell einwirken und sich zu einer einzigen Welle überlagern.

Dissonanz entsteht dann, überlegte Helmholtz, wenn irgendwo zwei dieser Obertöne so nahe beieinanderliegen, dass sie sich gegenseitig stören. Genauer gesagt: Ihre Frequenzen liegen so dicht beieinander, dass wir sie nicht mehr als gleich, aber auch noch nicht als klar getrennte Töne erleben. Sie liegen innerhalb der «kritischen Bandbreite» (siehe Seite 74), sie klingen rau, und das färbt den Gesamtklang.

Wenn zum Beispiel zwei Töne im Abstand einer Oktave erklingen, dann gibt es überhaupt kein Dissonanzproblem. Der untere Ton mit der Grundfrequenz f hat die Obertöne $2f$, $3f$, $4f$ und so weiter, der zweite Ton mit der Grundfrequenz $2f$ hat die Obertöne $4f$, $6f$, $8f$ und so fort – alles Töne, die auch in der Obertonreihe des tieferen Tons vorkommen. Solange die Oktave sauber intoniert wird, reibt sich überhaupt nichts – deshalb empfinden wir zwei Töne im Oktavabstand als im Wesentlichen gleich.

Wenn zwei Töne nun ein Frequenzverhältnis von p:q haben, dann gilt: Jeder q-te Teilton des ersten Tons fällt mit jedem p-ten Teilton des zweiten zusammen. Also zum Beispiel bei der Quinte, deren Frequenz das 3/2fache des Grundtons ist: Deren gerade Vielfache (6/2, 12/2, 18/2 ...) stimmen jeweils mit den Vielfachen des dritten Teiltons des Grundtons zusammen. Dazwischen gibt es entsprechend wenige Gelegenheiten für «Reibungskonflikte».

Je komplizierter das Verhältnis der beiden Töne ist, umso mehr Reibungen entstehen. Das Bild auf dieser Seite zeigt die Obertöne von Quint (Verhältnis 3:2), großer Terz (5:4) und großer Septime (15:8) – man sieht, dass sich die Teilfrequenzen immer mehr «ins Gehege» kommen!

Helmholtz hat für den obertonreichen Klang der Violine den Rauigkeitsgrad der verschiedenen Intervalle berechnet und als Kurve dargestellt. Je tiefer das «Tal» in der Kurve, umso konsonanter ist das entsprechende Intervall.

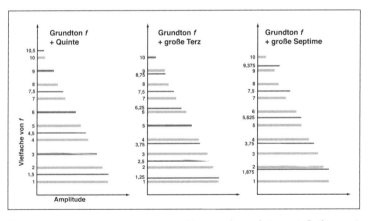

Wenn Grundton und Quinte gemeinsam erklingen, gibt es relativ wenig Reibung zwischen den Obertönen. Bei der großen Terz liegen manchmal Obertöne eng zusammen, was zu Reibungen führt, bei der großen Septime ist das noch öfter der Fall.
Quelle: Spitzer, «Musik im Kopf»

Diese Kurve gibt eigentlich recht gut wieder, was auch schon die klassische Harmonie- und Satzlehre über die einzelnen Intervalle sagte: Neben der Oktave und der Quinte sind die kleine und große Terz, die Quarte, die kleine und große Sexte diejenigen Töne, die am besten mit einem Grundton verschmelzen. (Man muss einschränken: In früheren Jahrhunderten galten die große Terz und die Quart durchaus als dissonante Intervalle.) Sie können entsprechende Geigentöne als Tonbeispiel im Netz anhören und selbst beurteilen, welche Intervalle Sie als konsonant und dissonant, als rau oder verschmelzend, als Wohl- oder Missklang empfinden! 🔊

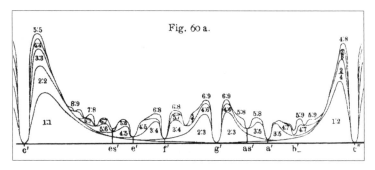

Die Konsonanz nach Hermann von Helmholtz (1862)

Diese sogenannte Störtheorie von Helmholtz war etwa hundert Jahre lang die Standarderklärung für Wohlklang und Harmonie, brachte sie doch das hergebrachte ästhetische Verständnis in Zusammenhang mit hörphysiologischen Phänomenen, nämlich der Trennung der Tonwahrnehmung und der dabei entstehenden Rauigkeit.

In den letzten Jahren aber empfanden die Musiktheoretiker diese Erklärung zunehmend als unzureichend. Vor allem zwei Argumente sprechen gegen Helmholtz' Theorie. Erstens: Sie gilt streng genommen nur für Klänge mit vielen Obertönen, denn dort finden ja die Reibungen statt. Demnach müssten zwei Sinustöne, die weit genug (mehr als eine Terz) voneinander entfernt sind, stets konsonant klingen, weil da nichts ist, was sich reiben kann. Ist das so? Die Ergebnisse sind widersprüchlich. Musiker finden zum Beispiel eine große Septime von zwei Sinustönen dissonant, weil sie sie sofort aus ihrer musikalischen Erfahrung beurteilen. Versuche mit Laien haben Ergebnisse geliefert, in denen die Testpersonen alle großen Intervalle von Sinustönen als «ganz okay» klingend beurteilt haben. (Wollen Sie es selber einmal testen? Dann gehen Sie auf die Website zum Buch und stimmen Sie ab! ◀»))

Das Hauptargument gegen die Theorie ist jedoch: Sie ist, ähnlich wie schon die auf Pythagoras aufbauende Theorie der Tonleitern, zu idealistisch. Damit die entsprechend gleichen oder auch knapp unterschiedlichen Obertöne, die Konsonanz und Dissonanz ausmachen sollen, überhaupt korrekt entstehen, muss das entsprechende «pythagoreische» Intervall sehr genau getroffen werden. Das passiert aber in der Praxis kaum: Moderne Instrumente sind oft in der gleichschwebenden Stimmung gestimmt, sodass schon eine Quinte keine richtige Quinte mehr ist. Und überall da, wo der Mensch über die Tonhöhe bestimmt, beim Gesang zum Beispiel, intoniert er sowieso erstaunlich unsauber, und wenn er nicht gerade total danebenliegt, empfinden wir die als konsonant etikettierten Intervalle trotzdem noch als konsonant, obwohl sich dort einiges reibt.

Um zu verstehen, wie das Phänomen der Konsonanz heute erklärt wird, muss man wieder zurückgehen zu der Empfindung der Tonhöhe. Ich habe Ihnen da nämlich bisher ein wichtiges Detail verschwiegen – wenn Sie die Sache schon als kompliziert empfunden haben, dann muss ich Ihnen leider gestehen: Es ist noch viel komplizierter!

In Kapitel 3 habe ich beschrieben, wie die Tonhöhe darüber wahrgenommen wird, dass die Sinneszellen eines bestimmten

Abschnitts der Basilarmembran im Innenohr gereizt werden. Das stimmt auch, aber musikalische Töne sind gleichzeitig periodische Signale, die regelmäßig auf- und abschwingen. Die tiefsten Töne, die wir hören können, schwingen etwa 20-mal pro Sekunde, die höchsten 20 000-mal. Und zumindest bis zu einer Frequenz von etwa 1000 Hertz kann unser Gehirn die periodischen Signale, die über den Hörnerv geschickt werden, tatsächlich zeitlich auflösen. Das heißt, auch das elektrische Signal im Nerv pulsiert in demselben Rhythmus. Die Hirnareale, in denen das verarbeitet wird, sind bereits in Experimenten identifiziert worden.

Der deutsche Musikforscher Martin Ebeling aus Mönchengladbach hat daraus nun eine mathematische Theorie der Konsonanz entwickelt, die nicht auf der Überschneidung von Obertönen basiert, sondern auf der sogenannten Autokorrelation der gehörten Tonperioden. Das alles führt zu weit, um es hier zu beschreiben, aber im Prinzip geht es darum, dass bei Tönen, die in einem konsonanten Verhältnis zueinander stehen, die Perioden öfter übereinstimmen als bei dissonanten Intervallen. Dabei kann man auch Töne betrachten, die ein wenig «schief» gestimmt sind, ohne dass die Konsonanz verloren geht.

Ebeling hat aus diesen komplexen mathematischen Verhältnissen eine «Konsonanzfunktion» abgeleitet, die kontinuierlich über eine Oktave hinweg den Gleichklang von Tönen bewertet – und die sieht doch erstaunlich ähnlich aus wie das, was schon Helmholtz aufgrund ganz anderer mathematischer Zusammenhänge errechnet hat.

Diese Arbeit erschien 2007. So jung sind also die ersten wirklich befriedigenden Erkenntnisse über die einfache Frage, wann wir zwei Töne als konsonant empfinden. Immerhin – damit ist der Nachweis erbracht, dass wir diese Verschmelzung von zwei Tönen physiologisch wahrnehmen. Und das gilt für alle Menschen. «Unsere neurophysiologischen, psychophysikalischen und theoretischen Untersuchungen haben ergeben, dass fundamentale Aspekte harmonischer Perzeption nicht als kulturelles Erbe, sondern

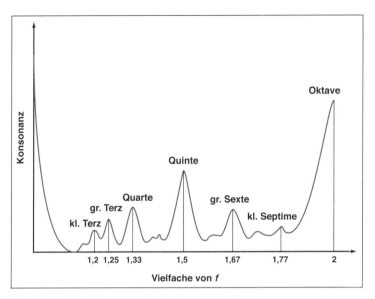

Die Konsonanz der Intervalle nach Ebeling (2007)

als intrinsische Eigenschaften unseres Gehirns angesehen werden müssen», schreibt der Darmstädter Neuroakustiker Gerald Langner. Mit anderen Worten: Die Grundlagen der Harmonie stecken schon im Kopf – egal, ob wir im heutigen Europa aufgewachsen sind oder vor Jahrtausenden in Afrika.

Die Konsonanz zweier Töne ist aber nur der bescheidene erste Schritt zur Erklärung von Harmonien, denn die bestehen in der abendländischen Musik immer aus mindestens drei Tönen. Besonders zwei dieser Dreiklänge bestimmen seit etwa 500 Jahren unsere Musikgeschichte: der Dur- und der Moll-Dreiklang. Sie legen, vereinfacht gesagt, den Charakter eines Musikstücks fest – Anlass, sich diese beiden «Tongeschlechter» einmal näher anzusehen.

Dur und Moll

Die Harmonie ist das Geschenk Europas an die Musik der Welt; sie begann mit der Zweistimmigkeit des gregorianischen Gesangs. In der Renaissance erklangen dann bis zu vier Stimmen gleichzeitig, und in der Klassik und Romantik, aber auch im Jazz bestehen die Akkorde von Tönen, die gleichzeitig erklingen, gerne mal aus sechs oder mehr Noten. Nicht nur die Ohren westlicher Menschen haben sich an diese Mehrklänge gewöhnt – sie tönen heute aus Lautsprechern überall auf der Welt. Sicherlich hat das auch etwas mit der wirtschaftlichen und politischen Expansion der westlichen Lebensweise zu tun, aber offenbar trafen diese Klänge auf offene Ohren in Asien, Afrika und Amerika. Die internationale Popmusik, die heute die Weltkultur beherrscht, mag Einsprengsel aus anderen Kulturkreisen haben, insbesondere Rhythmik und Melodik aus Afrika, doch ihr Grundgerüst sind die Harmonien, die sich in Europa in relativ junger Vergangenheit entwickelt haben.

Bezahlt hat die klassische europäische Musik diese Fixierung auf die Harmonie mit einer gewissen Dürftigkeit auf anderen Gebieten. So ist ihr Rhythmus recht simpel, und auch die Melodien sind, verglichen etwa mit den subtilen, ziselierten Tonfolgen im arabischen oder indischen Raum, nicht übermäßig kompliziert. Die «Greatest Hits» unserer großen Tondichter, die auf den Wohlfühl-Klassik-Sendern in *heavy rotation* gespielt werden, basieren auf Weisen, die nicht komplexer sind als Kinderlieder – es ist der mehrstimmige Tonsatz, der sie zu anspruchsvollen Kunstwerken macht.

Diese Harmonie beruht auf einem in Jahrhunderten gewachsenen Regelwerk, das immer wieder verfeinert, aber auch stets durch neue Einflüsse umgeworfen wurde. Es gibt separate Harmonielehren für die klassische Musik und für den Jazz, die einander in Komplexität nicht nachstehen und die man keinem Laien erklären kann.* Diese Regeln von Wohlklang und Missklang, von Spannung und Auflösung hirnphysiologisch erklären zu wollen, ist wohl hoffnungslos. Schon die Analyse des Zusammenklangs zweier Töne erfordert ja höhere Mathematik, wie wir gesehen haben. Ab dem dritten Ton werden die aufeinandergeschichteten Obertöne und die sich überlagernden Perioden so komplex, dass man da kaum noch durchblickt. Das ist vergleichbar mit dem Dreikörperproblem der Physik: Die kann auch sehr genau beschreiben, wie die Schwerkraft die Bahn von zwei Körpern bestimmt, die im All umeinander kreisen. Sobald allerdings ein dritter dazukommt, gelten dieselben Gravitationsgesetze zwar immer noch, aber eine explizite Formel für ihre Bahnen zu finden ist praktisch unmöglich.

Doch drei Töne sind das Minimum für eine richtige Harmonie in der westlichen Musik. Ein Zweiklang ist nur ein Tonintervall, er hat zwar eine Konsonanz oder Dissonanz, aber noch keine Funktion in der harmonischen Grammatik und auch noch keinen emotionalen Charakter. Ab drei Tönen wird es eindeutig – insbesondere die beiden «Tongeschlechter» Dur und Moll kommen ins Spiel, und die sind für westliche Ohren eindeutig mit Gefühlen besetzt.

Mein Klavierlehrer, bei dem ich mit zehn Jahren Unterricht hatte, gab mir jede Woche eine Aufgabe, die über das reine Nachspielen von vorgegebenen Noten hinausging. Ich musste mir für ein Lied meiner Wahl selbst eine Begleitung überlegen. Das waren meist einfache Dreiklänge mit der linken Hand, während die rechte die Melodie spielte. Aber damit lernte ich etwas, was viele klassisch ausgebildete Musiker nicht beherrschen: ein Lied nach Gehör zu begleiten. Am Anfang muss man sich die Harmonien noch mühsam zusammensuchen, nach einer Weile hört man sie

---

* Dass er diese hochintellektuellen Gesetze nicht versteht, heißt aber nicht, dass das Gehör des Laien sie nicht nachvollzieht: Ein eingefleischter Bebop-Fan hört sofort, wenn ein Jazzpianist sich nicht an die Regeln hält.

im Kopf, und die Hand greift sie fast automatisch auf dem Klavier oder der Gitarre. Für viele Laien ist das verblüffend: dass jemand ein Lied, das er nur vom Hören kennt, sofort spielen kann. Für rein auf Reproduktion gedrillte Musiker auch.

Wie findet man so eine Begleitung? Welche Töne aus dem unübersehbaren Vorrat der weißen und schwarzen Tasten sucht man aus, sodass sie zu der Melodie passen?

Die Antwort lautet: Man sucht Dreiklänge, in denen die akzentuierten Töne der Melodie vorkommen. Dazu noch ein bisschen Musiktheorie: Die gebräuchlichste Tonleiter der westlichen Musik, die Dur-Tonleiter, besteht aus sieben Tönen (siehe Seite 77). Auf jedem dieser Töne kann man einen Dreiklang aufbauen, indem man zwei beziehungsweise vier Schritte weitergeht. Einen solchen Abstand von zwei Tönen nennt man eine Terz, und ein Dreiklang entsteht durch das Aufeinandertürmen zweier Terzen. Das ergibt sieben verschiedene Dreiklänge.

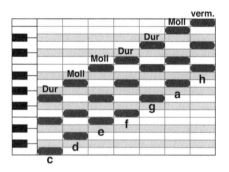

Die Dreiklänge der C-Dur-Tonleiter

Schaut man sich diese Akkorde (so können wir diese Dreiklänge jetzt nennen) genauer an, so stellt man fest, dass die Terzen nicht gleich groß sind. Es gibt zwei Sorten, die kleine Terz (drei Halbtonschritte) und die große Terz (vier Halbtonschritte). Entsprechend lassen sich die Akkorde in drei Typen einteilen, je nach Größe der verwendeten Terzen: Drei Akkorde (auf c, f und g) bestehen aus einer großen Terz, auf die eine kleine gestapelt ist, man nennt das einen Dur-Dreiklang. Drei andere (auf d, e und a) haben zuerst die kleine und dann die große Terz. Diese Dreiklänge nennt man Moll-Akkorde. Dur- und Moll-Akkord umfassen jeweils eine reine Quinte. Der Akkord auf der siebten Stufe besteht aus zwei kleinen Terzen, man nennt ihn einen «verminderten» Dreiklang, und den vergessen wir zunächst einmal.

Hier entsteht die erste potenzielle Verwirrung: Auch wenn wir uns in der Dur-Tonleiter bewegen, haben die verwendeten Akkorde manchmal einen Moll-Charakter.

Ist es denn so wichtig, ob man zuerst die kleine und dann die große Terz benutzt oder umgekehrt? Es ist wichtig, es macht den größten harmonischen Unterschied aus, den unsere Musik zu bieten hat. Hören Sie sich einmal auf der Website zum Buch die sieben Akkorde an und versuchen Sie, den Unterschied zwischen Dur und Moll zu spüren! ◀ŋ

Wie findet man nun passende Begleitakkorde zu einem konkreten Lied? Ich habe als Beispiel die alte Weise *Amazing Grace* gewählt. Als Erstes suche ich Akkorde, in denen die betonten Noten der Melodie vorkommen. Diese betonten Noten sind im Bild dunkel hervorgehoben.

Der Rest ist fast Mathematik – vielleicht hat mir als mathebegeistertem Schüler die Sache ja deshalb so viel Spaß gemacht und macht es auch heute noch. Jeder Ton der Skala taucht in dreien der Grundakkorde auf, entweder an erster, zweiter oder dritter Stelle. Selbst wenn man den seltsamen Akkord auf der siebten Stufe weglässt, sind das immer noch mindestens zwei Akkorde, die man bei jedem Ton zur Auswahl hat. Und von denen muss man sich den suchen, der am besten passt.

Bei *Amazing Grace* kann man sich die Sache ganz einfach machen. Schaut man sich die betonten Noten näher an, dann sieht man, dass sie alle in dem Grundakkord der ersten Stufe enthalten sind (die grauen horizontalen Streifen). Man kann also diesen Akkord durchgängig spielen, und es klingt nicht falsch. Und tatsächlich – wenn das Lied mit Dudelsäcken gespielt wird, dann erklingt oft dieser einzige Akkord als dröhnender Hintergrund, vor dem die Melodie sich bewegt. 🔊

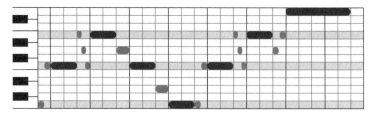

Amazing Grace

Man kann aber auch für jeden tragenden Melodieton einen anderen Akkord wählen. Dadurch können Versionen entstehen, die völlig falsch klingen, obwohl an keiner Stelle ein offensichtlicher Missklang besteht. 🔊

Das hat damit zu tun, dass hier offenbar ganz grundlegende Regeln verletzt werden, nach denen in der europäischen Musik die Harmonien gesetzt werden – es ist ein Verstoß gegen die musikalische «Grammatik», von der im nächsten Kapitel noch die Rede sein wird. Vor allem aber klingt es nicht nach dem *Amazing Grace*, das wir in unserer Erinnerung gespeichert haben. Diese Erinnerung besteht nämlich nicht nur aus der Melodie, sondern auch aus einem harmonischen Grundgerüst.

Der Tonsetzer hat also immer die Wahl, wenn er Harmonien zu einer Melodie sucht – es gibt nicht *die* richtige Lösung (obwohl es sehr viele gibt, die ganz klar falsch sind). Deshalb lässt sich diese Harmonisierung nicht so leicht automatisieren. Das zeigt auch das Beispiel der Software *Songsmith* von Microsoft, die Ende 2008 erschien. Man singt in das Programm eine Melodie hinein, wählt einen Musikstil vor, und dann erzeugt Songsmith eine komplette Begleitung dafür. Bei manchen Melodien klappt das erstaunlich gut – und manchmal geht es grotesk daneben. Im Internet haben sich einige Musikliebhaber den Scherz erlaubt, aus

Videos berühmter Songs (zum Beispiel *Roxanne* von Police oder *Creep* von Radiohead) die Gesangsstimme zu isolieren und mit einer automatischen *Songsmith*-Begleitung zu kombinieren. Obwohl die Originalstimme des Sängers noch da ist und obwohl jede einzelne Harmonie irgendwie zu den gesungenen Tönen passt, ist das Lied insgesamt völlig unkenntlich geworden! (Links auf der Website zum Buch.)

Eine plausible Harmonisierung von *Amazing Grace* hören Sie dagegen im dritten Tonbeispiel. Die Begleitung besteht aus den drei Dur-Akkorden der ersten, vierten und fünften Stufe, nur an einer Stelle habe ich einen Moll-Akkord hineingeschmuggelt, der vielleicht ein bisschen ungewohnt klingt. ◀))

In einem Stück, das auf der Dur-Tonleiter basiert, können also durchaus Moll-Akkorde vorkommen – das beeinflusst nicht den allgemeinen Dur-Charakter des Liedes. Der wird durch den Tonvorrat festgelegt und durch den Grundton – auch so ein musikalisches Konzept, das schwer zu fassen ist und doch unsere ganze Musik durchzieht. Praktisch jedes Musikstück hat ein «tonales Zentrum», zu dem es die Melodie immer wieder hinzieht, insbesondere am Schluss – fast alle Lieder enden auf dem Grundton, ansonsten würden sie für unsere Ohren «unvollendet» klingen.

Zu jeder Dur-Skala gibt es eine parallele Moll-Skala – sie besteht aus demselben Tonmaterial, sie fängt nur zwei Töne tiefer an. Zu C-Dur gehört also A-Moll.

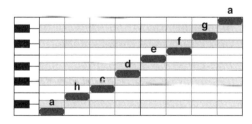

A-Moll-Tonleiter

Analog zur Dur-Tonleiter kann man nun auch auf der Moll-Tonleiter Harmonien aufbauen, die Sache ist geringfügig komplizierter, weil man die Mollskala manchmal abwandelt und dadurch auch andere Akkorde erhält. Trotzdem kann man sagen, dass ein fast identischer Tonvorrat mit fast denselben Harmonien hier eine ganz andere Stimmung erzeugt – nur weil das tonale Zentrum woanders liegt.

Dur und Moll sind uns als musikalische Kategorien so in Fleisch und Blut übergegangen, dass sie auch der Laie sofort erkennt. Die beiden heißen nicht umsonst «Tongeschlechter» – es handelt sich um polare Gegensätze. Sie haben die Kirchentonarten weitgehend verdrängt, die auf den anderen fünf Tönen der Grundskala aufbauen und einen irgendwie dazwischen changierenden Charakter haben. Die westliche Musik hat sich weitgehend für die Polarisierung zwischen den beiden Geschlechtern entschieden. Dur wird dabei meist als «fröhlich», «hell» und «klar» charakterisiert, Moll als «traurig», «dunkel» und «weich».

Und meistens treffen diese Charakterisierungen sehr gut zu, hier ein paar Beispiele aus dem Songkatalog der Beatles: *Ob-la-di, ob-la-da, Here Comes the Sun, When I'm sixty-four* stehen in Dur, *Eleanor Rigby* oder *Come Together* in Moll. Die Beatles sind aber auch ein Beispiel dafür, dass Dur durchaus melancholisch klingen kann: Ihr am häufigsten nachgespielter Song, *Yesterday*, steht in Dur, ebenso wie die Hymne *Let it Be*. Und einige Beatles-Stücke wechseln bewusst zwischen den Tongeschlechtern, etwa *Fool on the Hill* oder *Norwegian Wood*, bei denen jeweils die Strophe in Dur gesetzt ist und der Refrain in Moll. Ganz ähnlich gingen übrigens die Barock-Komponisten vor, die Moll-Stücke gerne auf einem hellen Dur-Dreiklang enden ließen.

Fälle, wo Dur durchaus traurig klingt, findet man im klassischen deutschen Lied (etwa *Am Brunnen vor dem Tore*). Umgekehrt kann Moll auch ganz anders klingen, als das Klischee es vorgibt – wenn schon nicht direkt fröhlich, dann doch energiegeladen und vorwärtstreibend. Fast das gesamte Hardrock- und Punk-Genre bedient sich eher des Moll- als des Dur-Dialekts, und *London Calling* von The Clash ist nun alles andere als eine in sich gekehrte traurige Weise.

Aufgebrochen ist die Polarität von Dur und Moll in der westlichen Musik nur im Blues und in den davon abgeleiteten Rock-Dialekten. Die Terz im Blues, ursprünglich aus Afrika kommend, liegt ja irgendwo zwischen groß und klein, und entsprechend kann man sie mal mit einem Dur- und mal mit einem Moll-Akkord begleiten. Wird der Blues auf die Skala der festgelegten Intervalle projiziert, dann findet man oft das Phänomen, dass die Melodie die kleine Terz verwendet und die Begleitung die große. Um wieder ein Beispiel aus dem Beatles-Œuvre anzuführen: Bei Rock-'n'-Roll-Songs wie *Can't Buy me Love* ist das so.

Ansonsten aber halten wir Dur und Moll geradezu für natürlich. Der Dur-Akkord sei «die eingebaute, vorherbestimmte Universalie» und der «gemeinsame Ursprung» aller Musik, hat der berühmte Dirigent und Komponist Leonard Bernstein einmal gesagt. Tatsächlich kann man die drei Töne des Dur-Dreiklangs aus der Obertonreihe ableiten – der 4., 5. und 6. Teilton einer schwingenden Saite bilden einen solchen Dreiklang. Große Schwierigkeiten macht aber bei diesem Ansatz der Moll-Dreiklang. Er kommt eben nicht in der natürlichen Obertonreihe vor, und lange Zeit haben die Musiktheoretiker mit mäßigem Erfolg versucht, auch seine «Natürlichkeit» irgendwie herzuleiten. Das schlagendste Argument gegen diese angeblich natürlichen Klänge ist aber, dass sie in der Musik anderer Kulturen nicht vorkommen und von den Mitgliedern dieser Kulturen auch nicht «verstanden» werden. Jedenfalls dann nicht, wenn sie ihr nicht eine ganze Weile ausgesetzt gewesen sind.

So muss das Urteil über diese harmonischen Grundbausteine unserer westlichen Musik letztlich lauten: Sie sind, wie unsere Tonleitern auch, eine Erfindung der jüngeren Geschichte. Allerdings eine geniale Erfindung, die eine Explosion der Kreativität freigesetzt hat.

«Neue Musik»

Sicher kennen Sie den «Hurz!»-Sketch von Hape Kerkeling. Der Komiker versteckt sich hinter Bart und Perücke und wird als polnischer Tenor angekündigt, der zusammen mit einem Pianisten experimentelle «moderne» Musik zum Besten gibt, sie gipfelt in schrillen «Hurz!»-Schreien Kerkelings. Lustiger als die schauspielerische Leistung des Komikers ist die Reaktion des offenbar bildungsbürgerlichen Publikums: Man sieht Ratlosigkeit und auch Zweifel, ob denn diese Darbietung ernst gemeint ist – aber wie im Märchen von des Kaisers neuen Kleidern wagt es keiner, aufzustehen und den Schwindel zu offenbaren. Man könnte sich ja entlarven als jemand, der keine Ahnung von Kunst hat!

Die «klassische» Musik ist etwa seit dem Beginn des 20. Jahrhunderts zu einem Minderheitenprogramm geworden. Sie hat mit vielen Hörgewohnheiten gebrochen, für manche Ohren mit zu vielen. Die Menschen pilgern immer noch in Konzerte der Komponisten aus dem 17., 18. und 19. Jahrhundert, die später komponierte Musik wird nur von einem Publikum von Spezialisten gehört, was in vielen Fällen schade ist. In das Vakuum, das die durchaus populäre Musik aus Barock, Klassik und Romantik hinterlassen hat, stieß die «U-Musik», also Schlager, Musical und Pop. Der Grund dafür ist meiner Meinung nach nicht der eine oder andere schräge Ton, sondern dass die «Neue Musik» es oft nicht schafft, die Gefühle der Hörer anzusprechen. Manche Komponisten scheinen eine geradezu panische Angst davor zu haben, «niedere» Gefühle beim Hörer zu bedienen. Aber Gefühl ist genau das, was die Menschen in der Musik suchen.

Emotionen sind «Motivationsverstärker», die uns die Evolution mitgegeben hat, damit wir mit unserem Handeln unser Überleben sichern (siehe Seite 153). Das heißt nicht, dass es in jeder konkreten Situation dem Überleben dient, wenn wir unseren Gefühlen nachgeben – man kann auch zu viel essen oder den falschen Sexualpartner erwischen. Das ist das Dilemma mit den Gefühlen: Sie fordern kurzfristige Befriedigung, obwohl sie aufs langfristige Überleben des Individuums zielen.

Musik ist ein «positiver Gefühlsverstärker». Sie erzeugt und vergrößert angenehme Gefühle, die unangenehmen kann sie mildern. Sie wirkt direkt auf die Lust- und Belohnungszentren des Gehirns. Und aus vielen Tierversuchen weiß man: Wenn man zum Beispiel Ratten eine Möglichkeit gibt, Hormonausschüttungen im Gehirn gezielt herbeizuführen, etwa durch Drogen, dann tun sie das ununterbrochen. Die Glückshormone können süchtig machen. Und so ist es kein Wunder, dass Menschen Musik als eine ungefährliche Form des Gefühls-Dopings nutzen. Das muss ja nicht gleich zu Trance-Zuständen führen wie bei den wilden rituellen Tänzen, die es in vielen Völkern gibt. Wir nehmen auch mit kleinen Dosen vorlieb, die wir uns über Kopfhörer verabreichen, um den grauen Alltag ein bisschen bunter zu gestalten.

Kann man etwas dagegen haben? Offenbar ja, sonst hätte sich der amerikanische Musikwissenschaftler David Huron 2004 nicht veranlasst gesehen, unter dem Titel *The Plural Pleasures of Music* eine «Verteidigung des ‹Lustprinzips› in der Musik» zu verfassen.

Huron schreibt damit an gegen eine Sicht der Musik, die von vielen Komponisten des 20. Jahrhunderts vertreten wurde. Die wollten mit ihrer Musik keine gefühligen Klänge liefern, es ging ihnen vielmehr um einen rein «ästhetischen» Musikgenuss, der sich auf einer höheren, eher geistigen und abstrakten Ebene abspielt. So, wie in dieser Zeit die Gegenständlichkeit aus der Malerei vertrieben wurde, so wurde aus der Musik all das gestrichen, was unter Umgehung des Intellekts auf uns wirkt: simple Rhythmen, eingängige Harmonien, die guten alten Tonleitern, schließlich jedes tonale Zentrum überhaupt. Die Zwölftonmusik von Arnold Schönberg trieb die Gleichheit zwischen den Tönen so weit, dass kein Ton wiederholt werden durfte, wenn nicht zuvor auch die elf anderen erklungen waren.

Insbesondere nach der Katastrophe des Zweiten Weltkriegs glaubten viele ästhetische Theoretiker, man könne nicht mehr «einfach so» Musik machen, so wie man auch nicht mehr «einfach so» Gedichte schreiben könne. Und sie glaubten tatsächlich, durch diese Entsinnlichung der Musik auch den Massengeschmack beeinflussen zu können. Der oben schon erwähnte Theodor W. Adorno war überzeugt, dass ständige «Innovation» notwendig sei, und diese Vorstellung, schreibt der Romanautor Daniel Kehlmann in einem Aufsatz, führte ihn zu der Voraussage, in wenigen Jahren würde Schönbergs Musik auf der Straße gepfiffen werden.

Adorno hasste Jazz, aber dort fand ab den 50ern eine ähnliche Entwicklung statt: Zunächst wurden Rhythmen, Melodik und Harmonien immer komplexer, dann predigte der Free Jazz auch hier die Auflösung von harmonischen und tonalen Strukturen. Einzig der Puls als rhythmische Basis ließ sich aus dem Jazz nicht vertreiben – sonst wäre es kein Jazz mehr gewesen.

Natürlich ist es einfach, über die mittlerweile auch schon angestaubte «Neue Musik» zu spotten. Aber ich glaube tatsächlich, dass die Ergebnisse der Hirnforschung in den letzten Jahren klarmachen, dass Musik auf die Dauer kein Massenpublikum finden wird, wenn sie sich völlig von den Gesetzen der fest verdrahteten Musik-Schaltkreise unseres Gehirns lösen will. «Wir können keine Musik machen», schreibt David Huron, «die nicht die Maschinerie des menschlichen Vergnügens anspricht, und erwarten, dass die Menschen die Musik auf irgendeine mysteriöse Art und Weise unwiderstehlich finden.» Der Komponist Karlheinz Stockhausen sagte einmal: «Neue Musik erzeugt neue Gefühle.» Da irrte er wohl – die Gefühle sind seit Tausenden von Jahren dieselben.

Das heißt nun nicht, dass es eine irgendwie «natürliche» Musik gäbe, die diese Gefühle anspricht. Das ist Unsinn. Die meisten Hirnforscher, die sich mit Musik beschäftigen, sind selber Musiker und haben schon von daher wenig Freude an seichten Klängen, die nur Bekanntes wiederholen. Musik wird fad, wenn sie lediglich opportunistisch das Harmoniebedürfnis des Zuhörers erfüllt. «Musik ist interessant, wenn sie begründet ist in dem, was wir kennen, und andererseits etwas Neues bringt», sagt Stefan

Koelsch von der University of Sussex. Mit einem «aufgeschlossenen Geist» könne man sich auch ganz fremde Tonwelten erschließen, die nichts mehr mit dem zu tun haben, auf das man als Kind geeicht worden ist. Etwa Zwölftonmusik, aber auch die Musik eines balinesischen Gamelan-Orchesters.

Die Dialektik zwischen Konsonanz und Dissonanz betont auch der Musikwissenschaftler Herbert Bruhn von der Universität Flensburg. «Harmonie ist einfacher wahrzunehmen als Disharmonie – das ist die Schlussfolgerung aus der neuesten Konsonanzforschung», sagt Bruhn. «Auf den Konsonanzen ruhen wir uns gewissermaßen aus. Unsere Dreiklänge bestehen aus Intervallen, die der Kopf als besonders gut zueinanderpassend auffasst.» Mit etwas Übung könne sich das Gehirn auch die sogenannte atonale Musik «zurechthören», aber die heutige klassische Kunstmusik habe sich weit entfernt von den Hörgewohnheiten der Masse. Die Diffamierung der Harmonie durch die Komponisten des vergangenen Jahrhunderts sei eine Fehlentwicklung. «Die wirkliche moderne Musik unserer Zeit ist die Musik, die aus Rock und Pop entstanden ist», sagt Bruhn. «Sie arbeitet mit universell verständlichem Material und erreicht deshalb Menschen in aller Welt.»

Ein regelrechter Fan der neutönenden Musik ist dagegen der Hannoveraner Musikermediziner und Hirnforscher Eckart Altenmüller. Auf dem «Wien Modern»-Festival 2008 hat er dem Publikum zusammen mit dem Flötisten Michael Schmid drei hochkomplexe Stücke des zeitgenössischen Komponisten Brian Ferneyhough nahezubringen versucht. «Solche Musik hört kaum jemand, weil sie komplex ist und man sich mit ihr befassen muss. Aber wenn man das macht, dann ist es richtig schön.»

Die musikalischen Umwälzungen der letzten Jahrhunderte haben die Hörgewohnheiten auch der musikalischen Laien gewaltig verändert. Intervalle und Akkorde, die noch vor 200 Jahren als dissonant galten, hören sich für unsere Ohren manchmal schon schnulzig an. Im Kino halten wir uns nicht die Ohren zu, wenn die

Begleitmusik ins Atonale geht – eher merken wir auf und zittern vor dem Übeltäter, der gleich um die Ecke kommt. Wir haben uns an diverse musikalische Dialekte gewöhnt, an Jazz, Bossa Nova und moderne Neutönerei. Uns ist es gelungen, auch diese Musiken mit unserem von der Evolution geprägten Gefühlsapparat zu verbinden – und der ist seit Jahrtausenden praktisch derselbe geblieben. Eine Musik, die uns nur intellektuell anspricht, kann auf die Dauer keinen Erfolg haben. Und es ist keine Abwertung der Musik, wenn der Hörer ihr nicht nur andächtig lauscht, sondern sie auch gezielt für seine emotionale Hygiene einsetzt. «Ich höre Musik, um mich zur Ruhe zu bringen oder mich wieder zu beleben oder gut drauf zu kommen», sagt Stefan Koelsch und hat dabei überhaupt kein schlechtes Gewissen.

Und gute Musiker wissen, wie sie diese Gefühle bei uns auslösen. Das ist eine Technik – so wie der Schauspieler, der den verzweifelten Hamlet spielt, nicht verzweifelt sein muss, so muss auch der Sänger nicht verliebt sein, um ein Liebeslied zu singen. Er weiß, wie er die «emotionalen Knöpfe» beim Zuhörer drückt. Und weil er ja selbst seine Musik auch hört, bringt sie ihn an guten Tagen automatisch in die richtige emotionale Verfassung, da hat er es viel leichter als der Schauspieler.

Paul McCartney hatte noch keinen Text, als er *Yesterday* komponierte, er improvisierte mit den Worten *scrambled eggs* (Rührei) – aber die emotionale Kraft des Songs war wahrscheinlich schon da. Zum Glück hat er noch die Zeilen gefunden, die das Lied abrunden.

7. The Logical Song
Die Grammatik der Musik

> Music is a world within itself,
> with a language we all understand.
> *Stevie Wonder, «Sir Duke»*

Schauen Sie mal, was Sie alles wissen:
«In unserem (d. h. dem westlichen) musikalischen Idiom besteht die Menge der musikalischen Töne aus einer endlichen Gruppe von Tonhöhen, die in etwa den Tönen einer Klavier-Tastatur entsprechen. Außerdem wird im Allgemeinen nur eine kleine Teilmenge dieser Tonhöhen in einem gegebenen Stück verwendet, nämlich die aus einer bestimmten musikalischen Skala. Die in der populären westlichen Musik gebräuchlichste Skala ist die diatonische Skala, die sieben Töne enthält, die sich in Oktavabständen wiederholen. Die Struktur dieser Skala ist festgelegt und asymmetrisch in Bezug auf den Tonabstand. Sie besteht aus fünf ganzen und zwei halben Tonschritten. Die Skalentöne sind nicht gleichberechtigt und um einen zentralen Ton herum organisiert, die sogenannte Tonika. Gewöhnlich beginnt und endet ein Stück auf der Tonika. Unter den anderen Skalentönen gibt es eine Hierarchie der Wichtigkeit oder Stabilität, wobei der fünfte Skalenton – der oft die Tonika ersetzt – und der dritte Skalenton enger mit der Tonika in Beziehung stehen als die anderen. Zusammen bilden die Tonika, der dritte und der fünfte Ton etwas, das man den Dur-Dreiklang nennt, und der ist ein starker Hinweis auf die Tonart. Die restlichen Skalentöne haben eine schwächere Beziehung zur Tonika, und die Nicht-Skalentöne haben die schwächste Beziehung; letztere werden oft als ‹fremde› Töne wahrgenommen.»

Das ist ein Zitat der kanadischen Musikforscherin Isabelle Peretz. Sie müssen das nicht alles verstehen – aber glauben Sie mir, diese grundlegenden musikalischen Regeln haben auch Sie verinnerlicht, ohne sie je explizit gelernt zu haben. Jedenfalls dann, wenn Sie im westlichen Kulturkreis aufgewachsen sind (oder zumindest unter dessen Einfluss).

Kurz gesagt steht in dem Absatz, dass unsere westliche Musik auf Tonleitern mit sieben Tönen beruht, unter denen einer das tonale Zentrum eines Musikstücks ist. Man kann die Liste dieser Regeln beliebig erweitern: Zum Beispiel erwarten wir, dass das Stück einem regelmäßigen Metrum folgt, dass die Pulse dieses Metrums in gleich lange Gruppen von meist zwei, drei oder vier eingeteilt sind. Regeln gibt es auch für jedes Genre: Beim Popsong erwarten wir, dass eine Strophe 16 oder 32 Takte hat, Ausnahme: er basiert auf dem Blues, dann hat ein Chorus 12 Takte. Auch wenn Sie das bisher nicht wussten – gefühlt haben Sie es, insbesondere dann, wenn Musiker gegen diese ungeschriebenen Gesetze verstoßen und eine Bluesstrophe einmal 13 Takte lang ist.

In dieser Hinsicht ähnelt die Musik sehr der Sprache. Die Regel Nr. 1164 aus dem Grammatik-Duden lautet:

«Im Satz stimmen Subjekt und Finitum hinsichtlich der grammatischen Zahl, des Numerus, im Allgemeinen überein.»

Auch diese Regel müssen Sie nicht verstehen, Sie beachten sie automatisch, indem Sie bei der Bildung eines Satzes das Verb so beugen, dass es zum Subjekt passt: Sie sagen «Die Rose blüht» und «Die Rosen blühen». Lesen oder hören wir dagegen den Satz «Die Rosen blüht», dann wissen wir, dass er falsch ist, ohne dass wir die Regel je ausdrücklich gelernt haben. Wir haben sie sozusagen mit der Muttermilch aufgesogen (es heißt ja auch «Muttersprache») und beherrschen sie souverän.

Das Lernen dieser Regeln geht beim Erwerb der Muttersprache ganz anders vonstatten als später, wenn wir Fremdsprachen lernen und tatsächlich grammatische Regeln pauken müssen. Wie kompliziert unsere Sprache ist, merken wir Deutschen oft erst dann, wenn Ausländer an ihr verzweifeln und uns nach der korrekten Form fragen. Manchmal können wir dann schnell aus unserem Sprachgefühl eine Regel konstruieren, oft aber auch nicht. Oder können Sie erklären, warum es heißt «Er wohnt in einem großen Haus»? Wäre «in einem großem Haus» nicht viel logischer? Weil es auch in der Musik offenbar implizite, gelernte Regeln gibt, die uns das Gehörte als «richtig» oder «falsch» erscheinen lassen, sprechen die meisten Musikforscher heute von einer Grammatik der Musik. Und wie in der Sprache ist es offenbar so, dass man diese Regeln lernt, indem man der Musik ausgesetzt wird, es ist kein jahrelanges Studium dazu erforderlich. Zwar gibt es komplexe Regelwerke dafür, wie man korrekt komponiert (und die sind auch noch je nach Musikstil und Epoche höchst unterschiedlich), aber die braucht ein Laie nicht, um zu hören, ob ein Stück entsprechend den Regeln von Zeit und Genre gesetzt ist.

Die Biologie der Erwartung

Dass die Noten in einer Melodie nicht willkürlich aufeinanderfolgen, soll ein kleines Beispiel verdeutlichen. Auf Seite 107 ist die Melodie des Kinderlieds *Alle meine Entchen* abgebildet. Ich habe nun mehrere zufällige Melodien konstruiert, und zwar nach folgenden Vorgaben: Alle bedienen sich derselben Tonleiter (C-Dur) wie das Original. Alle beginnen und enden auf dem Grundton C. Alle haben denselben Rhythmus wie das Kinderlied und wiederholen Töne da, wo es *Alle meine Entchen* auch tut. Ansonsten habe ich die Töne nach dem Zufallsprinzip verteilt, sie also praktisch durch Würfeln ermittelt.

Hier ist eines der Ergebnisse, Sie können die neuen Melodien auch online anhören: 🔊

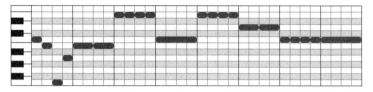

Alle meine Entchen, mal anders

Auch wenn Sie diese Melodien jetzt nicht hören können – glauben Sie mir, sie klingen seltsam. Es handelt sich offenbar um eine Art von Musik. Die Töne klingen auch vertraut, und durch ihre Auswahl und den eindeutigen ersten und letzten Ton bekommt man auch eine Orientierung, glaubt sich in einem gewissen Tonraum zu befinden. Aber wie «richtige» Musik klingt es trotzdem nicht. Ich habe zwar beim «Komponieren» einige Regeln eingehalten, aber offenbar auch gegen sehr wichtige andere Regeln verstoßen. Gegen welche?

In den letzten Jahren haben Psychologen einige Versuche durchgeführt, um herauszufinden, was westliche Hörer erwarten, wenn sie eine Melodie hören, und auch statistisch untersucht, wie Melodien tatsächlich verlaufen. Ein paar Regeln, die sie dabei herausgefunden haben und die sich gut am Beispiel von *Alle meine Entchen* demonstrieren lassen:

- Kleine Tonschritte sind häufiger als große. In dem Kinderlied geht die Melodie zunächst achtmal nur um einen Ton herauf oder herunter – dann erst kommt ein Sprung von zwei Tönen und am Schluss einer von vier Tönen.
- Bewegt sich die Melodie schrittweise in eine Richtung, dann tendiert sie auch dazu, diese Richtung beizubehalten. In diesem Beispiel geht es fünfmal aufwärts, dann dreimal abwärts, bevor die Melodie die letzten beiden Sprünge macht. Ständige «Richtungswechsel» gibt es eigentlich nur bei trillerartigen Melodien, etwa Beethovens *Für Elise*.
- Melodien haben oft eine Bogenform: Die Gesamtkontur bewegt

sich von unten langsam zu einem Höhepunkt und sinkt dann wieder auf die Anfangshöhe ab – auch hier ist *Alle meine Entchen* ein perfektes Beispiel.

Das alles sind natürlich nur sehr grobe Regeln, keine von ihnen gilt absolut. Eine Melodie, die *nur* aus kleinen Tonschritten besteht, ist eher langweilig – oder seltsam: Das Thema des bekannten *Hummelflugs* von Rimski-Korsakow, eines wilden und anspruchsvollen Klavierstücks, bewegt sich nur in Halbtonschritten und sorgt so für die Illusion einer kontinuierlichen Bewegung, die gar keine diskreten Zwischenstufen hat. Selbst schnelle Auf- und Abwärtsbewegungen werden so aufgelöst, es entsteht tatsächlich der Höreindruck eines summenden Insekts – das Stück ist einzigartig gerade durch seinen Verstoß gegen die Konvention.

Wie aber kommt es, dass wir manche Melodien für stimmig halten und andere nicht? Wie kommen die musikalischen Regeln in den Kopf? Die Antwort auf diese Frage: Es ist letztlich alles Statistik. Was wir oft hören, finden wir irgendwann vertraut, was wir selten hören, wird aus dem Repertoire der «korrekten» Musik getilgt. Man kann es sich vorstellen wie einen verschneiten Wald: Den kann man auf verschiedene Weise durchlaufen, aber sobald einmal jemand eine Spur im Schnee hinterlassen hat, folgen andere dieser Spur, sie wird zu einem breiten Weg. Und am Schluss bleiben statt der vielen möglichen Parcours durch den Wald nur wenige Wege übrig.

Für Melodien wurde diese Hypothese im Jahr 1999 in einem eindrucksvollen Experiment von Jenny Saffran und Richard Aslin an der amerikanischen University of Rochester bestätigt. Die Wissenschaftler erzeugten zunächst ein Repertoire von sechs melodischen Figuren, die je aus drei Tönen bestanden (siehe Abbildung). Die Figuren waren bewusst keine geläufigen Sequenzen wie etwa Dreiklänge. Ganz zufällig waren sie aber auch nicht – manche Töne kamen häufig vor, andere seltener.

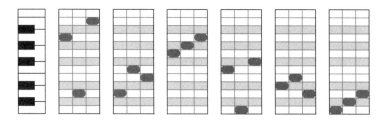

Die unmusikalischen «Atome» des Experiments von Saffran und Aslin

Aus diesen Elementen wurde dann in zufälliger Manier eine sieben Minuten lange Tonsequenz zusammengesetzt, und zwar so, dass keine der Figuren zweimal hintereinander kam (um eine offensichtliche Wiederholung zu vermeiden). Ich habe eine solche zufällige Sequenz selbst erzeugt, Sie können sich auf der Website eine Minute davon anhören! 🔊
Versuchen Sie nicht, die Töne in Dreiergruppen zu hören – die Versuchsteilnehmer wussten nicht, wie die Sequenz entstanden war. Sie werden feststellen, dass diese Notenfolge überhaupt nicht nach Musik klingt. Und dass man die Probanden für diesen Versuch wirklich bezahlen sollte (obwohl ich schon die Sinustöne des Originals durch ein Klavier ersetzt habe). Haben Sie nach einer Minute das Gefühl, dass Sie manche Figuren wiedererkennen?

Die Teilnehmer des Versuchs hörten sich diese Sequenz dreimal hintereinander an. Wohlgemerkt: Die Sequenz war eine kontinuierliche Abfolge von Noten, die Dreiergruppen wurden nicht besonders herausgehoben, es gab keine Pausen dazwischen oder besondere Betonungen. Den Teilnehmern wurde auch nicht gesagt, wozu das alles gut war – sie sollten einfach nur zuhören.

Danach kam eine Testphase: Die Probanden hörten 36 Paare von Drei-Ton-Figuren, von denen eine zu den sechs Elementarphrasen der gehörten Tonsequenz gehörte, und sollten entscheiden, welche ihnen vertrauter vorkam. Das Ergebnis war eindeutig: In weit mehr als der Hälfte der Fälle identifizierten die Teilnehmer korrekt die Tonfolge, die zu ihrem «Melodienbaukasten» gehörte.

Ein besonderer Witz bei dem Versuch: Die jeweils andere Figur gehörte zu einem zweiten Baukasten von Elementarmelodien, mit denen eine andere Probandengruppe trainiert worden war. Die machte denselben Test – und identifizierte genauso sicher «ihre» Tonfiguren als vertraut.

Bei den Versuchspersonen war das abgelaufen, was man «statistisches Lernen» nennt. Es ist die einzige Lernmethode, die Säuglingen zur Verfügung steht. Die müssen ja eine Sprache lernen, ohne dass man sie ihnen mit Sprache erklären kann. Die «Babysprache» von Erwachsenen erleichtert ihnen das (siehe Seite 33), aber trotzdem ist die Lernaufgabe immens.

Auch beim Sprachlernen geht es darum, aus einem kontinuierlichen Fluss von akustischen Signalen durch eine «Segmentierung» die sinntragenden akustischen Partikel herauszufiltern. Das ist insbesondere deshalb so schwer, weil die Grenzen zwischen den Silben nicht vorgegeben sind. Wenn ein Baby zum Beispiel die Kette «mamamamama» hört – ist die immer wiederkehrende Silbe darin «ma» oder «am»? Die Antwort kann nur die Statistik geben: Wenn das «ma» auch in Zusammenhang mit anderen Silben öfter auftaucht, dann bekommt es auf die Dauer den Vorzug gegenüber «am».

Dieselben Forscher, die ihren Testpersonen die aus sechs Phrasen bestehende «Musiksprache» beibrachten, hatten das vorher schon erfolgreich bei Babys mit einer künstlichen Sprache ausprobiert. Und auch die statistische Musik-Konditionierung funktionierte bei acht Monate alten Babys zuverlässig.

Ein Sinn für die Zukunft

Sprache und Musik sind Sinneseindrücke, die sich in der Zeit abspielen. Anders als bei einem Bild hat man bei einem Musikstück nie einen Gesamteindruck, sondern immer nur einen momentanen, die zukünftige Entwicklung ist unklar. Oder zumindest häufig unklar – es gibt ja auch Stücke, die wir schon tausendmal gehört haben und von denen wir jede Note kennen. Die haben den Reiz des Vertrauten: Sie erfüllen zuverlässig unsere Erwartungen, und das macht uns ein gutes Gefühl.

«Antizipation» nennt man die Vorwegnahme von Erfahrungen, und der Musikpsychologe David Huron sieht darin das wesentliche Element von Musik. Er hat ein ganzes Buch mit dem Titel *Sweet Anticipation* darüber geschrieben, eine scharfsinnige Analyse, wie Erwartungen unser Musikhören steuern.

Für Huron haben Erwartungen fast den Rang eines eigenen Sinns: Sie sind ein «Zukunftssinn». Auf geradezu visionäre Weise sind wir in der Lage, uns Vorstellungen von Ereignissen zu machen, die noch gar nicht stattgefunden haben. Und wenn sie dann entsprechend diesen Vorstellungen eintreffen, dann befriedigt uns das. Schon Babys haben zum Beispiel ein angeborenes Gefühl für Schwerkraft, sie erwarten, dass ein Ball nach unten fällt – und lässt man ihn etwa in einem Video nach oben fallen, reagieren sie verstört.

Evolutionär gesehen liegt der Nutzen dieses «Zukunftssinns» auf der Hand: Ein Lebewesen, das zutreffende Voraussagen machen und sich darauf einstellen kann, hat einen klaren Überlebensvorteil gegenüber einem anderen, für das alle Geschehnisse aus heiterem Himmel kommen. Wer aus dem Rascheln im Unterholz schließt, dass gleich der Säbelzahntiger hervorbricht, der kann sich frühzeitig aus dem Staub machen – der Kollege, der das Signal nicht richtig deutet, wird leichter zum Abendessen des Raubtiers.

Und in diesem evolutionären Sinn mögen wir Überraschungen überhaupt nicht. Sie sind ja ein Zeichen dafür, dass unsere Annahmen über die Zukunft falsch waren, dass unser Zukunftssinn nicht funktioniert hat. In der rauen Umwelt früherer Zeiten konnten Überraschungen tödlich sein. Deshalb reagieren wir auf sie mit Alarmreflexen: Wir stellen uns entweder auf Flucht ein, oder wir mobilisieren unsere Kräfte zum Angriff, oder, dritte Möglichkeit, wir verfallen in eine Starre wie das sprichwörtliche Kaninchen vor der Schlange.

Musik, sagt David Huron, ist nun ein ideales Mittel, diesen Zukunftssinn spielerisch zu trainieren. Eine Überraschung in der Musik, die uns kurzfristig stutzen lässt und uns vielleicht sogar einen Schauer den Rücken herunterjagt, ist nicht lebensgefährlich. Kurz nach dem Schock sagen wir uns: Immer mit der Ruhe, es passiert ja nichts. Sozusagen eine umzäunte Spielwiese, auf der das Gehirn trainieren kann, ohne dass Fehler bestraft werden.

Damit sich der Zukunftssinn ausbildet, ist er mit einem Belohnungssystem gekoppelt: Nicht nur, dass falsche Vorhersagen Alarm auslösen – die korrekten führen zur Ausschüttung von Lusthormonen. Und das heißt für die Musik: Wir lieben es, wenn unsere Vorhersagen eintreten. Wir sind entzückt, wenn nach dreimal «um-ta-ta» wieder ein kräftiges «um» von der Basstrommel gespielt wird. Das ist das «Lustprinzip», mit dem ich Huron im vorigen Kapitel zitiert habe: die Lust am Gewohnten.

Die steckt auch hinter unserer erstaunlich guten Fähigkeit, uns bekannte Musik zu identifizieren. Unser Gehirn gleicht das Gehörte ab mit dem, was es bereits kennt, und wünscht sich nichts sehnlicher, als möglichst schnell einen Treffer zu finden. Dass das mit Originalaufnahmen, die über die volle Klangfarben-Information verfügen, in Bruchteilen von Sekunden geht, habe ich in Kapitel 5 schon beschrieben. Aber auch das Erkennen von Melodien, die uns lediglich einstimmig auf dem Klavier vorgespielt werden, geht erstaunlich schnell vonstatten.

David Huron hat ein Experiment gemacht, bei dem er den Probanden einige ihnen wohlbekannte Melodien vorspielte. Zunächst nur den ersten Ton – da konnte es noch *jede* Melodie sein. Dann den ersten und den zweiten Ton, dann die ersten drei Töne und so weiter. Nach jedem Durchgang durften die Probanden raten, um welche Melodie es sich handelt. Drei Beispiele habe ich hier aufgelistet: Beethovens *Für Elise*, den Hochzeitsmarsch aus Wagners *Lohengrin* (wird bei praktisch jeder amerikanischen Hochzeit gespielt) und *O Tannenbaum*. Über den Noten steht jeweils, welcher Prozentsatz der Hörer das Stück bis dahin erkannt hat.

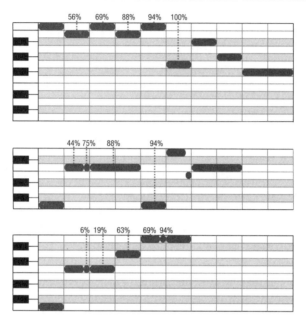

Das bedeutet: Nach nur zwei Tönen erkennen 56 Prozent der Testpersonen das Thema von *Für Elise*! Interessant ist auch der Vergleich der beiden anderen Lieder: Sie stimmen ja in den ersten vier Tönen überein, auch rhythmisch (ist Ihnen das schon mal aufgefallen?), aber der Hochzeitsmarsch wird viel schneller erkannt. Ein Grund könnte sein, dass die Probanden den Hochzeitsmarsch nach eigenen Angaben im letzten Jahr fünfzehnmal gehört hatten, *O Tannenbaum* nur achtmal. Das ist wieder ein Beleg dafür, dass allein das häufige Hören unser Wiedererkennungssystem prägt. Ich weiß nicht, zu welcher Jahreszeit David Huron den Versuch gemacht hat, möchte aber fast wetten, dass es nicht im Dezember war.

Unsere geradezu süchtige Orientierung am schon Bekannten

relativiert auch den Begriff des eigenständigen künstlerischen Werks. Schon weil das Gehör durch das Gehörte geprägt wird, kann kein Komponist von sich behaupten, sozusagen aus dem Nichts etwas völlig Neues zu schaffen. Neue Kompositionen sind zu einem Gutteil auch ein «Remix» der Hörerfahrungen, die der Komponist gemacht hat, und nur wenige gehen wirklich radikal darüber hinaus und prägen einen neuen Stil. In vergangenen Zeiten war die mündliche Tradierung von Musik ohnehin der einzige Weg der Verbreitung, jeder Musiker bediente sich aus dem Vorrat des Bestehenden und fügte etwas Eigenes hinzu, sei es eine neue Textstrophe oder eine neue musikalische Wendung. Erst seit Musik in Noten fixiert und von Verlagen vertrieben wird, hat man das Urheberrecht in Paragraphen gegossen, und so muss man nicht nur für das Absingen von *Happy Birthday* Tantiemen zahlen. Manchmal müssen sich sogar Gerichte mit der Frage beschäftigen, was an einem Lied neu ist und was «gestohlen». So entschied das Landgericht München Anfang 2009 nach achtjährigem Rechtsstreit, dass das schmachtende Gitarrenthema des Welthits *Still Got The Blues*, das Gary Moore 1990 komponiert hat, ein Plagiat des Stücks *Nordrach* der unbekannten schwäbischen Band Jud's Gallery aus dem Jahr 1974 ist.

Moore beteuerte bis zuletzt seine Unschuld, allerdings konnte rekonstruiert werden, dass er sich in den 70ern viel in Bonn aufgehalten und wahrscheinlich sogar ein Konzert der deutschen Band besucht hatte. Und so kann es sein, dass beide Prozessparteien recht haben: die klagende Band, weil Moores Hit tatsächlich auf ihrer eingängigen Melodie beruht – und der Weltstar, weil er das Plagiat gar nicht bewusst begangen hat. Unser enormes musikalisches Gedächtnis und unser Faible für das Bekannte führen zu ständigen Urheberrechtsverletzungen des musikalischen Geistes.

Die These, dass wir in der Musik vor allem eine Bestätigung unserer Erwartungen suchen, wird einige Musikfans vielleicht erst einmal erstaunen. Ist die Musikindustrie nicht geprägt von der Jagd nach dem immer Neuen? Nach neuen Stars und Sternchen, nach dem nächsten Hit? Sind die eingefleischtesten Enthusiasten nicht immer auf der Suche nach der heißesten Newcomer-Band, nach dem neuesten Sound?

Wohl wahr – aber der Zwang zur ständigen Rotation in den Hitparaden ist zunächst einmal ein wirtschaftlicher. Tatsächlich bieten die Plattenfirmen ihren Kunden zu 99 Prozent mehr von dem an, was sie schon mögen: die neue Platte des schon bekannten Sängers, der – Gott bewahre! – möglichst keine stilistischen Experimente macht, sondern die in ihn gesetzten Erwartungen bedient. Künstler wie Neil Young, Joni Mitchell oder Prince haben schon Ärger mit ihren Labels bekommen, weil ihre neuesten Aufnahmen nicht dem Stil entsprachen, den das Publikum angeblich erwartete. Die Radiosender spielen zunehmend nur noch «die größten Hits der 80er, 90er (und das Beste von heute)».

Die meisten Laien hören auch irgendwann auf, den neuesten Trends zu folgen, und richten sich in ihrem musikalischen Lieblingsgenre gemütlich ein (siehe Seite 234). Und die Fans der klassischen Musik erfreuen sich an einem Kanon von Kompositionen, der in den letzten hundert Jahren kaum ergänzt worden ist.

Aber natürlich hat die Überraschung ihren Platz in der Musik. Wir wollen beim Training unseres Zukunftssinns ja auch herausgefordert werden. Musik, die alle Erwartungen zuverlässig bedient, ist langweilig und allenfalls als Fahrstuhl- oder «Ambient»-Musik einsetzbar.

Musiker haben unterschiedliche Mittel, für Überraschungen zu sorgen, ihnen stehen dazu alle Parameter der Musik zur Verfügung: Melodie, Rhythmus, Harmonie, Klangfarbe. Als Bob Dylan beim Newport Folk Festival 1965 seine akustische Gitarre gegen eine elektrische tauschte, vom Folk zum Rock wechselte und damit seinen Sound entscheidend veränderte, erregte das großes Aufsehen, ein Teil seiner alten Fans wollte diese Abkehr vom Gewohnten nicht nachvollziehen und wandte sich von ihm ab. Die Beatles verletzen in ihren Songs ständig Konventionen: metrische in *Yesterday* (das Thema hat die krumme Zahl von sieben Takten),

190

melodische (*For No One* endet nicht auf dem Grundton, sondern auf der 5. Stufe), harmonische (der Dur-Akkord der 4. Stufe wird häufig gegen einen Moll-Akkord ausgetauscht, etwa in *Michelle*).

In der klassischen Musik ist der sogenannte Trugschluss ein beliebtes Mittel, den Hörer kurzfristig an der Nase herumzuführen: Statt zum Grundakkord führt die harmonische Wendung zum parallelen Moll-Akkord (zum Beispiel A-Moll statt C-Dur), das Stück kann damit noch nicht enden, und so folgt eine weitere Kadenz von Harmonien bis zum erlösenden Grundakkord.

Solche Kadenzen, also harmonische und melodische Wendungen, haben selbst die simpelsten Kompositionen. Jede Harmonie, die nicht dem Grundakkord entspricht, führt weg vom Gleichgewicht, sie macht deutlich: Hier kann das Stück nicht aufhören, es muss irgendwie weitergehen. Manche dieser Harmonien und manche Melodien erzeugen besonders stark das, was die Musiker «Spannung» nennen, eine Situation, in der der Hörer sich nach einer Auflösung sehnt. Der siebte Ton der Dur-Tonleiter, einen halben Ton unter der Oktave des Grundtons gelegen, heißt «Leitton», weil er fast unweigerlich zum erlösenden Grundton hinführt. Harmonisch hat der Dominantseptakkord eine solche Funktion, das ist der Durakkord auf der 5. Stufe, angereichert mit der kleinen Septime – so ein Akkord muss es gewesen sein, den Mozart auf dem Klavier gespielt hat, um seinen Vater zu quälen. Musiker verzögern an solchen Stellen, insbesondere bei den Schlusswendungen klassischer Stücke, gern ihr Spiel und steigern so die Spannung, bis der erlösende Grundton das Stück «nach Hause» bringt und die ultimative Erwartung des Hörers erfüllt.

David Huron hat die Psychologie der Erwartung in eine Theorie gefasst, die er ITPRA nennt (von den englischen Wörtern *imagination, tension, prediction, response* und *appraisal*). Eine Theorie, die nicht nur für die Musik gilt, aber insbesondere dafür anwendbar ist:

I: In der Imaginationsphase stellen wir uns vor, wie eine Situation ausgehen könnte, imaginieren die Gefühle, die das bei uns auslösen würde, und die möglichen Reaktionen darauf.

T: Die Spannung steigt. Unser Körper bereitet sich auf mögliche Reaktionen vor (Flucht? Angriff?), die Muskeln werden angespannt, allgemein steigt unsere Aufmerksamkeit.

P: Nachdem das Ereignis eingetreten ist, bewerten wir unsere Vorhersage: War sie korrekt, oder ist alles ganz anders gekommen? Entsprechend ist die emotionale Antwort positiv oder negativ.

R: Nun gilt es zu reagieren. Die erste Reaktion ist spontan und unbewusst, also zum Beispiel das Aufstellen der Nackenhaare oder ein Fluchtreflex. Wir können sie nicht steuern, und es ist sehr schwierig, einmal gelernte Reflexe wieder abzulegen.

A: Erst mit einer gewissen Verzögerung bewerten wir die Situation und kommen zum Beispiel zu der Einschätzung, dass eigentlich alles ein blinder Alarm und der Fluchtreflex völlig überzogen war. In dieser Phase lernen wir auch für die Zukunft, sie bestimmt letztlich, wie wir das gesamte Ereignis emotional bewerten.

So können wir zum Beispiel eine Achterbahnfahrt, während der wir tausend Ängste auszustehen hatten, letztlich als lustvoll beurteilen – «Nochmal!», ruft das Kind. Und natürlich gilt für die Musik praktisch immer, dass das Hörerlebnis im Nachhinein als aufregend, aber ungefährlich bewertet wird.

Was folgt aus der Theorie der Erwartung für Musiker und Komponisten? Dass sie gut daran tun, die Mechanismen zu verstehen, die sie bei ihren Hörern auslösen. Es muss ja nicht das Ziel der Musik sein, «gute» Gefühle zu erzeugen. Ein großer Teil der Musik des 20. Jahrhunderts war, nicht zuletzt durch die katastrophalen Erfahrungen zweier Weltkriege, auch darauf gerichtet, ein gewisses Unwohlsein auszulösen, «negative» Emotionen, unaufgelöste Spannungen. Das darf Kunst natürlich – sie darf schocken, ängstigen, sogar beleidigen. Und natürlich sind die Erwartungen des Publikums nichts Statisches: allein dadurch, dass man gewissen Klängen ausgesetzt ist, fügt man sie seinem inneren «musikalischen Lexikon» hinzu, und beim nächsten Hören sind sie schon gar nicht mehr so fremd. Die Vorstellung allerdings, man könne das Publikum musikalisch umerziehen und dazu bringen, Zwölftonmusik auf der Straße zu pfeifen, muss irrig bleiben, dazu ist unsere biologische Sucht nach der Erfüllung unserer Erwartungen einfach zu groß.

Das grammatische Gehirn

Wie das Gehirn auf Verletzungen der musikalischen Grammatik reagiert, kann man auch direkt an den Hirnströmen ablesen. Die Pionierarbeit auf diesem Gebiet hat ein deutscher Wissenschaftler geleistet, Stefan Koelsch.

Koelsch, der damals schon ein Musikstudium abgeschlossen hatte, kam 1997 als Student der Psychologie zu einem Praktikum ans Max-Planck-Institut für Kognitions- und Neurowissenschaften in Leipzig. Dessen Direktorin Angela Friederici ist Spezialistin für die Neurokognition der Sprache und hatte schon lange nach jemandem gesucht, der entsprechende Experimente auch zur Verarbeitung von Musik im Gehirn machen könnte.

Friederici hatte seit Jahren untersucht, wie die Gehirne von Probanden auf «ungrammatische» Sätze reagieren. Sobald in einem Text, der ihnen vorgelesen wurde, eine syntaktische Regel verletzt war, schlug das EEG schnell und deutlich sichtbar negativ aus. Etwa bei dem Satz «Die Gans wurde im gefüttert». Der Satz ist nicht entsprechend den uns bekannten Regeln gebildet, und das Gehirn reagiert bei dem Wort «gefüttert», das nicht in den Satz passt, innerhalb einer Zehntelsekunde mit einem Ausschlag, den die Hirnforscher ELAN nennen *(early left anterior negativity)*. Er ist in der linken Hirnhälfte lokalisiert. Länger brauchen wir, um

Verletzungen der Semantik, also der Bedeutung von Sätzen, zu erkennen: «Er bestrich sein Brot mit Socken» – da dauert es nach dem Wort «Socken» etwa vier Zehntelsekunden, bis das Gehirn gegen den semantischen Unsinn protestiert, der charakteristische Zacken im EEG wird mit N400 bezeichnet. Koelsch erwartete, dass es solche Reaktionen auch beim Musikhören geben müsste. Als Musiker kannte er die grundlegenden Regeln der abendländischen Musik, er war vertraut mit der Grammatik, der auch die Harmonien eines Stücks folgen. Seinen Versuchspersonen spielte er Folgen von Klavierakkorden vor, die einen sogenannten neapolitanischen Akkord enthielten: einen Dreiklang, der von der ursprünglichen Tonart recht weit entfernt ist. Er klingt nicht immer falsch – in allen Epochen seit dem Barock war er ein Stilmittel der Komponisten –, aber doch ungewohnt. Und am Ende eines Stückes ist er einfach unlogisch.

Die Beispiele von Koelsch zeige ich ausnahmsweise einmal als Noten. Auch wer nur oberflächliche Notenkenntnisse hat, sieht an den vielen Vorzeichen, dass die Neapolitaner-Akkorde aus der eigentlichen Tonart der Kadenz herausfallen. Und Sie können sich die Passagen im Internet anhören. ◀))

Das erste Notenbeispiel ist eine normale, harmlose Kadenz. Im zweiten Beispiel steht der Neapolitaner an dritter Stelle, das ist schon ziemlich ungewöhnlich. Und im dritten Beispiel steht er am Schluss der Sequenz, und das geht uns völlig gegen den Strich.

Der Praktikant Koelsch begann zu messen, und bald wurde klar: Das menschliche Gehirn reagiert auf musikalische Regelverletzungen ganz ähnlich wie auf sprachliche, er konnte deutliche Ausschläge im EEG messen. Nur ließ sich diesmal der negative Zacken in der rechten Gehirnhälfte lokalisieren, spiegelverkehrt gegenüber dem Broca-Areal, in dem die ELAN bei ungrammatischen Sätzen lokalisiert wurden. Deshalb heißt er ERAN (für *early right anterior negativity*).

Koelschs Arbeitsgruppe fand nicht nur heraus, dass Menschen offenbar einen Sinn für die harmonischen Strukturen von Musik

«Normale» Kadenz

Neapolitaner an der dritten Stelle

Neapolitaner am Schluss

haben. Es erwies sich auch, dass fast jeder von uns diesen Sinn besitzt, auch wenn er sich selbst für unmusikalisch hält. «Wenn wir diesen Menschen auf dem Bildschirm zeigen, wie sie auf musikalische Stimuli reagieren», erzählt Stefan Koelsch, «dann sind einige echt von den Socken.» Sein Lieblingsbeispiel ist ein Proband, der nach diesen ermunternden Resultaten beschloss, sich einen lange gehegten Traum zu erfüllen und ein Instrument zu erlernen. Inzwischen tritt er mit großem Spaß öffentlich mit einer Band auf.

Koelschs Methode ist inzwischen ins Standardrepertoire der Hirn-Musikforschung aufgenommen worden. Das EEG ist nicht nur schneller als bildgebende Verfahren, es ermöglicht auch, kleine Kinder zu untersuchen, denen man keine Fragen zu den gehörten Musikbeispielen stellen kann. Und so haben die Musikforscher mit diesem Verfahren, aber auch mit fMRI-Bildern vom ganzen

Gehirn inzwischen eine sehr gute Vorstellung davon, in welchem Alter wir welche Teile der musikalischen Grammatik verinnerlicht haben.

Schon neugeborene Babys sind offenbar «vorverdrahtet» für die Verarbeitung gewisser musikalischer Strukturen. Im Jahr 2008 schoben Daniela Perani und Maria Cristina Saccuman von der Universität Mailand Babys, die noch keine drei Tage alt waren, in einen fMRI-Scanner. Die Forscher hatten sogar Schwierigkeiten, passende Kopfhörer zu finden, und mussten auf Spezialanfertigungen für Affenversuche zurückgreifen.

Die Babys bekamen drei Arten von musikalischen Stimuli zu hören: erstens «Musik», genauer gesagt klassische Klaviermusik aus dem 18. und 19. Jahrhundert. Zweitens «verschobene Musik», die bestand aus denselben Klavierstücken, bei denen einzelne Takte um einen halben Ton nach oben verschoben waren. Das klingt für erwachsene Ohren sehr irritierend, es ist musikalisch völlig unplausibel. Und drittens «Dissonanz» – die Töne der rechten Hand waren um einen Halbton nach oben verschoben, sodass sie mit denen der linken Hand nicht mehr zusammenpassten. Das klingt äußerst schief, hören Sie sich die Beispiele einmal an! ◀))

Den Babys wurden nun zwei siebenminütige Sequenzen vorgespielt, in denen sich die Tonbeispiele immer mit stillen Passagen abwechselten. Also Musik – Stille – veränderte Musik – Stille – Musik ... Die «veränderte Musik» war entweder immer die verschobene Version oder die dissonante.

Im Scan wurde dann beobachtet, welche Hirnregionen aktiv wurden. Und das Ergebnis war sehr interessant: Bei «Musik» wurden vorwiegend Regionen in der rechten Hirnhälfte aktiv, von denen bekannt ist, dass sie bei musikalischen Reizen Tonhöhe und Klangfarbe verarbeiten. Offenbar traf die Musik also bei den Babys auf ein «offenes Ohr». Die «veränderte Musik» dagegen aktivierte diese Hirnregionen weniger, stattdessen wurden Regionen auf der linken Seite aktiv. Zwischen «verschobener Musik» und «Dissonanz» war kein signifikanter Unterschied feststellbar.

Die Wissenschaftler schlossen daraus: Babys sind schon bei der Geburt aufnahmefähig für Musik. Interessant für die Frage nach der musikalischen Grammatik ist der Versuch mit der verschobenen Musik. Die war ja nicht in sich dissonant, sondern wanderte auf «unmusikalische» Art durch die Tonarten. Und man kann das Ergebnis so interpretieren, dass bei der Geburt schon ein rudimentärer Sinn für ein «tonales Zentrum» vorhanden ist – und wenn das fehlt, merkt das Gehirn das.

So, wie Kleinkinder noch jede Sprache lernen können, sind sie auch noch offen für jede musikalische Kultur. Lernen besteht in den ersten Lebensjahren vor allem aus dem Wegwerfen von Fähigkeiten, die das Kind offenbar nicht mehr braucht. «Wenn Sie in China aufwachsen, dann verlieren Sie die Fähigkeit, Phoneme in dem Reichtum zu produzieren, wie wir sie hier in Europa produzieren», sagt Stefan Koelsch. «Wenn Sie dagegen in Europa aufwachsen, dann verlieren Sie die Fähigkeit, Tonhöhenänderungen von Silben so wahrzunehmen, wie Chinesen das tun.» In asiatischen Sprachen kann ein Wort verschiedene Bedeutungen haben, je nachdem, in welcher Melodie es gesprochen wird, in Europa nicht.

Parallel zur sprachlichen Entwicklung gibt es auch eine musikalische: Das Spektrum der Tonhöhen, das ja zunächst stufenlos ist, wird langsam «ausgedünnt», nur die Tonhöhen bleiben übrig, die in der eigenen Kultur verwendet werden. Das passiert schon in den ersten Lebensjahren. Aber wann entsteht ein Verständnis für die musikalische Syntax? Bis jetzt ging man davon aus, dass Kinder erst mit sechs Jahren einen Sinn für die harmonischen Wendungen der europäischen Musik entwickeln (und wohlgemerkt: Diese Harmonik gibt es erst seit ein paar hundert Jahren). Stefan Koelsch dagegen ist überzeugt, dass die Grundlagen dieser westlichen Musik-Grammatik schon vorher ausgebildet werden. «Wir sehen das schon bei zweieinhalbjährigen Kindern – was uns vermuten lässt, dass die schnellen und automatischen musiksyntaktischen Verarbeitungsprozesse mit etwa zwei Jahren beginnen.»

Das würde auch bedeuten, dass sie praktisch parallel verlaufen mit der Entwicklung der sprachlichen Grammatik. Und in Versuchen haben Koelsch und seine Kollegen schon festgestellt, dass bei Fünfjährigen mit Sprachentwicklungsstörungen auch die Musikverarbeitung beeinträchtigt ist. «Daraus lässt sich fast schließen, dass, wenn die Kinder Beschäftigung mit Musik gehabt hätten, sie Sprachstörungen überhaupt gar nicht erst bekommen hätten», sagt Stefan Koelsch. «Es ist viel billiger, mit Kindern frühzeitig Musik zu machen, als anschließend die Kosten einer Sprachtherapie zu bezahlen.»

Der Erwerb von Musik und Sprache hängt also eng zusammen, und Musikunterricht kann helfen, auch die Sprachentwicklung voranzubringen. Was nichts zu tun hat mit dem berüchtigten «Mozart-Effekt», mit dem wir uns in Kapitel 9 noch beschäftigen werden.

Über die allmähliche Verfertigung der Gedanken beim Musizieren

Es gibt Menschen, die kochen größere Mahlzeiten grundsätzlich nur nach Rezept. Sie verfügen über eine ansehnliche Sammlung von Kochbüchern, von Bocuse bis Biolek, und genießen es, ein umwerfend leckeres Gericht nach ihrem Lieblingsrezept zuzubereiten. Dazu gehört der Einkauf gemäß einer detaillierten Einkaufsliste und die Vorbereitung aller Küchengeräte. Am besten «übt» man das Rezept einmal, bevor man es Gästen auftischt – sicher ist sicher.

Andere Menschen kochen eher spontan: Sie kaufen so ein, dass immer ein gewisser Grundstock an Nahrungsmitteln da ist, und wenn die Essenszeit naht, greifen sie in Regal und Kühlschrank und kombinieren das, was sie finden, zu einem spontan erdachten Abendessen.

Beide haben eine Menge Spaß dabei. Die Rezept-Kocher bereiten wahrscheinlich die etwas ausgefeilteren Menüs zu, bei den Spontankochern entsteht dafür oft etwas überraschend Neues (es gibt natürlich auch die dritte Sorte von Köchen, die sich mit drei verschiedenen Gerichten über den Monat retten und weder raffiniert noch kreativ ihre Nahrung zubereiten). Aber selbst den Rezeptkochern kann es passieren, dass unangemeldet Besuch vor der Tür steht. Dann heißt es improvisieren. Auch wenn sie das Diner noch so gern lange vorausgeplant hätten – hier fallen die Planung einer Aktion und ihre Ausführung zeitlich praktisch zusammen.

In verschiedenen Bereichen unseres Lebens nimmt die Improvisation mal einen größeren, mal einen kleineren Raum ein. Gesprochene Sprache zum Beispiel ist weitgehend improvisiert. Wer spricht schon in auswendig gelernten, fertigen Sätzen? Natürlich verfügt jeder über einen Fundus an Geschichten, die er schon öfter einmal erzählt hat. Onkel Otto mag ein Repertoire an Witzen haben, die er immer wieder zum Besten gibt (was Tante Emma dann aufstöhnen lässt: «Nicht schon wieder!»). Trotzdem ist wahrscheinlich die konkrete Formulierung jedes Mal eine andere. Onkel Otto improvisiert also in diesem Fall in einem relativ eng gesteckten Rahmen, der Inhalt seiner Witze ist schon klar, er muss nur noch Wort an Wort reihen. Aber auch in «freieren» Gesprächen greifen wir immer wieder zu Versatzstücken, seien es einzelne Sprachfloskeln oder auch kleine Geschichten, die wir in unsere Rede einfließen lassen.

Frei sprechen zu können ist eine beeindruckende Fähigkeit: Während wir auf den Fluss unserer Ideen achten müssen, wacht eine Instanz gleichzeitig darüber, dass wir das nach den Regeln der Grammatik in Worte umsetzen. Gerade im Deutschen sind die Sätze ja oft so verschachtelt, dass am Ende noch das Verb eines Satzes nachklappert, den wir innerlich längst abgeschlossen haben. Oft reden wir sogar schon los, ohne dass wir wissen, worauf der Satz gedanklich hinausläuft (der Titel dieses Unterkapitels ist eine

Anspielung auf einen Aufsatz von Heinrich von Kleist). Trotzdem sprechen praktisch alle Menschen grammatisch korrekt (was nicht dasselbe ist wie druckreif – die Grammatik von Umgangs- und Schriftsprache ist durchaus verschieden).

In vielen Teilen der Welt wird auch analog zur spontanen Sprache musiziert. Es gibt ein Repertoire von überlieferten Liedern und Stücken, aber jeder Musiker fügt dem stets etwas Eigenes hinzu.

In der klassischen europäischen Musik dagegen hat sich ein anderes Muster herausgebildet: Musiker lernen, einen Kanon von vorgegebenen Stücken zu reproduzieren, und zwar möglichst originalgetreu, Note für Note. Der Kern des Repertoires stammt aus dem 17. bis frühen 20. Jahrhundert, neue Stücke kommen nur selten dazu. Natürlich ist dieser Katalog riesig, kein Musiker wird je alle Stücke beherrschen, die für sein Instrument geschrieben worden sind – aber seltsam begrenzt ist die Sache schon. Klassische Musik kocht nur nach Rezept. Allenfalls die sogenannten Kadenzen am Ende eines Solokonzerts (die haben nichts mit den weiter oben erwähnten Akkordkadenzen zu tun) sind eine Gelegenheit für den Musiker, ein paar Solo-Läufe zu spielen und damit seine Virtuosität zu demonstrieren. Doch diese Kadenzen werden selten frei gespielt, und oft liefert der Komponist sie schon in den Noten mit.

Wer nur streng nach Rezept kocht, der neigt dazu, nicht nachzudenken über das, was er da tut. Kommt in den Teig ein halber Teelöffel Salz oder ein halber Esslöffel? Das muss man nicht wissen, wenn man immer das Kochbuch vor der Nase hat – aber beim Improvisieren ist derjenige aufgeschmissen, der nie die Vorgaben hinterfragt hat, die das Kochbuch macht. In der Ausbildung klassischer Musiker wird fast ausschließlich Wert darauf gelegt, dass sie die in Noten gegossenen musikalischen Ideen anderer reproduzieren. Ihr persönlicher Stil liegt in der Interpretation dieser Noten, nicht in der Entwicklung eigener Melodien und Harmonien. Sie mögen zwar auch einiges an Theorie lernen, darüber, wie man Stimmen setzt und welchen harmonischen Gesetzen Musik genügt, aber sie sind nie gefordert, diese abstrakten Kenntnisse unmittelbar in Musik umzusetzen, ohne Bedenkzeit und ohne die Möglichkeit der Wiederholung. Ein paar Ausnahmen gibt es – zum Beispiel die venezolanische Pianistin Gabriela Montero, die in ihren Konzerten gern das Publikum auffordert, ihr ein Lied vorzusingen, zu dem sie dann improvisiert. Es existiert ein Video eines Konzerts von ihr in der Kölner Philharmonie, bei dem sie eine hinreißende jazzige Interpretation des rheinischen Bläck-Fööss-Hits *M'r losse d'r Dom en Kölle* spielt.

Ich habe es schon öfters erlebt, dass hervorragende klassisch ausgebildete Musiker völlig aufgeschmissen waren, wenn sie aufgefordert wurden, zu einer Begleitung eine Melodie zu erfinden. Sie stehen dann da mit hochrotem Kopf und wissen nicht vor und zurück.

Andere von ihnen haben die musikalischen Regeln so weit verinnerlicht, dass sie wissen, welcher Ton zu welchem Akkord passt, und sie sind in der Lage, dieses Wissen schnell umzusetzen. Wenn die dann ein Solo zu einem Jazzstück spielen sollen, arbeitet ihr analytisches Gedächtnis permanent auf Hochtouren, und sie spielen passable Melodien, die scheinbar allen Regeln der Kunst genügen – und trotzdem rümpfen die eingefleischten Jazzer die Nase, weil dem Spiel das Feeling abgeht, ein schwer zu definierender Begriff.

Gute Jazzmusiker machen nämlich bei der Improvisation das Gegenteil des ehrgeizigen Kopf-Musikers – sie lassen die Selbstkontrolle weitgehend fahren. Das jedenfalls legt eine Studie nahe, die Charles Limb und Allen Braun von den National Institutes of Health in den USA mit Jazzpianisten gemacht haben. Es war gar nicht so einfach, es den Musikern zu ermöglichen, im Inneren eines fMRI-Scanners ihr Instrument zu spielen. Da man keine magnetisierbaren Metallteile mit in die Röhre nehmen darf, wurde ein Spezial-Keyboard eingesetzt, das keine solchen Metalle enthält. Ein Computer, der außerhalb der Röhre stand, erzeugte dann die gesampelten Klaviertöne, die den Musikern über Kopfhörer zugespielt wurden.

Im Scanner spielten die Pianisten beim ersten Mal vorgegebenes Material – eine Jazzmelodie, die sie ein paar Tage vorher eingeübt hatten –, beim zweiten Mal durften sie frei improvisieren. Die Forscher konnten einen deutlichen Unterschied der Hirnmuster des freien und des vorgegebenen Musizierens erkennen. Beim Improvisieren waren zunächst einmal alle sensomotorischen Areale des Gehirns, die am Musizieren beteiligt sind – vor allem also die Motorik und das Hörzentrum –, aktiver als sonst. Offenbar versetzte das Gehirn alle beteiligten Zentren in erhöhte Aufmerksamkeit, um für alle Eventualitäten gerüstet zu sein. Die wichtigste Erkenntnis war aber, dass große Partien im präfrontalen Kortex beim Improvisieren *weniger* aktiv waren. Das sind just jene Regionen, die bewusst die Aktivität planen und kontrollieren. Das passt gut zu den Erzählungen von Musikern, die von «Flow»-Erlebnissen beim Improvisieren berichten: Die einzelnen Noten werden nicht mehr geplant, der Geist gerät in einen tranceartigen Zustand, bei dem er eins wird mit der Welt und die Dinge nur noch geschehen lässt.

Allerdings muss man betonen, dass es sich bei den sechs Versuchspersonen um professionelle und erfahrene Jazzmusiker handelte. Würde man einem Anfänger, der das Improvisieren lernen will, den Rat geben: «Schalte einfach die Kontrolle ab und lass die Musik fließen!» – dann würde da wahrscheinlich überhaupt nichts fließen. Die laienhafte Vorstellung, dass Improvisieren darin bestünde, sich völlig spontan irgendwelche beliebigen Noten auszudenken, ist weit von der Wirklichkeit entfernt. Im Mainstream-Jazz improvisiert man immer *über* das Thema (die Hauptmelodie) des Songs, meist ein wohlbekannter Standard. Diese Melodie ist das Ausgangsmaterial für die Improvisation, die man auf verschiedenste Weise bearbeiten kann: einzelne Phrasen herausgreifen und wiederholen, sie rhythmisch verfremden und umkehren. Daneben gibt es regelrechte Kataloge mit Jazz-Phrasen (sogenannte «Licks»),

202

die der angehende Improvisator durcharbeitet und immer wieder in allen zwölf Tonarten wiederholt. Gemäß der Theorie vom statistischen Lernen sorgt das dafür, dass langsam ein Repertoire von «grammatisch korrekten» Jazzphrasen entsteht, die man dann beliebig kombinieren kann. Und selbst wenn der Musiker weder auf das Thema noch auf eine abgespeicherte Phrase zurückgreift, sind die Noten nicht völlig beliebig: Im Jazz gibt es eine ausgefeilte Theorie der Skalen, die zu den jeweiligen Harmonien des Stückes passen und die von Takt zu Takt wechseln. Auch diese Skalen paukt der Schüler, bis sie so automatisiert sind, dass schon das Erklingen einer Harmonie die Finger auf dem Saxophon oder Klavier in die richtige Stellung bringt.

Erst durch das jahrelange Üben entsteht so eine Souveränität, die das bewusste Nachdenken über Töne und Akkorde überflüssig macht. Das kann man durchaus mit anderen Fähigkeiten vergleichen, die wir zunächst mühselig lernen müssen, die uns aber später in Fleisch und Blut übergehen – etwa das Autofahren: Eine geübte Fahrerin denkt auch nicht mehr daran, dass sie jetzt die Kupplung kommen lassen muss, sie kann sich sogar locker mit dem Beifahrer unterhalten, während der autofahrende Teil ihres Gehirns völlig im «Flow» ist.

Aber selbst dem erfahrensten Jazz-Musiker passiert es, dass er danebengreift und einen falschen Ton spielt. Was dann? Der gängige Ratschlag ist: Jetzt keine Panik bekommen. Im Gegenteil – wiederhole die Phrase, die zu dem falschen Ton geführt hat, *einschließlich* dieses Tons. Vielleicht sogar noch ein drittes Mal. Auch hier gilt das Argument der Statistik, diesmal wirkt es beim Zuhörer. Für den klingt die Phrase beim ersten Mal fremd und falsch, beim zweiten Mal ist schon ein Pfad im Gedächtnis angelegt, der jetzt verfestigt wird. Und aus dem Eindruck «Der spielt doch falsch!» wird umgekehrt die Lehre: «Oh, das scheint doch zu stimmen, dann lag wohl der Fehler bei mir!» Kann man als Musiker einen Fehler eleganter aus der Welt schaffen, als dass man dem Zuhörer den Schwarzen Peter zuschiebt? Klassische Musiker beneiden Jazzer oft um diese Freiheit – wenn sie bei Beethoven danebenlangen, dann ist das einfach nur falsch, und es wird auch durch Wiederholung nicht richtiger.

Die Musikmaschine

Wenn Musik eine Grammatik besitzt, also gewissen Regeln gehorcht, dann liegt die Frage nahe, ob sich nicht viele musikalische Prozesse per Computer automatisieren lassen. Schließlich ist der Computer ein Meister im Abarbeiten von Prozessen, die von Regeln definiert werden. Kann also nicht so schwer sein.

Das ist natürlich ein Trugschluss. Die Künstliche Intelligenz (KI) ist noch lange nicht so weit, dass man den Computer als einen kreativen Musiker bezeichnen könnte – auch wenn er aus der heutigen Musikproduktion nicht mehr wegzudenken ist.

Der Computer hat den Umgang mit Musik auf ganz ähnliche Weise beeinflusst wie den mit der Sprache – und die Probleme sind ebenfalls durchaus vergleichbar. Deshalb werde ich in den nächsten Absätzen immer wieder die Parallele ziehen. In der Frühzeit der Künstlichen Intelligenz hielt man es für eine Sache weniger Jahre, bis ein Computer Sprache verstehen und übersetzen könnte. Schaut man sich die Internet-Übersetzungen an, die man heute bei Google oder Babelfish bekommt, dann wird klar, dass das Problem 50 Jahre später noch lange nicht befriedigend gelöst ist. Immer wieder mussten die Techniker erkennen, dass gerade die Aufgaben, die uns als Menschen leichtfallen, für Computer ungeheuer schwer zu lösen sind. Und umgekehrt – was wir schwer finden, ist für Computer leicht: Sie können in Sekundenbruchteilen zwei 17-stellige Zahlen miteinander multiplizieren, kaum ein Mensch schafft das ohne technische Hilfsmittel. Offenbar ist das Rechnen keine besondere Spezialität unseres Gehirns. Andersherum kann man den Schluss ziehen: Wenn es den Technikern

fast unüberwindliche Proleme bereitet, eine menschliche Geistesleistung in ihren Maschinen nachzuvollziehen, dann handelt es
sich um etwas, das in unserem Gehirn in Hunderttausenden von
Evolutionsjahren sozusagen fest vorverdrahtet wurde. Sei es das
Erkennen von Gesichtern, das Verstehen von Sprache – oder eben
unser Sinn für Musik.

Deshalb gehe ich hier etwas ausführlicher auf die Entwicklung
der Computertechnik im Zusammenhang mit Musik ein – zeigt
uns doch jedes Scheitern der Programmierer immer wieder, wie
unglaublich unser Musiksinn ist.

Scheitern ist vielleicht ein etwas starkes Wort – sowohl Sprache
als auch Musik werden heute routinemäßig mit Computerhilfe bearbeitet. Sämtliche Medien sind heute voll digitalisiert und damit
dem Computer zugänglich. Schauen wir uns die Fähigkeiten der
Rechner genauer an.

Aufnahme: Technisch unterscheidet sich die Aufnahme von
Sprache und Musik nicht wesentlich. Es wurden und werden dieselben Systeme eingesetzt – von der Wachsrolle über die Schallplatte und das Tonband bis zur heutigen volldigitalen Aufnahmetechnik. Aber die Auswirkungen, die die Digitalisierung auf
die Musik hatte, waren viel umstürzender. Noch vor 40 Jahren
bestand eine Schallplattenaufnahme im Wesentlichen darin, dass
man ein Orchester oder eine Band in ein Studio brachte, sie ihre
Musik vorführen ließ und versuchte, das so originalgetreu wie
möglich aufzunehmen. Natürlich konnte man Schnitte machen –
was damals tatsächlich bedeutete, das Band an der entsprechenden
Stelle zu zerschneiden – und nachher den Klang noch ein bisschen
veredeln, aber das war es auch schon.

Das änderte sich, als in den 60er Jahren die Künstler begannen, das Tonstudio als ein eigenständiges «Instrument» anzusehen,
mit dem sie ihre Musik gestalteten. Es ging nicht mehr darum,
das Live-Erlebnis abzubilden, sondern man schuf ganz neuartige
Kunstwerke. Zwei Alben sind Meilensteine dieser Entwicklung:
Sgt. Pepper's Lonely Hearts Club Band von den Beatles und *Pet*

Sounds von den Beach Boys (im Wesentlichen von Brian Wilson aufgenommen, während der Rest der Band auf Tour war). Beide Alben erschienen 1966 und waren bahnbrechend für den weiteren Weg der Popmusik. Man experimentierte mit diversen Geräuschen, aber auch mit der technischen Bearbeitung bekannter Klänge. Der Schlussakkord des letzten Songs von *Sgt. Pepper, A Day in the Life,* wird von fünf Musikern auf drei Klavieren gespielt, aber um ihn besonders lange klingen zu lassen, wurden die Aufnahmeregler während der Aufnahme immer weiter hochgezogen, sodass der Ton viel länger klingt und etwas Unwirkliches bekommt. Am Schluss sind die Mikrophone so empfindlich, dass man Atmer, Papierrascheln und, wie einige sagen, sogar die Klimaanlage des Studios hören kann.

Dieses Gesamtkunstwerk wurde mit der sogenannten Vierspurtechnik aufgenommen – auf dem Band hatten vier parallele Aufnahmen Platz. Wollte man noch ein weiteres Instrument aufnehmen, musste man erst wieder zwei oder drei Spuren zusammenmischen und auf die vierte herüberkopieren. Das verlangte nicht nur nach einer minuziösen Planung des Aufnahmeprozesses, es verschlechterte auch die Tonqualität mit jeder Kopie. Heutige Musiker, auf deren Computern so viele Spuren Platz haben, wie die Festplatte fasst, können angesichts dieser vorsintflutlichen Technik nur den Kopf schütteln.

Heute ist jede Musikaufnahme, zumindest in der Popmusik, ein Puzzle aus unzähligen Spuren und Soundschnipseln. Jede Spur kann einzeln mit Effekten belegt werden (Hall, Echo und so weiter), man positioniert sie an einem präzisen Ort im Stereofeld und beseitigt, wenn nötig oder gewünscht, rhythmische und tonliche Unsauberkeiten. Und jeder dieser Schritte ist widerrufbar, weil die Originalaufnahmen erhalten bleiben. Gefällt dem Produzenten die ganze Sache am Ende nicht, kann man Tabula rasa machen und mit demselben Rohmaterial neu anfangen. Was die Beatles produziert hätten, wenn ihnen ein modernes Tonstudio zur Verfügung gestanden hätte, will man sich gar nicht vorstellen.

Toneingabe: So, wie wir sprachliche Texte über eine Tastatur in den Computer eingeben können, so gibt man auch über musikalische Tastaturen Töne in den Rechner. «Midi» nennt sich diese Technik, dabei werden keine Töne aufgezeichnet, sondern nur Ereignisse: Taste runter, Taste rauf, dazu noch die Intensität, mit der die Taste gedrückt wurde (das wird meist über die Geschwindigkeit ermittelt) und eventuelle Einsätze des Pedals. Man kann solche Midi-Daten auch am Computer «schreiben», ähnlich wie Noten.

Gegenüber der Aufzeichnung von tatsächlichen Tönen haben diese Midi-Daten den Vorteil, dass man sie immer wieder verändern kann, also zum Beispiel falsche Töne tilgen, die ganze Sache schneller oder langsamer machen. Und man kann mit ihnen nachher beliebige im Computer gespeicherte Instrumente ansteuern – vom Klavier über die Orgel bis zum ganzen Streicherensemble. Bläser und Streicher, die man auf Pop-Produktionen hört, sind heute in den seltensten Fällen noch «echt», sie kommen aus Midi-Dateien, die der Komponist zu Hause in seinen Computer eingegeben hat.

Auch das Live-Spiel eines Musikers kann man so aufnehmen, wenn der ein elektronisches Eingabeinstrument benutzt. Bei Tasteninstrumenten funktioniert das heute praktisch perfekt – die guten elektronischen Klaviere bestimmen zuverlässig die Anschlagstärke für jeden Ton, sodass der komplette Ausdruck des Spielers aufgenommen wird. Beim Schlagzeug ist es ähnlich, und auch für Blas- und Saiteninstrumente gibt es inzwischen gute elektronische «Interfaces», die die Nuancen der menschlichen Spielweise erfassen.

Tonausgabe: «Elektronische Vorleser», die Texte in gesprochene Sprache umsetzen, gibt es schon seit über 20 Jahren, aber sie klingen heute noch immer ziemlich maschinell. Ein Grund dafür ist, dass Schrift und Klang einander nicht eins zu eins entsprechen. Um eine synthetische Stimme zu erzeugen, muss man also alle möglichen Phoneme einer Sprache – das sind die kleinsten Lauteinheiten – einzeln aufnehmen, auch in unterschiedlichen Tonlagen, und nachher muss das Programm wissen, welche Phoneme aus seinem Baukasten es für welches Wort benutzen soll. In der Musik begann die künstliche Erzeugung von Tönen in den 50er und 60er Jahren mit den ersten Synthesizern. Das Wort «synthetisch» kennt man aus der Chemie, dort bezeichnet es das Zusammensetzen einer chemischen Verbindung aus ihren Grundelementen, und genau das taten die ersten Synthesizer: Sie kombinierten einfach zu erzeugende Signale wie Sinus- und Rechteckkurven zu komplexeren Sounds. Das waren wirklich bis dahin ungehörte Klänge. Manche Musiker waren so begeistert, dass sie auch klassische Musik mit diesen Synthesizern aufnahmen (zum Beispiel die holländische Band Ekseption oder die Platte *Switchedon Bach* von Walter Carlos). Das klingt für unsere Ohren heute arg antiquiert, ähnlich wie der Instrumentalhit *Popcorn* aus der damaligen Zeit.

Die frühen Synthesizer brauchten für jede Sinuswelle einen eigenen Tonerzeuger. Obertonreiche Signale, die den natürlichen Tönen ähneln, konnte man damit nicht erzeugen. Das änderte sich mit der Entwicklung der sogenannten FM-Synthese. Bei der werden mehrere Signale dicht beieinanderliegender Frequenzen überlagert, sodass sich ein komplexes Frequenzspektrum ergibt. Denkt man an den Sound typischer Disco-Stücke aus den späten 70er und frühen 80er Jahren, dann hat man die Yamaha-Synthesizer jener Zeit im Ohr, die diese Technik populär machten.

Ab den 80er Jahren verlagerte sich das Interesse von der Erzeugung künstlich klingender Sounds hin zur möglichst originalgetreuen elektronischen Rekonstruktion herkömmlicher Instrumente. Und man erkannte, dass man die viel besser in den Computer bekommt, wenn sie nicht synthetisiert, sondern «gesampelt» werden. Das Prinzip dabei ist, dass man etwa von einem guten Konzertflügel kurze Aufnahmen vieler Töne mit unterschiedlicher Anschlagstärke aufnimmt. Die elektronischen Midi-Signale werden dann in Töne umgesetzt, indem diese Samples abgespielt werden. So kann heute ein billiges elektronisches

Keyboard eine ganze Palette von hervorragenden Klavier- und Orgelmodellen wiedergeben. Schwieriger ist die Samplingtechnik bei Blasinstrumenten, weil die einen komplexeren Klang haben. Die Krone dieser Technik wäre eine menschliche Stimme, die beliebige Melodien mit beliebigen Texten in unterschiedlicher Ausdrucksweise «vorsingen» kann. Es gibt da schon einige beeindruckende Ansätze!

Töne «verstehen»: Für die Sprache gibt es Diktiersysteme, die fließend gesprochene Sprache in einen Text übersetzen. Dazu müssen sie insbesondere die Grenzen zwischen den Wörtern erkennen. Das klappt inzwischen ganz gut, wenn die Systeme auf einen Sprecher trainiert sind. Was noch nicht geht: auf der Straße Interviews mit verschiedenen Menschen zu führen und nachher vom Computer eine Textdatei mit den Antworten zu bekommen.

Ein entsprechendes System für die Musik würde aus einer aufgenommenen Tondatei eine Partitur mit den Noten erzeugen. In Kapitel 3 habe ich beschrieben, was für eine komplexe Aufgabe das für unser Ohr ist und dass es an ein Wunder grenzt, wie differenziert wir die Zutaten des Klangbreis, der unsere Ohren erreicht, wieder voneinander trennen können.

Computer sind uns da bis heute weit unterlegen. Es ist schon eine gewaltige Leistung, wenn ein Computerprogramm in der Lage ist, den Takt eines Stückes aus einer Audio-Datei zu extrahieren und sozusagen virtuell mit dem Fuß dazu zu wippen. Ein Programm, dem wir zum Beispiel befehlen können, den Leadgesang aus einem Song zu löschen, damit wir den Rest als Karaoke-Vorlage nutzen können, liegt noch in weiter Ferne (es gibt ein paar Tricks, mit denen man das bei manchen Aufnahmen tatsächlich schaffen kann, aber allgemein ist das Problem ungelöst). Es gibt immerhin Software, die die Töne einer einstimmigen Aufnahme voneinander trennen und in Noten umsetzen kann – das bei der Aufnahme eines Symphonieorchesters mit vielen sich überlagernden Stimmen zu tun, ist völlige Zukunftsmusik. Im Jahr 2008 stellte die Firma Melodyne immerhin das erste Computersystem vor, das zumindest rudimentär über die Fähigkeit verfügt, mehrere Stimmen auf einer Aufnahme voneinander zu trennen.

Ausdruck: Ein Roman, den wir lesen, kann uns eine ganze Welt eröffnen und unsere Gefühle in Wallung bringen. Wenn jemand uns den Text vorliest, bekommt die Geschichte noch eine weitere Dimension. Der Erfolg, den Hörbücher in den letzten Jahren hatten, ist nicht nur darauf zurückzuführen, dass die Menschen lesefaul sind – sie schätzen es auch, wenn ein guter Sprecher ihnen etwas vorliest, weil er die Wirkung des reinen Textes noch verstärkt. Auch wenn es viel billiger wäre: Für von einem Computer vorgelesene Bücher gibt es in absehbarer Zeit keinen Markt.

Bei Musik ist es klar, dass die Noten, die ein Komponist zu Papier bringt, nicht das ganze Stück sind. Nur wenige Menschen können eine Partitur lesen und dabei schon in ihrem Inneren zum Klingen bringen. Musik muss hörbar sein, damit wir sie genießen können. Die Partitur enthält zwar die musikalische Idee, auch die emotionalen Intentionen des Komponisten, aber zum Leben erweckt wird sie erst durch einen menschlichen Musiker. Das gilt jedenfalls für alle Musikstile diesseits von Techno-Musik, bei der die maschinelle Anmutung ja gewollt ist.

Was der Musiker der Komposition dazufügt, nennt man Ausdruck oder Interpretation. Woraus besteht dieser Ausdruck? Bei einem Gesangsstück gibt es kaum eine umfassende Antwort auf diese Frage – menschliche Stimmen sprechen unsere Emotionen schon allein mit ihrer Klangfarbe so intensiv an, dass manche Sänger gar nicht mehr viel tun müssen, um uns sozusagen direkt ins Herz zu treffen. Ich habe auf Seite 147 die Wirkung beschrieben, die Leonard Cohens Stimme auf mich hatte und hat, und diese Wirkung würde wahrscheinlich kaum gemindert, wenn er mir a cappella das Telefonbuch von Montreal vorsingen würde. Die menschliche Stimme hat so viele Dimensionen, dass ihr Ausdruck kaum systematisch zu erfassen ist.

Genauer kann man die Frage schon bei Klavierstücken beantworten. Ein Pianist, der vor einem guten Konzertflügel sitzt, hat ein Spektrum von Ausdrucksmöglichkeiten, das auf erstaunlich wenigen Parametern beruht. Nehmen wir an, er spielt die korrekten Noten in einem vorgegebenen Tempo – was kann er tun, um der Musik seinen persönlichen Touch zu geben? Und was davon kommt beim Publikum an? Der Klavierspieler kann die Lautstärke der Töne variieren, indem er beim Spielen die Tasten unterschiedlich stark herunterdrückt. Das heißt, jede einzelne Note bekommt einen Anschlagswert zugeordnet. Schaut man sich die aufgezeichneten Midi-Töne eines echten Pianisten an, so stellt man fest, dass eigentlich nie zwei Noten gleich laut sind. Es gibt große «Bögen» in der Lautstärke – sie schwillt über mehrere Noten hinweg an oder ab –, aber auch ganz individuelle Schwankungen, die einfach darauf beruhen, dass ein Mensch keine Maschine ist.

Der zweite Parameter, den der Pianist variieren kann, ist die Länge der Töne. Wenn auf dem Notenblatt eine Viertelnote notiert ist, dann kann das alles Mögliche bedeuten: Im extremen Staccato (das ist die klassische musikalische Anweisung für kurz angeschlagene Noten) klingt sie vielleicht nur so lang wie eine Zweiunddreißigstelnote, beim Legato kann die Note sogar länger sein als notiert – wenn der Künstler die Töne «überlappend» spielt, um sie besser aneinanderzubinden. In der Midi-Notation wird das berücksichtigt, weil zu jeder Note nicht nur ihr Anfang, sondern auch ihr Ende registriert wird, also der Moment, in dem der Pianist die Taste loslässt.

Und drittens gibt es den Rhythmus, der von Menschen nie so gleichmäßig wie von einer Maschine ausgeführt wird. Auch da gibt es Schwankungen im großen Maßstab – das Stück wird insgesamt schneller oder langsamer, etwa an Stellen, wo es seinen emotionalen Höhepunkt erreicht. Und es gibt die Schwankungen im Kleinen, sowohl die zufälligen, auf menschlicher Unvollkommenheit beruhenden, als auch systematische, etwa wenn beim Dreivierteltakt das zweite Viertel immer ein bisschen länger gespielt wird als die beiden anderen.

Das war's schon – die Schwankungen in diesen drei Dimensionen, Dynamik, Notenlänge und Rhythmik, machen den Unterschied aus zwischen einem uninspirierten Klimperer, der das Stück korrekt, aber gefühllos spielt, und einem Meister, für dessen Solokonzert wir einen dreistelligen Eurobetrag hinblättern. Natürlich wäre es ein Geniestreich, könnte man die Art, wie einer dieser Großen spielt, per Computer analysieren und dann ein anderes Stück im selben Stil wiedergeben.

Von der Firma Bösendorfer, die hochwertige Flügel baut, gibt es ein Modell, das voller Elektronik steckt. Die Mechanik der Tonerzeugung unterscheidet sich nicht von einem anderen Spitzenflügel, aber das Instrument kann das Spiel des Pianisten als Midi-Daten aufzeichnen und an einen Computer weitergeben – und umgekehrt kann es von einem Computer angesteuert werden und Midi-Dateien abspielen. Das sieht dann aus wie früher bei den automatischen Klavieren, bei denen die Tasten wie von Geisterhand gedrückt wurden. Ein ideales Instrument, um zu versuchen, das Spiel guter und noch besserer Pianisten zu analysieren und zu simulieren.

Einer dieser Bösendorfer-Flügel steht am Institut für Künstliche Intelligenz der Universität Wien. Die Forscher um Gerhard Widmer versuchen dort, die «stilistischen Fingerabdrücke» von Pianisten in Formeln zu fassen – eben genau herauszuarbeiten, wann die Künstler vom mechanischen Rhythmus abweichen und ihn beschleunigen oder verzögern. Zum Beispiel bremsen sie gern ab, wenn eine schnelle Folge von kurzen Noten mit einer langen Note abgeschlossen wird – so als würden die Finger mit letzter Kraft einen Berg erklimmen und sich dann auf der langen Note ausruhen. Die Wiener Forscher sind inzwischen zumindest so weit, dass ihre Programme den Stil unterschiedlicher Pianisten wie Daniel Barenboim oder Maria João Pires kennen und bei einem neuen Stück mit einer gewissen Wahrscheinlichkeit sagen können, wer die Aufnahme eingespielt hat. Den Stil imitieren können sie noch nicht.

Meinen Sie, dass Sie den Unterschied erkennen zwischen einem vom Computer gespielten Klavierstück und einem, das ein menschlicher Pianist interpretiert? Ich habe auf die Website zum Buch ein Beispiel aus dem Labor von Douglas Eck gestellt, der an der Universität von Montreal auch mit einem verdrahteten Bösendorfer-Flügel experimentiert. Hören Sie sich die beiden Aufnahmen an, und natürlich werden Sie feststellen, dass sie sich extrem unterscheiden. Es handelt sich um eine Chopin-Etüde, Opus 10 Nr. 3. Dieses Stück wird schon fast traditionell herangezogen, um menschlichen Ausdruck zu untersuchen – Klaviermusik aus der Romantik wird erheblich expressiver gespielt als etwa eine Fuge von Bach. ◀»

Das Klangbeispiel ist ein bisschen übertrieben – für die Computerversion hat man sämtliche Dynamik-Anweisungen der Partitur ignoriert und alle Töne mit gleicher Lautstärke gespielt. Ich habe eine Publikumsvorführung dieser beiden Aufnahmen gesehen, und die Menschen lachen tatsächlich an manchen Stellen der Computer-«Interpretation», weil sie so hanebüchen klingt. Der menschliche Pianist dagegen trägt bei seinem Vortrag ziemlich dick auf, da wird so mancher Klassik-Fan auch die Nase rümpfen. Festzuhalten bleibt aber: Menschen können vom Computer gespielte Klaviermusik von menschlicher unterscheiden, zumindest dann, wenn die Programmierer nicht mit ausgefeilten Tricks die maschinelle Version «vermenschlichen».

Stefan Koelsch hat am Leipziger Max-Planck-Institut für Kognitions- und Neurowissenschaften Versuche gemacht, um herauszufinden, ob wir die computererzeugte Musik anders hören als «handgemachte». Er spielte den Probanden – die keine musikalische Ausbildung hatten – Auszüge aus einem klassischen Klavierstück vor, in dem der Komponist einen ungewöhnlichen Akkord verwendet hatte. Entsprechend den Experimenten, die er schon seit Jahren durchführt (siehe Seite 193), ließen sich im EEG Reaktionen auf diesen Akkord nachweisen. Das wurde bestätigt, als er diesen Akkord veränderte und einmal erwartbarer machte und einmal noch «schräger» als im Original. Der Ausschlag im EEG war umso kräftiger, je unerwarteter der Akkord war.

So weit stimmte das mit Koelschs früheren Experimenten überein. In diesem Fall aber spielte er den Versuchspersonen jeweils zwei Versionen desselben Stücks vor – einmal von einem Pianisten ausdrucksvoll eingespielt und dann eine «verflachte» Version dieser Midi-Aufnahme, bei der jeglicher rhythmische und dynamische Ausdruck herausgenommen wurde. Das Ergebnis: Bei den Klangproben des menschlichen Pianisten war der Ausschlag jeweils kräftiger. «Das zeigt uns, wie Musiker die emotionale Antwort auf bestimmte Akkorde mit ihrer Darbietung verstärken können», sagt Koelsch. «Die Ergebnisse legen nahe, dass uns Musiker tatsächlich etwas sagen, wenn sie spielen.»

Die Feinheiten, die wir beim menschlichen Musikvortrag heraushören, gehen sogar noch weiter. Im Januar 2009 erschien eine Arbeit von Henkjan Noning und Olivia Ladinig von der Universität Amsterdam. Die beiden Forscher suchten sich gezielt von populären Stücken aus Klassik, Jazz und Pop jeweils zwei Versionen heraus, die sich im Tempo um mindestens 20 Prozent unterschieden. Dann wurde eine der beiden Versionen technisch auf das gleiche Tempo gebracht wie die andere – und zwar so raffiniert, dass sich weder die Tonhöhe veränderte noch der Charakter der Töne (man untersuchte nur Instrumentalpassagen). Eines der Stücke klang also einfach nur ein wenig schneller oder langsamer, als es aufgenommen worden war. Die Probanden sollten nun beurteilen, welcher der beiden Ausschnitte eine Originalversion war und bei welchem das Tempo verändert wurde.

Das erste Ergebnis war: Menschen können das. Offenbar verändert sich die Expressivität eines Stücks, wenn man es beschleunigt oder verlangsamt. In einer ausdruckslosen Computerversion wäre kein Unterschied feststellbar gewesen. Wir haben also ein sehr empfindliches Ohr für solche feinen rhythmischen Variationen. Das zweite Ergebnis: Laien können das genauso gut wie Musikexperten. Die schnitten nämlich nicht besser ab in dem Versuch. Unterschiede gab es nur entsprechend der Erfahrung, die die Hörer mit dem jeweiligen Genre hatten. Die Klassikfans schnitten bei dem Test mit Klassikstücken besser ab, die Jazzfans bei den Jazzstücken. Daraus schlossen die Forscher: Unser Sinn für interpretatorische Feinheiten wird dadurch geprägt, dass wir uns viel mit der entsprechenden Musik beschäftigen – und nicht durch den Grad der theoretischen musikalischen Expertise. Wieder ein Beweis für die außerordentliche Musikalität von Laien!

Kreativität: Zurück zur Sprache: Sobald es um deren Inhalt geht, werden die Rechner ziemlich schlecht. Das zeigt sich an der immer noch mangelhaften Qualität von Übersetzungssystemen, die groteske Fehler machen, weil sie den Inhalt des Textes nicht wirklich verstehen, sondern Wort für Wort übersetzen. Auch die Funktion «Auto-Zusammenfassen», die manche Textverarbeitungsprogramme anbieten, erzeugt noch nicht wirklich eine Kurzfassung eines Textes. Und wenn es darum geht, zu einem Thema selbständig einen Text zu verfassen oder gar Kunst zu produzieren, kann man den Computer erst recht getrost vergessen.

Für Computerprogramme, die eigenständig Musik komponieren, gäbe es einen riesigen Markt. Sie müssten nicht einmal genial sein und Top-100-Hits produzieren – es herrscht ein großer Bedarf an Hintergrundmusik für Filme oder das Gedudel, das uns in Einkaufszentren empfängt. Heute muss man dazu entweder eigens einen Komponisten beauftragen oder für bereits existierende Musik Lizenzen zahlen. Es wäre doch toll, bei einem solchen Programm einfach das Genre einzustellen, vielleicht noch ein paar Parameter wie das Tempo oder die Stimmung – und heraus kämen zehn Minuten passable Musik.

Schon im Vor-Computer-Zeitalter hat man sich die Frage gestellt, ob sich Musik nicht «errechnen» ließe. Die barocke Fugentechnik von Bach wird ja viel mit Mathematik in Verbindung gebracht, und der Philosoph Gottfried Wilhelm Leibniz schrieb 1712: «Musik ist die versteckte arithmetische Tätigkeit der Seele, die sich nicht dessen bewusst ist, dass sie rechnet.» Im 18. Jahrhundert war

es ein beliebtes Gesellschaftsspiel, Melodien zu erwürfeln, auch
Mozart entwickelte ein *Musikalisches Würfelspiel* (KV 294 d), bei
dem man mit zwei Würfeln bestimmen konnte, in welcher Folge
die vorgefertigten Takte des Meisters aneinandergereiht wurden.
Aber auch, wenn wir heute mächtige Computer haben, sehr
weit sind ihre Kompositionskünste noch nicht gediehen. In
Deutschland wurde ein Programm namens «Ludwig» entwickelt,
bezeichnenderweise von der Firma Chessbase, die durch die sehr
gute Schachsoftware «Fritz» bekannt geworden ist. Ludwig soll
genau das tun, was ich gerade beschrieben habe – nach ein paar
einfachen Vorgaben Musik komponieren. Und Ludwig geht dabei
ähnlich vor wie sein Bruder Fritz: Im Schach gibt es zu jedem
Zeitpunkt eine überschaubare Zahl möglicher Züge, aber zu
jedem dieser Züge gibt es wieder eine entsprechende Zahl von
Folgezügen. Will man nur ein paar Züge in die Zukunft schauen,
so können auch die besten Computer nicht alle möglichen Kombinationen durchrechnen – es sind einfach zu viele. Also muss
die Software auf intelligente Weise manche Züge verwerfen, die
explodierende Zahl der Kombinationen auf irgendeine Weise «aus-
dünnen». In dieser Strategie steckt die tatsächliche Intelligenz des
Programms. Ludwig erzeugt nun auf ähnliche Art Melodien: Man
fängt mit einem Ton an, dann gibt es für den zweiten schon eine
Menge Möglichkeiten, aber die sind nicht alle gleich plausibel.
Melodien gehorchen gewissen Regeln (siehe Seite 182), von denen
Ludwig einige kennt, und so kann er den «Suchraum» der möglichen Melodien einschränken.

Das klingt plausibel, und Ludwig hat schon einige Stücke in
diversen Stilen komponiert, die man sich auf der Website des
Programms anhören kann.[*] Es gibt auch eine kostenlose Version
der Kompositionssoftware zum Herunterladen. Allerdings – mich
überzeugen Ludwigs Kompositionen nicht. So richtig falsch klingen sie nicht, einfach nur unplausibel und oft unmusikalisch. Of-

[*] www.komponieren.de

fenbar ist es sehr schwer, die Regeln, die wir alle verinnerlicht haben, so in Suchstrategien des Programms umzusetzen, dass nur Melodien herauskommen, die auch wirklich nach Melodien klingen. Aber ich bin sicher, dass auf diesem Gebiet weiter geforscht wird und bald vieles von der Begleitmusik, mit der wir überall beschallt werden, ohne Beteiligung von kreativen Menschen erzeugt wird. Ob uns das dann gefällt, ist eine andere Frage.

Musik verstehen: Im textbasierten Internet ist Finden alles. Der Konzern Google ist dadurch zur Weltmacht geworden, dass seine beiden Gründer 1998 den damals besten Suchalgorithmus der Welt entwickelt haben. Seitdem hat sich technisch nicht allzu viel getan, jedenfalls für den gemeinen Surfer: Immer noch sind die Suchmaschinen «dumm» in dem Sinne, dass sie nicht verstehen, was in einem Text steht. Wir können nach bestimmten Stichwörtern suchen, und die Suchmaschine bietet uns dann als erste Treffer die Seiten an, die unsere Stichwörter enthalten und zu denen viele Links aus dem Netz führen. Eine Seite, die unser Suchwort nicht enthält, aber für unsere Frage relevant ist, finden wir auf diese Weise nicht.

In Musikbibliotheken zu suchen ist eine noch viel schwierigere Aufgabe. Musik liegt meistens nur als reine Audiodatei vor, es gibt also keine Suchausdrücke, die wir darin finden könnten. Oft würde man gern wissen, wie das Stück heißt, das man im Radio gehört hat, und kann gerade mal dessen Melodie summen. *Query by humming* nennt sich das auf Englisch, und es ist ein heißes Forschungsgebiet. Ich habe, wie schon erwähnt, auf meinem Mobiltelefon tatsächlich eine solche Software – man singt ins Telefon, und sie liefert einem eine Liste der Stücke, um die es sich handeln könnte. Oft ist das Programm erstaunlich gut und hat das gesuchte Lied an erster Stelle (natürlich zusammen mit einem Link, über den man es gleich kaufen kann), und manchmal versagt es auf der ganzen Linie. Dahinter steckt das technische Problem, aus einer reinen Tondatei die «Essenz» eines Liedes herauszufiltern – seine Melodie, seinen Rhythmus, den Text.

Wer bis hierher aufmerksam gelesen hat, der weiß, warum: Wir haben eben diese ungeheuer spezialisierten Schaltkreise in unserem Gehirn, die alle musikalischen Parameter aus dem Schallsignal herausfiltern können. Und deshalb ist es für uns kein Problem, ein Lied zu erkennen, auch wenn es radikal verändert wird – instrumental statt gesungen, a cappella statt von einer Band gespielt oder aber in ein ganz anderes Genre transformiert, von Rock zu Swing oder Reggae. In Sekundenbruchteilen wissen wir: Das ist die 3156. Version von *Yesterday*.* Offenbar haben wir nicht nur ein sehr großes musikalisches «Lexikon» in den Windungen unseres Gehirns verstaut, wir können auch sehr effektiv darauf zugreifen und darin suchen. Wie diese musikalische Erinnerung funktioniert, darum soll es im nächsten Kapitel gehen.

---

* Die Zahl ist nicht aus der Luft gegriffen: Es gibt über 3000 Aufnahmen des Liedes.

8. Can't Get You Out of My Head
Woher unsere musikalischen Präferenzen kommen

> Es gibt keinen zuverlässigeren, keinen täuschungssichereren, unkorrumpierbareren Sympathie-Indikator als die Musik. Man ist, was man hört resp. gehört hat. Und wenn einer in all den Jahren das komplett Falsche gehört hat, ist halt nichts mehr zu machen.
>
> *Frank Schäfer, Autor («Ich bin dann mal weg. Streifzüge durch die Pop-Kultur»)*

Anfang März 2009 stand ich zu Hause im Garten und stellte mit Freude fest, dass endlich die ersten Schneeglöckchen zu blühen begannen. Der Winter war kalt gewesen, und die Blumen waren schon ein paar Wochen überfällig. Frühlingsgefühle kamen auf, obwohl es noch ziemlich frisch war und zudem ein äußerst graues Wetter herrschte.

Eine Viertelstunde später, ich war in der Küche und machte mir einen Kaffee, stellte ich plötzlich fest, dass offenbar schon eine Weile ein Lied in meinem Kopf spielte: «Schneeglöckchen im Februar, Goldregen im Mai ...», ein Schlager von Heintje aus den 70er Jahren. Heintje, ausgerechnet! Es gibt wohl kaum eine Figur, die die verlogene Schlagerindustrie dieser Jahre besser repräsentiert. Das war der Gipfel dessen, was meine Hippie-Freunde und ich damals verachteten.

Der Song wurde zu einer Zeit veröffentlicht, in der ich viel vor dem Fernseher saß und unter anderem jeden Samstag mit meiner Schwester die später so verhasste *Hitparade* mit Dieter Thomas Heck verfolgte, und da war das Lied ganz bestimmt ein Renner.

Auf jeden Fall bin ich ihm offenbar oft genug ausgesetzt worden, sodass es in meinem Musikgedächtnis dauerhaft abgespeichert wurde. Und, auch das wurde mir in diesem Moment klar, es war gewiss nicht das erste Mal, dass mir dieses Lied in den Sinn kam. Ich hatte eine ganz eigene Version davon im inneren Repertoire, zusammen mit einem falschen Text übrigens. Wahrscheinlich ist mir das alles auch nur deshalb aufgefallen, weil ich über das Buchkapitel nachgedacht hatte, das Sie gerade lesen. Diese «inneren Schallplatten» laufen bei mir – und bei Ihnen wahrscheinlich auch – sehr häufig ab, meist nehme ich sie nur am Rand des Bewusstseins wahr. Nur selten werden sie wirklich lästig, wenn sie als Ohrwurm nicht mehr abzustellen sind (siehe Seite 231).

Das musikalische Lexikon

«Ohne Erinnerung gäbe es keine Musik», sagt der kanadische Musikforscher Daniel Levitin. Die Musik, die wir in unserem Leben gehört haben, prägt nicht nur unsere musikalischen Kategorien und Erwartungen, sie ist auch ständig präsent. Wir hören neue Stücke vor dem Hintergrund von bekannten, gleichen die neuen Erfahrungen mit den alten ab und füttern das Gedächtnis mit immer neuem Material. Und dieses gespeicherte Material können wir in Sekundenbruchteilen mit erstaunlicher Präzision abrufen. Was geht da vor sich?

Das Diagramm auf Seite 67, das die Module unserer mentalen Musikverarbeitung beschreibt, hat auch ein Kästchen, das die Aufschrift «musikalisches Lexikon» trägt. «Das musikalische Lexikon», schreibt die Musikforscherin Isabelle Peretz, «ist ein repräsentatives System, das alle Repräsentationen der spezifischen musikalischen Phrasen enthält, denen man im Laufe seines Lebens ausgesetzt war.»

Das ist ein sehr lapidarer Satz, aber er wirft eine Menge Fragen auf: Werden wirklich *alle* Melodien, die wir im Lauf des Lebens hören, gespeichert? Wie geschieht das, was sind die «Repräsentationen»? Darauf hat die Wissenschaft noch recht wenige Antworten.

Schon das Wort «Lexikon» ist ein bisschen irreführend. In einem Lexikon kann ich gezielt nachschlagen: Gib mir alle Lieder von den Red Hot Chili Peppers, die mit P anfangen (allein auf der CD *Californication* gibt es drei davon). Oder, eine der praktischen Fragen, die mich oft beim Schreiben dieses Buches beschäftigten: Suche mir ein Beatles-Lied, in dem eine überraschende Akkordsequenz vorkommt. Auf solche Fragen hat das Lexikon aber keine Antworten.

Wir sind es heute gewohnt, unsere Medien in digitaler Form abzuspeichern, und die meisten haben inzwischen eine Art musikalisches Lexikon auf ihrer Festplatte. Das ist im Prinzip eine Computer-Datenbank, und es besitzt alle Vorteile einer solchen Datenbank. Damit die funktioniert, darf man allerdings nicht nur die reinen Audio-Dateien darin speichern, die bestehen nämlich nur aus Nullen und Einsen und sind bisher kaum Suchalgorithmen zugänglich. Jedes Stück hat natürlich einen Titel, es gibt den Künstler beziehungsweise die Band, die es eingespielt hat, zusätzlich noch (vor allem bei klassischer Musik) den Komponisten und das Album, auf dem es veröffentlicht wurde. Wer seine Musiksammlung wirklich pflegt (das tun die wenigsten), der notiert für jedes Stück noch das Genre (da kann man seine eigenen Kategorien festlegen), das Jahr, in dem es veröffentlicht wurde, und das Tempo (manche Programme können das sogar automatisch bestimmen).

Wenn diese sogenannten «Tags» sauber vergeben sind, dann kann man sich seine Musiksammlung alphabetisch sortieren lassen, nach Künstlern oder chronologisch. Oder man kombiniert Kriterien und sagt «Gib mir tanzbare Reggae-Musik aus den 80er Jahren!» – alles eine Frage der richtigen Tags, dann vergisst das Lexikon nichts und gibt auf jede Frage eine vollständige Antwort.

Unser Musikgedächtnis dagegen tut sich mit solchen systematischen Anfragen schwer. Ich habe im vergangenen Jahr einen runden Geburtstag gefeiert und wollte die Partygäste, ganz egoistisch, mit einer Auswahl meiner Lieblingsmusik aus fünf Jahrzehnten beschallen. Die ersten 20 Songs hat man schnell zusammen, sozusagen die persönlichen Greatest Hits. Aber was ist mit diesen Songs, die einmal ein halbes Jahr ganz oben auf der eigenen Hitliste standen und dann in Vergessenheit gerieten? Die einzige Lösung, die mir einfiel, war, mich in die Vergangenheit zu versetzen, in das Lebensgefühl unterschiedlicher Dekaden, und nachzusinnen: Was habe ich damals gemacht – und was habe ich dabei gehört? Doch auf diese Weise findet man auch nur ein paar dieser seltenen Perlen. Unser autobiographisches Gedächtnis, das ist längst in Studien nachgewiesen worden, ist eine Konstruktion, es wird mit der Zeit gröber, wir können ihm nicht trauen, vielfach gibt es nicht die Wirklichkeit wieder, sondern das stilisierte Bild, das wir uns von ihr machen.

(Ich habe das Problem letztlich gelöst, indem ich meine digitale Sammlung nach Künstlern sortiert und deren Namen als Signal benutzt habe, um für mich persönlich wichtige Songs herauszufinden. Es ist eine schöne Playlist dabei herausgekommen, die aber ganz bestimmt erhebliche Lücken aufweist.)

Ein weiterer Unterschied zwischen dem persönlichen Musiklexikon und der Computerfestplatte: Man kann nichts löschen, jedenfalls nicht willentlich. *Schneeglöckchen im Februar* wird mich mein ganzes Leben lang begleiten, da bin ich machtlos. Es gibt auch kein «Tony-Marshall-Neuron», das ich mir operativ entfernen lassen könnte. Das Lexikon ist kumulativ – es kommt ständig Neues dazu, alte Erinnerungen mögen blasser werden, richtig verschwinden werden sie nie. Das musikalische Gedächtnis ist äußerst stabil, bei Alzheimer-Patienten sind die Lieder aus der Jugend diejenigen Erinnerungen, die als letzte verblassen. Deshalb ist das Abspielen vertrauter Musik eine bewährte Therapie für Menschen, denen langsam ihr ganzes mentales Leben entgleitet, es kann zumindest die Angstgefühle lindern, die damit verbunden sind.

In welcher Form speichern wir die Lieder, die wir hören? Wie eine tatsächliche Tonaufnahme, mit allen ihren Details, oder in einer abstrakten Form, die nur wesentliche Dinge wie Melodie und Rhythmus festhält? Die Antwort lautet: Offenbar tun wir beides.

Dass wir konkrete Aufnahmen schon anhand sehr kurzer Soundschnipsel erkennen, in denen von Melodie oder Takt nicht die Rede sein kann, wurde durch die auf Seite 142 beschriebenen Experimente gezeigt. Es gibt aber auch andere Beweise dafür, dass unsere musikalische Erinnerung ungemein genau ist.

Ich habe mir kürzlich im Internet ein Video angeschaut, einen Fernsehauftritt der Kinks aus dem Jahr 1970, in dem sie ihren Hit *Lola* sangen. Damals gab es sowohl Sendungen, in denen die Bands zum Vollplayback spielten, als auch Live-Shows. In dem Video war das Equipment der Gruppe vollständig aufgebaut, auch die Gitarren waren eingestöpselt. Die Lippenbewegungen des Sängers Ray Davies waren äußerst synchron zur Musik – gut, er war manchmal ein bisschen weit vom Mikrophon weg, aber die Sache sah doch ziemlich echt aus. Trotzdem wusste ich nach wenigen Takten, dass es sich um ein Playback handeln musste. Der Grund war, dass ich *Lola* sehr gut kenne, es war meine erste Platte überhaupt. Ich erkenne das Stück, wenn der erste Gitarrenakkord erklingt. Aber auch sonst hat sich jedes Detail der Aufnahme in mein Gedächtnis gegraben, sowohl der Sound als auch die Feinheiten im Timing des Leadsängers. Und zwar so gut, dass ich nach ein paar Takten sagen kann: Das ist genau die Aufnahme, die ich kenne, so exakt kann nicht einmal die Band selber das Stück nachspielen.

Bei manchen Menschen geht die Fähigkeit, sich konkrete Musikaufnahmen vorzustellen, so weit, dass sie keinen iPod brauchen, um ein Konzert in ihrem Kopf spielen zu lassen. Der Neurologe Oliver Sacks schreibt in seinem Buch *Der einarmige Pianist* über seinen Vater: «Er brauchte keine Schallplatten aufs Grammophon zu legen, denn er konnte eine Partitur fast lebensecht in seiner Vorstellung erklingen lassen, möglicherweise mit verschiedenen

Stimmungen oder Interpretationen, manchmal sogar mit eigenen Improvisationen.»

Was hörte Sacks' Vater da? Holte er eine konkrete Aufnahme des Stücks, die er einmal irgendwo gehört hatte, aus seinem Gedächtnis hervor, vergleichbar mit einer guten Tonaufnahme? Der letzte Teil des Satzes lässt eher darauf schließen, dass der Mann etwas anderes machte: nämlich das abstrakte Notenbild von einem «inneren Orchester», das ständig zu seiner Verfügung stand, nachspielen zu lassen – so wie wir eine Midi-Datei, die nur die Noteninformationen enthält, in unserem PC mittels «virtueller Instrumente» zum Klingen bringen können. Wer das kann, der ist nicht an konkrete musikalische Erfahrungen gebunden (auch wenn die natürlich die Voraussetzung für eine derartige Musikalität sind). Ihm steht praktisch alle Musik, die er sich abstrakt vorstellen kann, ständig zur Verfügung.

Auch Normalsterbliche, die über diese Fähigkeit nicht verfügen, erkennen mit ihrem musikalischen Lexikon nicht nur Musik wieder, die sie einmal konkret gehört haben. Wir sind in der Lage, ein Lied selbst dann zu identifizieren, wenn es sich sehr von der Version unterscheidet, mit der wir vertraut sind: Man erkennt die Instrumentalversion eines gesungenen Liedes. Oder eine Countryversion des AC/DC-Hits *Highway to Hell*, wie sie die Band Texas Lightning um Olli Dittrich spielt. Es funktioniert sogar, wenn man bekannte Weisen von Dur nach Moll umsetzt, ich habe davon ein paar Beispiele auf die Website gestellt. ◀))

Viele Menschen sind geradezu Fans von solchen Coverversionen. Ich höre regelmäßig den *Coverville*-Podcast, der von Brian Ibbott im amerikanischen Denver produziert wird. Dreimal in der Woche eine Handvoll bekannter oder weniger bekannter Songs in neuem Gewand, teilweise radikal verändert. Die schönsten Beispiele sind die, bei denen das Lied eine ganz neue Richtung bekommt und damit die emotionale Aussage verändert wird. Das machen wir auch mit unserer A-cappella-Band – und wenn wir den Disco-Song *Toxic* von Britney Spears als Ballade singen, dann erzeugt das einerseits «echte» Gefühle im Publikum, weil die Sängerin Marzia Plichta den Text, der von der Vergiftung durch eine unglückliche Liebe erzählt, sehr überzeugend singt. Auf der anderen Seite entsteht ein «Aha-Effekt», der eine eigene Qualität hat. Das Gehirn mag es offenbar, überrascht und ein wenig an der Nase herumgeführt zu werden, und freut sich dann, wenn es das Rätsel gelöst und die Musik erkannt hat. Die A-cappella-Version von Led Zeppelins *Whole Lotta Love* löst sogar regelmäßig Gelächter im Publikum aus, ich hoffe nicht wegen der musikalischen Darbietung. Die Hardrock-Hymne wird durch die fünf Stimmen so verfremdet, dass das Publikum das Lied erst erkennt, wenn die erste Strophe einsetzt – und die Mischung aus Verfremdung und Wiedererkennen wird als musikalischer Witz wahrgenommen. Es ist eine der Formen von Überraschung, die David Huron in seinem Buch *Sweet Anticipation* beschreibt.

Das musikalische Lexikon im engeren Sinne besteht tatsächlich nur aus den musikalischen Erinnerungen. Es gibt jedoch noch andere Attribute, die zu einem Stück dazugehören: der Titel zum Beispiel, oder der Interpret, wenn wir ihn denn kennen. Der Text eines Liedes, wenn wir ihn denn verstehen. Attribute, die nicht unmittelbar in der Musik «codiert» werden und die oft viel schwieriger zu erinnern sind. Während die musikalischen Parameter größtenteils in der rechten Gehirnhälfte gespeichert werden, sitzt dieses «Faktenwissen» in der linken Hälfte. Solche abstrakten Eigenschaften werden offenbar viel bewusster abgespeichert, und ihre Erinnerung funktioniert ganz anders. Das ist vergleichbar mit dem Namensgedächtnis für Personen: Wenn wir ein Foto von früher sehen, dann ist die Erinnerung an die Person unmittelbar, sie ruft sofort eine ganze Kette von Ereignissen ins Gedächtnis zurück. Über den Namen dagegen müssen wir oft angestrengt nachdenken – mit steigendem Alter wird das immer schwieriger – und finden ihn nur über Umwege. Der umgekehrte Fall dagegen ist ganz einfach: Jemand sagt uns einen Namen, und die bildliche Vorstellung der Person ist sofort da.

Wie das Gehirn das musikalische Lexikon genau speichert, darüber ist wenig bekannt. Auf jeden Fall nicht so, wie es ein Computer tut. Es gibt keine speziellen Gehirnzellen, in denen etwa ein Lied gespeichert wird. Vielmehr hinterlässt jede Erfahrung, die wir machen, eine Spur. Diese Spur ist nichts weiter als ein Aktivierungszustand eines gewissen Hirnareals. Das heißt, dass alle Zellen dieses Areals an allen Erinnerungen beteiligt sind, der Zustand des Gesamtsystems ist der konkrete «Lexikoneintrag». Und wenn eine neue Erfahrung dem «gespeicherten» Zustand sehr ähnlich ist, dann wird das Erinnerte wieder aktiviert.

Das ist auch der Grund, warum wir nicht beliebig auf alle Erfahrungen zugreifen können, die wir je gemacht haben – sie sind nicht verschwunden, es fehlt einfach der richtige Auslöser, um sie wieder wachzurufen.

Jeder von uns hat ein Repertoire von Standard-Erinnerungen, auf die der Zugriff sehr leichtfällt – etwa Geschichten aus seinem Leben, die er oft erzählt, oder Ereignisse, an die er schon oft gedacht hat. Das «autobiographische Gedächtnis» nutzt sich in gewisser Weise ab: Dadurch, dass wir die Gedanken oft denken, vermischt sich Altes mit Neuem, wirklich Erlebtes mit Dazugedichtetem. Wenn Opa vom Krieg erzählt, dann erzählt er nur teilweise die objektive Wahrheit. Sie ist vermischt mit Details, die sich später eingeschlichen haben, und das ganz ohne bösen Willen.

Es gibt dazu eine Reihe von interessanten psychologischen Experimenten. Die amerikanische Psychologin Elizabeth Loftus, die oft als Prozessgutachterin die Glaubwürdigkeit von Zeugenaussagen beurteilen muss, hat es schon häufig geschafft, Menschen «falsche Erinnerungen» zu suggerieren. Zum Beispiel legte sie Studenten ein Foto vor, auf dem sie als Kind im Disneyland mit der Comicfigur Bugs Bunny zu sehen waren. Wochen später konnten sich immerhin 16 Prozent der Befragten ganz konkret erinnern, wie sie als Kind dem Plüschhasen im Amüsierpark die Hand geschüttelt hatten – was unmöglich war, denn Bugs Bunny ist eine Figur des Disney-Konkurrenten Warner Brothers.

226

Auf ähnliche Weise konnte Loftus Menschen eine heftige Erinnerung daran einflößen, dass sie als Kind einmal im Einkaufszentrum verloren gegangen waren. Andere Versuchspersonen sahen ein Video von einem Autounfall, und durch geschicktes Fragen konnte man sie dazu bringen, sich etwa an Details von splitterndem Glas zu erinnern, obwohl im Film keine einzige Scheibe zu Bruch gegangen war.

Die verschütteten Erinnerungen dagegen, die noch nicht durch häufigen Gebrauch «abgenutzt» sind, brauchen einen Auslösereiz, um wieder an die Oberfläche zu kommen. Angestrengtes Nachdenken ist die schlechteste Methode dafür. Eher klappt es schon dadurch, dass man in Erinnerungen «schwelgt», die in derselben Zeit stattgefunden haben. Ich habe das vor kurzem erlebt, als ich anfing, meine digitale Bildersammlung der letzten Jahrzehnte zu sortieren und insbesondere die Menschen auf den Bildern zu identifizieren. Zuerst musste ich bei vielen Gesichtern kapitulieren. Aber sobald ich mich eine Weile mit einer gewissen Phase meines Lebens beschäftigt hatte, tauchten peu à peu Erinnerungen auf, einschließlich der Namen der beteiligten Personen. Einige habe ich natürlich sofort gegoogelt und ein paar abgerissene Kontakte wiederhergestellt.

Musik ist, ähnlich wie Gerüche, ein sehr mächtiger Auslösereiz für solche Erinnerungen. Das liegt vor allem daran, dass, wie wir in den ersten Kapiteln gesehen haben, Musik eine so «ganzheitliche» Erfahrung ist. Die musikalische Erinnerung besteht ja eben nicht nur aus den abstrakten akustischen Signalen, sondern aus der gesamten Situation, in der wir die Musik gehört haben, einschließlich der Gefühle, die sie bei uns ausgelöst oder die sie begleitet hat. Und die werden mit der Musik wieder hervorgerufen, unmittelbar und ohne Umweg über das rationale Nachdenken. Deshalb können diese Erlebnisse so intensiv sein, dass man manchmal wie von einem Hammer getroffen dasteht. Gefühle sind die besten Gedächtnisverstärker. «Sie filtern, bewerten und heben heraus, was erinnert und an die bestehenden Erinnerungen angebunden werden soll», sagt der Neurowissenschaftler Hans Joachim Markowitsch von der Universität Bielefeld, der dort ein interdisziplinäres Forschungsprojekt zum autobiographischen Gedächtnis durchgeführt hat.

Leider ist dieser Effekt nicht beliebig wiederholbar. Wenn man etwa einen Song mit einer verflossenen Liebe verbindet und ihn zum ersten Mal nach 20 Jahren wieder hört, dann kann das Gefühlserlebnis sehr intensiv sein. Der britische Schriftsteller Nick Hornby schreibt in seinem Buch *31 Songs*, in dem er eben genau 31 Lieder beschreibt, die sein Leben geprägt haben: «Hätte ich *Thunder Road** 1975 im Schlafzimmer irgendeines Mädchens gehört, es okay gefunden und dann weder das Mädchen wiedergesehen noch das Lied besonders oft wieder gehört, dann würde ich wahrscheinlich jetzt ihr Deo riechen, wenn ich das Lied jetzt wieder hören würde.»

Nach dreimaligem Wiederhören wäre die Wirkung schon erheblich schwächer, weil sich das früher Erlebte mit den neuen Assoziationen aus der Gegenwart überlagert. Es würde wenig helfen, sich just dieses Deo zu kaufen, um den Effekt zu bewahren, auch diese Erinnerung nutzt sich ab. Die Platte mit arabischer Musik, die man aus dem Marokko-Urlaub mitgebracht hat, ruft nur eine gewisse Zeit lang eine Erinnerung an die schöne Zeit zurück. Danach ist es einfach fremdländische Musik, die man mag oder auch nicht. Das ist die Krux der «Classic Hits»-Sender – sie können nostalgische Erinnerungen wecken, aber sie lutschen diese Erinnerungen auch rund, sodass nur noch ein laues «ja, damals» übrig bleibt. Ich meide diese Sender grundsätzlich! Zu den Oldies von Tina Turner oder Joe Cocker haben die wenigsten noch eine spezifische, an eine bestimmte Zeit oder sogar eine bestimmte Situation gebundene Erinnerung, zu viele Hörerlebnisse überlagern sich da. Wirkliche Gefühle erzeugen die B-Seiten oder die hinteren Tracks

---

* von Bruce Springsteen

auf den CDs, und man sollte sie nicht zu oft einsetzen, will man die Erinnerung nicht verlieren.

So wenig man auch über das musikalische Lexikon weiß – immerhin ist es ansatzweise lokalisiert worden: Isabelle Peretz und ihre Kollegen ließen an der Universität Montreal Studenten im Hirnscanner Melodien anhören. Ein Teil davon kannten sie, die anderen waren künstlich erzeugte Lieder, die ihnen unbekannt sein mussten. Durch den Vergleich der Hirnzustände konnten die Forscher zwei Hirnregionen ausmachen, die beim Hören bekannter Melodien aktiv wurden: Die eine, die linke supplementär-motorische Rinde, trat offenbar deshalb in Aktion, weil wir erinnerte Lieder innerlich mitsingen und dabei sogar motorische Zentren aktivieren. Die zweite Region, den Sulcus temporalis superior, machten die Forscher für den Abruf der musikalischen Erinnerungen verantwortlich.

Ansonsten kann die Wissenschaft noch nicht direkt ins musikalische Gedächtnis hineinschauen. Sie schließt aus psychologischen Experimenten auf seine Eigenschaften: Musikalische Erinnerung geschieht automatisch und unwillkürlich. Sie ist sehr schnell, wir holen die Erinnerungen praktisch unmittelbar aus der Tiefe des Gedächtnisses.

Außerdem scheinen wir Musik in gewissen sinnvollen «Portionen» zu speichern und brauchen solche Einheiten auch, um Lieder zu erkennen. Man kann zwar schon nach wenigen Tönen raten, um welche Melodie es sich handelt (siehe Seite 188), aber um sich definitiv festzulegen, wartet man doch eine ganze Phrase ab. Der Psychologe Matthew Schulkind vom amerikanischen Amherst College testete das ausführlich mit Laien und Musikern. Beide Gruppen brauchen im Durchschnitt sechs Noten, um ein Lied zu erkennen, und die meisten «Aha»-Erlebnisse gab es an Stellen, die in der Melodie strukturell herausgehoben waren – am Ende von Takten oder bei langen, ruhenden Noten. Interessant war auch, dass die Musiker früher sagten, sie hätten eine Ahnung, um was für ein Stück es sich handelte, aber die Laien ein paar Sekundenbruchteile schneller die korrekte Antwort gaben. Der Grund dafür, sagt Simone Dalla Balla, der in Warschau lehrt und selbst ähnliche Versuche gemacht hat, ist, dass das musikalische Lexikon bei Musikern einfach umfangreicher ist: «Wenn die ersten paar Noten einer wohlbekannten Melodie präsentiert werden, dann werden im Gedächtnis eines Musikers mehr Melodien aktiviert, die der präsentierten Melodie ähneln. Deshalb haben sie auch früher das Gefühl, etwas Bekanntes zu hören.»

Musiker brauchen solche musikalischen «Einheiten», wenn sie Musikstücke reproduzieren. Eine Audiodatei am Computer kann man zu jeder beliebigen Stelle vor- und zurückspulen und dann abspielen – Menschen funktionieren anders. Einem professionellen Orchester, das vom Notenblatt spielt, kann man vielleicht die Anweisung geben: «Beginnen Sie in Takt 46!», und die Musiker fangen tatsächlich dort an zu spielen. Aber das funktioniert nicht bei Musikern, die aus dem Gedächtnis spielen, und auch ein Orchesterdirigent lässt seine Künstler nicht an willkürlichen Stellen einsetzen. Um die richtigen Noten aus dem Gedächtnis zu produzieren, muss man die Musik in sinnvolle Einheiten einteilen und sie entsprechend in diesen Einheiten einüben. Erst später übt man separat die Übergänge zwischen diesen Einheiten, was dann noch einmal einen neuen Lernvorgang bedeutet.

Auch Laien können überprüfen, dass sie nicht auf beliebige Stellen in ihren gespeicherten Musikstücken zugreifen können. Was tun Sie, wenn ich Sie frage, ob in *Fuchs, du hast die Gans gestohlen* das Wort «dem» vorkommt? Genau, Sie singen das Lied innerlich, wahrscheinlich schneller als normal, bis Sie an der Stelle «mit dem Schießgewehr» ankommen und die Frage mit «Ja» beantworten können.

Vor allem aber ist das musikalische Gedächtnis immer ganzheitlich und assoziativ – ein Lied liegt nicht als sauber separierte Einheit in unserer Erinnerung, es ist immer Teil der Gedächtnisspur, die ohne unser Zutun angelegt wird, verknüpft mit den Umständen, unter denen wir sie hören, mit unseren Gefühlszuständen und auch mit anderer Musik. Im Februar 2009 veröffentlichte Josef Rauschecker von der Georgetown University in Washington eine Hirnstudie im *Journal of Neuroscience*, für die er Studenten (Psychologiestudenten?) gebeten hatte, ihre Lieblings-CDs mit ins Labor zu bringen. Rauschecker war nicht daran interessiert, was beim Hören der Musik passierte, sondern an den Pausen zwischen den einzelnen Stücken auf der CD.

In diesen Momenten der Stille zeigte sich nämlich eine ausgeprägte Aktivität im prämotorischen Kortex der Probanden, also der Hirnregion, die Bewegungen vorbereitet. Die Studenten wussten, was für ein Stück als nächstes kam, und das Gehirn bereitete sich offenbar auf eine Aktivität vor, wahrscheinlich aufs «innere Mitsingen». Diese Aktivität war nicht zu verzeichnen, wenn man ihnen Songs in einer beliebigen, nicht vorhersagbaren Reihenfolge vorspielte. Ich kann das aus eigener Erfahrung bestätigen: Wenn ich *Imagine* von John Lennon höre, dann beginnt bei mir im Kopf direkt im Anschluss das Lied *Gypsies, Tramps and Thieves* von Cher zu spielen – der Song war auf der Kassette, die ich mit zwölf Jahren immer wieder gehört habe, der nächste. Ein Beleg dafür, dass wir Musik nicht nur statisch abspeichern, sondern auch entlang der Zeitachse. Rauschecker war überrascht von dem Ergebnis: «Es ist nicht trivial, dass das Gehirn eine zeitliche Folge abspeichert, es hat ja keine beweglichen Teile wie ein Tonbandgerät oder ein CD-Player», sagt der Hirnforscher.

Hallo, hallo, ich bin dein Ohrwurm!

Manchmal hat die CD, die im Kopf läuft, einen Sprung und lässt sich nicht mehr abstellen. «Ohrwurm» nennt man das, ein schönes deutsches Wort. Der literarisch erfolgreiche Neurologe Oliver Sacks sagt, dass schon im 17. Jahrhundert von einer «Ohrwegsraupe» die Rede war, das Phänomen ist also nicht neu. Im englischsprachigen Raum gab es bislang kein richtiges Wort dafür, man sprach von *sticky songs*, von «klebrigen Liedern», in der Fachliteratur ist aber auch von *earworms* die Rede, eine direkte Übersetzung des deutschen Begriffs.

Jedenfalls habe ich mir zwecks Recherche den Song *Ohrwurm* der Kölner A-cappella-Band Wise Guys heruntergeladen – und jetzt macht er seinem Namen alle Ehre: «Hallo, hallo, ich bin dein Ohrwurm, dein Ohrwurm!» geht die Dauerschleife in meinem Kopf. Der Song ist ansonsten eher belanglos, der Text bemüht, ich habe auch die Melodie der Strophen schon wieder vergessen, aber der Refrain sitzt einfach fest, seit 24 Stunden.

Ohrwürmer zu erforschen ist ungeheuer kompliziert, weil sie so schwer spontan zu erzeugen sind – dasselbe Problem wie beim Studium des Schluckaufs. Sicher, man kann Probanden fragen, welche Ohrwürmer sie immer und immer wieder quälen (bei mir gehört unter anderem der 70er-Jahre-Disco-Hit *Yes Sir, I Can Boogie* von Baccara dazu). Sie können den Wurm dann auch sofort auf Ihrem inneren CD-Player abspielen – aber das ist ja ein willentlicher, absichtsvoller Akt, kein spontanes Phänomen.

Deshalb kann man Hirn- und Musikforschern nur einige sehr allgemeine Charakterisierungen von Ohrwürmern entlocken:

- Sie umfassen keine ganzen Lieder, sondern kurze Abschnitte daraus, nicht länger als 30 Sekunden.
- Die Melodie ist meist sehr einfach strukturiert, Kinderlieder eignen sich hervorragend als Ohrwürmer.
- Sie sind repetitiv – musikalische oder textliche Phrasen wiederholen sich.
- Trotz dieser Einfachheit verfügen sie oft über eine «Inkongruenz», verletzen eine musikalische Erwartung und machen so auf sich aufmerksam. Beispiel: *Who let the dogs out?* Wenn Sie den Hit der Baha Men kennen, dann antworten Sie jetzt innerlich mit einem synkopierten «woof, woof, woof!», und mit etwas

Glück habe ich Ihnen damit ein Geschenk für den ganzen Tag gemacht.

Ich glaube, die Wise Guys haben irgendwo eine solche Charakterisierung des Ohrwurms gelesen: Der Refrain ihres Lieds ist sehr kurz und verfügt über eine einfache Melodie. Er wird nicht nur bei jedem Durchgang mehrmals wiederholt, auch in der Textzeile steckt eine doppelte Repetition: «Hallo, hallo» und «dein Ohrwurm, dein Ohrwurm». Und er verfügt über eine kleine harmonische Inkongruenz – beim Wort «bin» kommt ein vom Grundton recht weit entfernter Akkord ins Spiel. Und das ganz Vertrackte: Die Melodie des Refrains endet zwar auf dem Grundton, aber nicht auf dem Grundakkord – es fehlt die Auflösung, deshalb beginnt die Schleife immer wieder von vorn.

Ohrwürmer treten besonders gern in Situationen «entspannter Aufmerksamkeit» auf, wie es Eckart Altenmüller von der Hochschule für Musik und Theater in Hannover nennt. Situationen, in denen wir eine bestimmte Handlung ausführen, für die aber wenig Denkaufwand nötig ist – Putzen, Bügeln, Radfahren, Duschen. Die Gedanken können frei kreisen, oft kommen einem in solchen Situationen höchst kreative Ideen, aber oft setzt auch der innere CD-Player ein, und eine halbe Stunde später merkt man, dass er immer noch läuft und sich nicht abstellen lässt.

Wenn auch noch kein Ohrwurm im Hirnscanner bei der Arbeit beobachtet werden konnte, so hat es doch immerhin einige Umfragen zu dem Thema gegeben. James Kellaris ist Professor für Marketing an der amerikanischen Universität von Cincinnati, und er beschäftigt sich mit dem «kognitiven Jucken», wie er es auch nennt, weil es für Marketingmenschen einfach faszinierend sein muss. «Sie bedeuten kostenloses Airplay im Kopf der Menschen», sagt er. Das kann ich nur bestätigen: In meinem Kopf laufen noch heute Werbespots aus den 70er Jahren («Die gute Wahl – Hoover!»), obwohl es viele der Produkte gar nicht mehr gibt.

Kellaris hat eine ganze Liste von ohrwurmträchtigen Liedern

zusammengetragen, von Queens *We Will Rock You* bis zu *Macarena*, dem internationalen Sommerhit von Los Del Rio aus dem Jahr 1996. Und er hat auch einen Tipp, wie man einen Ohrwurm zum Schweigen bringt: Es kann helfen, den Song zu Ende zu singen. Und man kann ihn ziemlich zuverlässig mit anderer Musik stoppen, die man abspielt (wozu die Wise Guys singend kommentieren: «Die fünfte Sinfonie verklingt mit viel ‹Tata!› – mein Ohrwurm sagt: ‹Hallo, ich bin noch da!›»). Ohrwürmer sind eine sehr persönliche Angelegenheit. Oft sind sie gerade deshalb so unangenehm, weil man die Musik überhaupt nicht mag, die da im Kopf spielt – es ist einfach ein Stück aus dem unlöschbaren musikalischen Lexikon, das sich besonders festgesetzt hat. Gewiss haben wir es oft im Radio gehört, vielleicht aber auch zufällig in einer für uns besonders bedeutenden Situation, die wir gar nicht mehr rekonstruieren können. Damit gehört es ein für alle Mal zum «Soundtrack unseres Lebens», den wir alle besitzen – eine musikalische Tonspur, die unsere Erinnerungen begleitet. Sie beginnt in der frühesten Kindheit und endet nie, sie ist verantwortlich dafür, welche Musik wir mögen und welche wir ablehnen. Auch wenn die «Gleichschaltung» der Massenmedien durch die Musikindustrie oft beklagt wird – dieser Soundtrack ist immer noch von Person zu Person sehr verschieden. Wie er zustande kommt und wie er unsere musikalischen Präferenzen prägt, ist ein interessantes Objekt musikalischer Forschung.

Der Soundtrack des Lebens

Nick Hornbys schon erwähntes Buch *31 Songs* handelt nicht von Liedern, die bei ihm eine Erinnerung an ein bestimmtes Erlebnis auslösen. Der Song *Thunder Road* von Bruce Springsteen ist bei ihm eben nicht mit einem amourösen Erlebnis im Teenageralter verbunden. «Ich habe *Thunder Road* gehört und es geliebt, und ich habe es seitdem (alarmierend) oft gehört. *Thunder Road* erinnert mich wirklich nur an mich selbst und, so vermute ich, an mein Leben, seit ich 18 war.» Und später schreibt er: «Man kann nur vermuten, dass Menschen, die sagen, dass ihre Lieblingsplatte aller Zeiten sie an ihre Flitterwochen in Korsika erinnert oder an ihren Familien-Chihuahua, Musik eigentlich nicht sehr mögen.»

Musik prägt unser Leben, und fast jeder von uns hat ein gewisses Repertoire an Musikstücken, die dabei eine besondere Rolle spielen. Das sind die Lieder, die bei uns bleiben und uns begleiten, die wir zumindest eine Zeit lang immer und immer wieder hören, die sich dadurch von jedem konkreten Erlebnis lösen und zu einem Teil von uns werden. Das ist die Musik, die wir lieben oder zumindest einmal geliebt haben – auch im musikalischen Liebesleben gibt es lange und kurze Beziehungen, abenteuerliche Seitensprünge und Liebe, die zu Hass wird. Das meine ich mit dem «Soundtrack des Lebens». Hier ist ein Teil meines Soundtracks, wichtige Songs oder ganze LPs und CDs, die mein Leben verändert haben, zumindest dessen musikalischen Teil:

Led Zeppelin, *Whole Lotta Love.* Ich war 11, meine Schwester 13. Sie feierte ihre erste Tanzparty, ich musste wegen Jungsmangel einspringen und war natürlich völlig eingeschüchtert von den pubertierenden Mädchen. Man tanzte zu eingängigem Bubble-Gum-Pop, aber irgendjemand brachte als Geschenk diese Single mit. Die kreischenden Gitarren und vor allem der Schrei von Robert Plant, der kurz vor Schluss die Stille durchreißt, waren aufregend anders – und es war in meiner Erinnerung das erste und einzige Mal, dass meine Eltern wirklich entsetzt waren über die Krachmusik, die ihre Kinder hörten.

Roxy Music, *For Your Pleasure.* Ich weiß noch, wie ich die Platte in London gekauft habe. Die intelligenteste Band aus der Glam-Rock-Zeit. Brian Eno brachte avantgardistische Synthesizer-Klänge in die Popmusik.

The Beatles, *White Album.* Der Höhepunkt im Schaffen der Beatles. Für mich als Spätgeborenen war das neben den ganzen

Geschichten rund um 68 ein Grund, sich zu wünschen, doch zehn Jahre früher auf die Welt gekommen zu sein.

Genesis, *Foxtrot.* Genesis war meine Begegnung mit dem, was man damals «Art-Rock» nannte: komplizierte Harmonien und Songs, die über eine ganze LP-Seite gingen. Wir haben das Album Ton für Ton mit unserer Band nachgespielt. Die Begeisterung ist dann später etwas erkaltet.

Leonard Cohen, *Songs of Leonard Cohen.* Der große Poet ist schon an anderer Stelle in diesem Buch gewürdigt worden. Ich habe mit 16 auch seine Bücher verschlungen, experimentelle und assoziative Literatur, in der es auch um unerhörten Sex ging.

Frank Zappa, *One Size Fits All.* An meiner Wand hing schon ein Frank-Zappa-Poster, bevor ich einen Ton seiner Musik gehört hatte (meine Mutter sagte: «Der nimmt doch bestimmt Drogen!»). Als Erstes kaufte ich mir *200 Motels,* die Platte zum Film, die für mich völlig unverständlich war – komische Country-Musik gemischt mit avantgardistischen Orchester-Kompositionen. *One Size Fits All* war eingängiger und der Beginn einer lebenslangen Begeisterung für das viel zu früh verstorbene Musikgenie.

Mahavishnu Orchestra, *Birds of Fire.* Auch der Erwerb dieser Platte (wir kauften damals von unserem Taschengeld Platten, ohne sie zu kennen, es gab ja kaum die Möglichkeit, sie vorher anzuhören) war eine bewusste Entscheidung, etwas Neues auszuprobieren. Eine ungemein energiegeladene, wilde Musik zwischen Jazz und Rock, mit krummen Takten und schrägsten Harmonien. Ein paar Jahre lang konnte Musik für mich nicht kompliziert genug sein.

Miles Davis Quintet, *Steamin'.* Dieser Plattenkauf war das Resultat der Entscheidung, mich für Jazz zu interessieren. Auf der Höhe des Cool Jazz aufgenommen, war diese Aufnahme ziemlich schwer zugänglich, ich konnte anfangs wenig Struktur erkennen, aber der Sound von Davis' Trompete und John Coltranes Saxophon eröffneten neue Klangwelten. Heute klingt das alles fast schon konventionell.

Buzzcocks, *Singles Going Steady.* Die Buzzcocks gehörten zu den melodischeren der britischen Punk-Bands, machten kurze, zweiminütige Popsongs, die sich vor den frühen Beatles nicht verstecken mussten. Für mich die Absage an die überkandidelte Rockmusik, die sich mit ellenlangen Gitarren- und Schlagzeugsoli und «künstlerischem» Anspruch ins Abseits manövriert hatte.

Steely Dan, *Pretzel Logic.* Mein erstes von vielen Alben der Band um Donald Fagen und Walter Becker. Die beiden brachten das Kunststück fertig, ziemlich komplizierte Musik sehr eingängig klingen zu lassen.

Massive Attack, *Blue Lines.* In den 90ern meine Begegnung mit Trip Hop. Die erste Gruppe, bei der ich auch mit Sprechgesang etwas anfangen konnte.

Element of Crime, *Romantik.* Die Band um den Songschreiber und Schriftsteller Sven Regener *(Herr Lehmann)* verfolge ich schon seit ihrer ersten Platte, auf der noch englisch gesungen wurde. Eine sehr sparsame Musik mit den unnachahmlich lakonischen Texten von Regener. Eben Romantik.

Hier hätten noch ein paar mehr Namen stehen können: Deep Purple (erste LP), Crosby, Stills, Nash & Young (ganz viel Material für Gitarrenabende an griechischen Stränden), Rio Reiser (von seiner Zeit bei Ton Steine Scherben bis zu den letzten, lyrischen Platten), Prince (eines der umwerfendsten Live-Erlebnisse). Aber man muss sich ja beschränken.

Ein paar Dinge daran sind für mich interessant: Die meisten Platten stammen aus der Zeit zwischen dem 12. und 25. Lebensjahr. Dabei gehöre ich durchaus zu den Menschen, die offen sind für neue Klänge – aber man verleiht im späteren Alter nicht mehr so schnell das Prädikat «bahnbrechend». Interessant auch, dass Sachen fehlen, die ich durchaus mag: keine Klassik darunter, ja nicht einmal Musik, die ich lange selbst gemacht habe oder mache, etwa A cappella oder Blues. Man begeistert sich in reifem Alter wohl noch für Neues, aber Musik hat nicht mehr einen so prägenden Einfluss auf das Lebensgefühl.

An der Universität Witten-Herdecke gibt es ein Projekt mit dem Namen «My Top Ten». Das Team um Robert Aldridge sucht nicht nach den Lieblingshits der Jugend von heute, wie der englische Titel suggerieren könnte, sondern nach den Hits im Leben von Menschen über 60. Junge Leute, Schüler und Studenten, führen Interviews mit Alten, um deren musikalische Biographien zu erkunden. Das Ziel dieser Forschungsarbeit ist kein theoretisches, die Ergebnisse sollen vor allem in der Therapie mit gebrechlichen und dementen Menschen eingesetzt werden. Das Team hat schon drei CDs zusammengestellt, die Schlager-, Swing- und Volksmusik vergangener Jahrzehnte enthalten. Es sind sozusagen die Greatest Hits einer Generation und damit Kandidaten für Lieder, die bei alten Menschen Gefühle und Erinnerungen wecken und die Stimmung aufhellen können.

Aldridges Mitarbeiter sammeln die musikalischen Biographien international. Dabei kam zum Beispiel heraus, dass japanische Senioren neben traditioneller japanischer Musik vor allem die Beatles gern hören.

Die alten Menschen in Deutschland sind im Zweiten Weltkrieg oder davor geboren, und diese Zeit prägte natürlich ihre musikalische Orientierung. Jazzmusik war unter den Nationalsozialisten verpönt, deutsche Schlager- und Volksmusik war die Popmusik dieser Zeit. Aber natürlich hat das Regime auch mit Musik Politik gemacht und damit Spuren im Leben derer hinterlassen, die damals Kinder oder Jugendliche waren.

Die Geschichte, die der 1934 geborene Karl Vogelmann an Aldridge schickte, bringt die musikalische Sozialisierung seiner Generation auf den Punkt. Von einem «zwiespältigen Hintergrund» schreibt Vogelmann und beschreibt die Gefühle, die heute noch bei ihm aufwallen, wenn er an seine Jugend denkt:

«Wenn ich ehrlich sein soll, dann muss ich Lieder in meine Sammlung von Lieblingsliedern aufnehmen, zu denen man sich öffentlich besser nicht bekennt, gleichgültig, welch überzeugter Demokrat man heute ist. Ich stelle mir vor: Was könnte – würde

– geschehen, wenn in einer wissenschaftlichen Arbeit Lieder auf-
tauchen würden wie: *Ein junges Volk steht auf, zum Sturm bereit* ...
– das Lied des Jungvolks, das ich, in Reih und Glied stehend,
in solcher Leidenschaft mitsang, dass ich heute noch eine Gänsehaut bekomme, wenn ich mich in die Lage von damals versetze
... Heute noch kann ich die erste Strophe Wort für Wort auswendig. Wie viel zur Hingabe bereite Liebe erfüllte das Herz beim
Lied der Deutschen: *Deutschland, Deutschland über alles* ... Wir
waren bereit zum Heldentod, so unvorstellbar für Elfjährige das
heute klingen mag ... Was für den Zehnjährigen höchsten Wert
bedeutete, bleibt mir im Kopf, auch wenn ich meine Verführer
hasse.»

Das ist etwas anderes, als wenn sich ein heute 40-Jähriger dafür
schämt, einmal für Genesis geschwärmt zu haben, weil das als
«uncool» gilt. Wer einmal mit Musik auf eine Ideologie getrimmt
worden ist, der kann sich zwar rational von ihr trennen, die emotionale Aufwallung, die mit ihr verbunden war, bleibt aber bestehen. Und paradoxerweise sorgt gerade die Tatsache, dass diese
Lieder heute zu Recht nicht mehr gespielt werden, mit dafür, dass
diese emotionale Verbindung bestehen bleibt. Würden sie täglich im Radio gespielt, könnte ja durch die langsame emotionale
«Abnutzung» eine Umwertung geschehen. So aber löst schon der
Gedanke an sie ein unmittelbares Eintauchen in die unselige Vergangenheit aus.

Ich kenne keine vergleichbaren Untersuchungen zur Musik aus
DDR-Zeiten. Ich nehme an, dass es vielen, die heute zwischen 40
und 60 sind, mit den Liedern aus ihrer Jugend genauso geht, dass
diese Musik bei ihnen je nach Biographie widerstreitende Emotionen auslöst, seien es die Arbeiterkampflieder oder auch der DDR-
Pop, der im Westen völlig unbekannt ist und auch vom MDR nur
noch in Nischen seines Programms hochgehalten wird.

Ist es tatsächlich so, dass wir uns an Lieder aus unserer Jugend
besser erinnern als an andere Gedächtnisspuren? Das hat Matthew
Schulkind vom Amherst College im Jahr 1999 untersucht. Er ver-

glich die Gedächtnisleistungen von 18- bis 21-jährigen Studenten mit denen von 66- bis 71-jährigen Senioren, indem er ihnen 20-sekündige Auszüge von Hits aus den Jahren 1935 bis 1994 vorspielte. Alle waren in dem jeweiligen Jahr unter den Top 20 der amerikanischen Charts, aber nicht auf Platz 1 oder 2 – es ging darum, für das jeweilige Jahr spezifische Titel zu finden, nicht unbedingt um Evergreens. Ein paar Beispiele: Für das Jahr 1936 wählten die Forscher *These Foolish Things* von Billie Holiday, für 1967 *Somethin' Stupid* von Nancy und Frank Sinatra, für 1970 *I Want You Back* von Jackson Five. Unter den neueren Songs waren *Nothing's Gonna Stop Us Now* von Starship (1986) und *Under The Bridge* von den Red Hot Chili Peppers (1992).

Die Auszüge enthielten im Text nicht den Titel des Liedes, denn den galt es zu raten. Die Probanden mussten sagen, ob sie den Song kannten, in welchem Jahr er populär war, ob sie ihn mochten und ob sie irgendwelche Gefühle und Erinnerungen damit verbanden. Und schließlich mussten sie neben dem Titel den Interpreten erraten und versuchen, eine Textzeile zu vervollständigen.

Die Ergebnisse waren zunächst nicht sehr überraschend: Die alten Leute erinnerten sich besser an die älteren Songs, die jungen besser an die jüngeren. Gleich waren die Werte für die 70er Jahre – da waren die Studenten zwar noch nicht geboren, man kann aber davon ausgehen, dass sie diese Hits auf diversen «Classic Rock»-Radiosendern aufgeschnappt hatten. Die junge Generation war generell besser bei der Frage nach Titel und Interpret und konnte den Text der Lieder besser memorieren.

Die älteren Menschen berichteten auch viel seltener, dass ein Song sie an ein konkretes Ereignis erinnerte (in weniger als fünf Prozent der Fälle). Interessant war aber, dass sie dann ein gutes Faktengedächtnis bewiesen, wenn sie eine emotionale Beziehung zu dem Lied hatten. Schulkind betont aber, dass es sich dabei lediglich um eine Korrelation handelt und nicht klar ist, ob dabei das Gefühl der Auslöser für das bessere Gedächtnis ist oder ob sich die Probanden einfach nur freuten, dass sie ein altes Lied erkannt hatten.

Insgesamt schloss Schulkind aus seiner Untersuchung, dass «die Daten nicht die Vorstellung untermauern, dass das Gedächtnis für populäre Musik ein Leben lang intakt bleibt». Aber hat das jemand behauptet? Das musikalische Gedächtnis ist äußerst individuell, jeder hat eben seinen eigenen Soundtrack. Und die Stücke, die man in- und auswendig kennt, sind nicht die, die man nur beiläufig im Radio gehört hat. Ich habe auf meiner «inneren Festplatte» den größten Teil des umfangreichen Beatles-Katalogs mit allen Strophen gespeichert – aber auch nur deshalb, weil ich die Songs alle auf der Gitarre eingeübt und gesungen habe.

Das weist auch noch auf einen anderen Wandel hin: Die Besessenheit von einzelnen Songs scheint eine eher jüngere Entwicklung zu sein. David Aldridge, der Biographien-Sammler aus Witten-Herdecke, sagt: «Wahrscheinlich ist es doch eine relativ junge Entwicklung, in Kategorien wie Lieblingssongs zu denken. Die heute 70- oder 80-Jährigen sind nicht mit Hitlisten, Charts oder Verkaufsrankings aufgewachsen.» Und vor allem hatten sie nicht die Möglichkeit, einzelne Songs in besessener Manier immer wieder anzuhören. Schallplattenspieler waren ein Luxusgut, kaum jemand hatte eine größere Musiksammlung, man war auf das angewiesen, was im Radio gespielt wurde. Das finanzielle Budget von Jugendlichen war allerdings zu allen Zeiten begrenzt. Meine Altersgenossen und ich saßen mit Kassettenrecordern vor dem Radio und schnitten die Hitparaden mit – heute ist es selbstverständlich, dass man jedes Stück zu jeder Zeit im Internet hören kann. Das muss nicht einmal illegal sein, man kauft es für einen Euro oder gibt einfach den Titel in YouTube ein.

Die musikalische Biographie eines Menschen beginnt schon sehr früh – vor der Geburt. Etwa in der 23. Woche ist das Hörsystem eines ungeborenen Babys voll ausgeprägt. Das muss ein ziemlich aufregendes Sound-Theater sein im Mutterleib: Vor allem hört der Fötus die Körpergeräusche der Mutter – den Herzschlag, das Pulsieren der Blutgefäße, die diversen Geräusche, die bei der Verdauung entstehen. Aber es dringen auch, gedämpft durch den mütterlichen Körper und das Fruchtwasser in der Gebärmutter, Geräusche von außen an das junge Ohr, darunter Musik. Manche Eltern meinen ja sogar, ihr zukünftiges Kind gezielt mit «wertvollen» Tönen beschallen zu müssen, damit mal etwas Anständiges aus ihm wird. Aber selbst wenn diese Hoffnung auf den «Mozart-Effekt» ein ziemlicher Unsinn ist (siehe Seite 280), besteht kein Zweifel daran, dass diese Musik durchaus das kindliche Gehör prägen kann. Alexandra Lamont von der britischen Keele University hat das in einem Experiment nachgewiesen. In Großbritannien gibt es eine auf 20 Jahre angelegte Studie mit dem Titel «Child of our Time», die von der BBC unterstützt wird. In der Studie wurden unter anderem werdende Mütter gebeten, in den letzten drei Monaten der Schwangerschaft jeden Tag ein bestimmtes Stück mindestens eine halbe Stunde lang zu hören. Die Stücke hatten die unterschiedlichsten Stilrichtungen, von den Backstreet Boys über die Reggaeband UB40 bis zu Mozart und Vivaldi.

Nach der Geburt sollten die Eltern dieses Stück nicht mehr spielen (für die meisten eine überflüssige Einschränkung – sie hatten es ohnehin gründlich satt). Als die Babys ein Jahr alt waren, führte Lamont einen Test mit ihnen durch, um zu sehen, ob sie das Stück wiedererkannten und eine Vorliebe für es entwickelt hatten.

Wie bringt man Einjährige dazu, ihre Vorlieben und Abneigungen zu äußern? Da man sie weder befragen noch darauf vertrauen kann, dass sie in Tests die richtigen Knöpfe drücken, gibt es da inzwischen eine Standardmethode, zumindest für akustische Signale: Die Babys liegen auf dem Rücken, links und rechts haben sie einen Lautsprecher, und über eine Automatik werden die Lautsprecher so angesteuert, dass immer derjenige Musik spielt, dem die Säuglinge den Kopf zuwenden. Das lernen die Babys sehr

242

schnell, und so kann man feststellen, welches von zwei Signalen sie bevorzugen.

Das Ergebnis war eindeutig: Die Babys bevorzugten den Song, den sie schon im Mutterleib gehört hatten. Und die Forscher hatten sie nicht etwa zwischen Klassik und Reggae wählen lassen: Das alternative Stück war immer eines aus demselben Genre, also Klassik gegen Klassik, Reggae gegen Reggae.

Ein Jahr später machte Alexandra Lamont ein weiteres Experiment mit Babys aus dieser Langzeitstudie. Die waren mittlerweile zwischen zwei und zweieinhalb Jahren alt und konnten per Knopfdruck eine kleine elektronische Tastatur bedienen und auf diese Weise Musik abspielen lassen. Im Angebot waren unterschiedliche Genres, und eines von den Stücken war ein Hit, der ein Jahr zuvor in den Charts gewesen war (*Rock DJ* von Robbie Williams) und den die Eltern der Kinder viel gehört hatten. Das Ergebnis war wieder eine eindeutige Vorliebe für diesen Song.

Diese Ergebnisse sind erstaunlich, zeigen sie doch, dass Babys nicht nur eine Präferenz für gewisse Musik haben (dass sie Harmonien lieben, haben ja schon andere Studien gezeigt, siehe Seite 196) – sie scheinen auch eine Erinnerung an Musik zu haben, die sie ein Jahr zuvor gehört haben. Bisher ging man davon aus, dass sich Babys bis zum Alter von einem Jahr an nichts erinnern können, was mehr als einen Monat zurückliegt. In den ersten drei Lebensjahren ist das Gehirn in ständigem Umbau begriffen, das ist auch die Ursache für die sogenannte Kindheits-Amnesie – wir können uns später nur an sehr wenige Ereignisse aus diesem Zeitraum erinnern, und viele dieser Erinnerungen sind Schein-Erinnerungen, die auf Erzählungen unserer Eltern beruhen. Aber Musik scheint schon von Anfang an eine Spur in unserem Gedächtnis zu hinterlassen.

Es folgen die Jahre der Kindheit. Die sind dadurch geprägt, dass der wachsende Mensch sich mit der Musik seines Kulturraums anfreundet. Wir lernen in den ersten Lebensjahren den Sinn für die Tonleitern unserer Musik und, zumindest in den westlichen

Ländern, die harmonischen Grundregeln. Die musikalische Erfahrung wird geprägt durch einfache Kinderlieder und durch das, was die Eltern hören. Kinder mögen einfache Lieder, aber auch rhythmisch «wilde» Musik, zu der sie sich bewegen können.

Die Zeit, in der sich individuelle musikalische Präferenzen herausbilden, ist die Pubertät und das junge Erwachsenenalter, die Spanne zwischen dem 15. und 25. Lebensjahr. Das ist nicht musikspezifisch – in dieser Zeit entwickelt sich die eigene Persönlichkeit. Sie ist gekennzeichnet durch ein Auf und Ab der Gefühle, durch viele biographisch wichtige Ereignisse: Schulabschluss, erste Liebe, Ablösung vom Elternhaus, Berufswahl. Es ist die Lebensphase, die auch später in unserer Erinnerung den wichtigsten Platz einnimmt. Freundschaften, die wir in diesen Jahren schließen, haben zumindest die Chance, ein ganzes Leben zu dauern. Selbst Gleichaltrige, mit denen wir in dieser Zeit nur ein paar Monate verbracht haben, nehmen nachher in unserer Erinnerung oft einen wichtigeren Platz ein als Bekanntschaften späterer Jahre, auch wenn die uns für Jahrzehnte begleiten.

Für die Musik gilt dasselbe. Ich habe ja weiter oben schon meine eigenen prägenden Platten dieser Jahre beschrieben. Die höre ich heute nicht öfter als andere Musik, im Gegenteil, ich spiele sie eigentlich selten. Aber die Erfahrungen aus der Jugendzeit hinterlassen die tiefsten musikalischen Eindrücke.

Und natürlich sind es Jahre der Befreiung und der Rebellion. Die muss ja nicht gleich darin bestehen, dass man auf die Barrikaden steigt und Häuser besetzt. Jeder Jugendliche muss sich in dieser Zeit von seinen Eltern ablösen, er stellt deren Werte und Lebensstil in Frage und findet seinen eigenen, vorläufig jedenfalls. Und das geht heute sehr gut über Musik.

Früher war das anders: Es gab vor dem 20. Jahrhundert keine spezielle «Jugendmusik». Die stilistischen Umstürze kamen von etablierten Musikern, die über ihre Zeit hinauswuchsen. Selbst die Jazzmusik war keine musikalische Revolte der Jugend, sie entstand aus der sozialen Subkultur der Schwarzen in den USA.

244

Erst in den 50er Jahren des 20. Jahrhunderts entdeckte die Musik-industrie die Jugendlichen als Zielgruppe und bot ihnen die un-terschiedlichsten Stile an, mit denen sie sich je nach Geschmack identifizieren konnten. Der Rock 'n' Roll war die erste Musik, die sich speziell an Jugendliche wandte und die «Halbstarke» gezielt einsetzten, um die Erwachsenenwelt zu schocken und sich von ihr abzusetzen.

Seitdem wurde jede neue Jugendbewegung von der entspre-chenden Musik begleitet: Die Beatniks hörten Jazz, die Hippies der 60er und 70er Folk und Rock, die Mods hörten The Who und The Jam. Die Punks setzten der kommerzialisierten Rock-szene ihre harte Drei-Akkorde-Musik entgegen. Ab den 80ern spaltete sich die Jugendkultur in viele kleine Szenen und Milieus auf, von den urbanen Hiphoppern über die marihuanarauchen-den Reggae- und Dub-Fans bis zu den «Emos» und «Gothics», die schwarz gekleidet düstere Musik hören. Geblieben sind über die Jahre die Hardrock- und Heavy-Metal-Fans, die ihre Matte zum harten Rhythmus schwingen, und die braveren Anhänger des alternativen Gitarrenpops.

«Rebellische» Musik zu hören bedeutet natürlich nicht unbe-dingt, selbst zu rebellieren. Musik bietet die Möglichkeit, sich mit einer Haltung zu identifizieren, ohne sie selbst ausagieren zu müssen. So sind die meisten Heavy-Metal-Fans durchaus keine wilden Kerle, sondern meist recht brave, introvertierte und ruhige Menschen. Das jedenfalls sagt der Psychologe Adrian North von der britischen Heriot-Watt University, dessen Online-Umfrage 36 000 Internetsurfer aus der ganzen Welt ausfüllten. Die Befrag-ten äußerten ihre Präferenzen zu 104 Musikstilen, von Klassik über Soul bis Bollywood, und füllten gleichzeitig einen Fragebo-gen aus, der ihre Persönlichkeitsmerkmale ermitteln sollte. Diese Merkmale waren zum Beispiel hohes oder niedriges Selbstwert-gefühl, kreativ/nicht kreativ, intro-/extravertiert, sanft/aggressiv, hart oder weniger hart arbeitend.

Und dabei kam heraus, dass die Heavy-Metal-Fans kreative,

eher introvertierte Menschen mit niedrigem Selbstwertgefühl sind und damit am ehesten mit den Klassik-Anhängern vergleichbar (die allerdings ein höheres Selbstbewusstsein haben). «Die Öffentlichkeit pflegt ein Stereotyp von Heavy-Metal-Fans als depressiven und von Selbstmordgedanken geplagten Menschen, die eine Gefahr für sich und die Gesellschaft darstellen», sagt North, «aber sie sind ziemlich verletzliche Pflänzchen.»

Wer Hip-Hop hört, muss kein misogyner Macho sein, und die Hörer von «Emo»-Musik brechen nicht bei jeder Kleinigkeit in Tränen aus. In den Medien wird Musik ja gern ursächlich verantwortlich gemacht für Gewalttaten oder Selbstmorde von Jugendlichen. Nicht auszurotten sind die Geschichten von angeblichen «satanischen» Botschaften, die man empfängt, wenn man etwa *Stairway to Heaven* von Led Zeppelin rückwärts spielt. (Selbst wenn diese Botschaften darin enthalten wären: Die Musikpsychologen sind sich einig, dass wir sie nicht empfangen könnten.) Eine Überblicksarbeit von Felicity Baker und William Bor von der australischen University of Queensland kam 2008 zu dem Schluss: «Die Studien verwerfen die These, dass Musik ein kausaler Faktor (für antisoziales Verhalten, CD) ist, und suggerieren, dass Musikgeschmack ein Indikator für emotionale Verletzbarkeit ist.» Es ist also zuerst der psychische Zustand da, und dann sucht man sich die entsprechende Musik. Und wie schon erwähnt, muss eine Musik, die sich für Außenstehende depressiv anhört, den Zuhörer nicht tiefer in die eigene Depression ziehen, sondern kann ihm durchaus bei deren Bewältigung helfen.

Die meisten Menschen bleiben nach Abschluss der prägenden Phase zwischen 15 und 25 dem Geschmack treu, den sie in diesen Jahren erworben haben. Das ist ja auch in anderen Lebensbereichen so, wenn man sich etwa die alternden Hippies anschaut, die ihr Haar noch lang tragen, obwohl es schon schütter wird. Warum auch nicht? Erfüllte Erwartungen befriedigen das Streben unseres Gehirns nach Vorhersagbarkeit.

Wichtig für das Verständnis dieses «stilistischen Konservatismus» ist der psychologische Begriff des Schemas. Der beinhaltet die Regeln, die für ein gewisses musikalisches Genre gelten, und das sind nicht nur rein musikalische – es gehören auch soziale Regeln dazu, die Situation, in der man die Musik genießt. Und die Grenzen sind immer fließend.

Ein paar Beispiele:

o Rock 'n' Roll basiert auf einem 12-taktigen Grundschema und drei Harmonien (erste, vierte und fünfte Stufe, siehe Seite 168). Die Musik wird von Bands in kleiner Besetzung gespielt (Gitarre, Bass, Schlagzeug), oft mit Piano, manchmal ist auch ein Saxophonist dabei. Natürlich gibt es auch Rock 'n' Roll, der auf 16 Takten basiert, oder Bands, die ohne elektrische Gitarre auskommen. Aber das sind Randerscheinungen dieses Genres.

o Dixieland-Musik wird mit Banjo statt Gitarre gespielt und am besten mit einem Waschbrett statt einem Schlagzeug. Ich bin Ende der 70er Jahre in eine solche Band eingestiegen und habe mich geweigert, Banjo spielen zu lernen – und prompt verschob sich das Schema der Band peu à peu Richtung Swing und Blues.

o Ein Jazzstück, egal welcher Richtung, hat eine ziemlich feste Form: Die Band spielt zuerst das Thema, meist das eines sogenannten Standards, dann spielen einzelne Musiker über die Grundform dieses Themas ihre Soli, meist fangen die Bläser an, dann kommen Gitarre oder Piano, eventuell noch Bass oder Schlagzeug, und am Ende spielt man wieder zusammen das Thema.

o Bei der Darbietung sakraler Musik in der Kirche wird nicht applaudiert.

o Ein Popsong besteht aus zwei unterschiedlichen Teilen, Strophe und Refrain, eventuell noch einem dritten, der sogenannten Bridge. Er beginnt mit zwei Strophen, dann kommt ein Refrain, eventuell ein Instrumentalpart, noch eine Strophe, Refrain, Schluss.

Diese Schemata sind sozusagen die Summe der Erwartungen, mit denen wir an ein Musikstück herangehen, und wie in Kapitel 7 beschrieben, freuen wir uns, wenn diese Erwartungen weitgehend erfüllt werden. Man darf sich ein Schema nicht vorstellen wie eine der klassischen Mengen, die wir im Mathematikunterricht in der Schule kennengelernt haben und bei denen ganz klar ist, ob ein bestimmtes Objekt hineingehört oder nicht. Eher ähneln sie den Mengen der «Fuzzy-Logik», die in den 80er Jahren entwickelt wurde: Ein Song oder auch ein Musiker gehört zu einem gewissen Grad zu dieser Menge, dieser Grad wird durch eine Zahl zwischen 0 und 1 beschrieben. 0 bedeutet: gehört definitiv nicht dazu, 1 bedeutet: gehört voll und ganz dazu. Die frühen Lieder der Beatles gehörten mit dem Grad 1 zur Klasse der Popsongs, viele Stücke auf dem *White Album* nur noch zu einem kleineren Teil, dem Song *Revolution 9* (der vorwiegend aus Geräuschen und Satzfetzen besteht) kann man wohl guten Gewissens den Grad 0 zuschreiben.

Die Schemata überschneiden sich auch: Ist Joe Jackson ein Jazz- oder ein Rockmusiker? Ist Nigel Kennedy ein Klassik- oder ein Popgeiger? Immer wieder haben einzelne Musiker die Grenzen überschritten und damit auch die Fans verprellt, die meist an solchen Grenzüberschreitungen gar nicht interessiert sind. Je mehr man sich mit Musik beschäftigt, desto offener wird man auch für Musik, die sich in neues Terrain vorwagt.

Dass Musikhörer zunächst einmal konservativ sind, was ihre Hörgewohnheiten angeht, ist verständlich. Schließlich hat Musik eine enorme emotionale Kraft, der man sich ungeschützt aussetzt. Man stellt sich auch nicht unter die Dusche und dreht den Hahn auf, ohne zu wissen, ob kaltes oder heißes Wasser herauskommt. «Zu einem gewissen Grad liefern wir uns der Musik aus, wenn wir ihr zuhören», schreibt der kanadische Musikforscher Daniel Levitin. Es sei verständlich, dass wir unsere emotionale Abwehr nicht für jeden dahergelaufenen Musiker fallenlassen. «Wir wollen wissen, dass unsere Verletzbarkeit nicht ausgenutzt wird.» Und er bringt die Musik Richard Wagners als ein persönliches Beispiel einer Musik, deren Verführung er persönlich nicht nachgeben will, weil er Wagner für einen «verstörten Geist» hält und er seine Musik dauerhaft mit dem Naziregime verbindet.

Wie aber schafft man es, sich Musik anzueignen, die zu einem neuen, aufregenden Schema gehört? Oft passiert das ganz automatisch, einfach, weil man ihr ausgesetzt ist. Häufiges Hören aktiviert das statistische Lernen, nicht nur im Kindesalter. Ein neuer Freund, der eine bestimmte Musik hört, kann einem die Ohren öffnen (und einem auch das ganze Genre verhasst machen, wenn die Freundschaft in die Brüche geht). Wenn man selber Kinder hat, hört man ab einem gewissen Alter aus deren Zimmer ungewohnte Töne, die man entweder pauschal ablehnen oder mit denen man sich auseinandersetzen kann.

Man kann sich aber auch gezielt neue Schemata aneignen. Wenn sie zu weit von dem entfernt sind, was man schon kennt, dann funktioniert das meist nicht, indem man sich einfach eine oder zwei Platten kauft. Besser liest man auch etwas darüber, sucht sich Leute, die etwas davon verstehen, geht zu Konzerten. Ein bisschen Kenntnis der formalen Strukturen ist von Nutzen, auch wenn man nur eine begrenzte musikalische Bildung hat. Für mich war Jazz am Anfang ein strukturloses Gedudel. Wenn man aber weiß, dass die Musik meistens dem oben erwähnten Schema folgt, dann kann man zum Beispiel während des Saxophonsolos das Thema des Songs mitsummen und weiß immer, «wo man ist», auch wenn der Solist völlig frei improvisiert und die Rhythmusgruppe die harmonischen Strukturen ins Unkenntliche zerlegt hat. Kommt man dann im Kopf gleichzeitig mit dem Solisten am Ende der Form an, hat man schon wieder eine erfüllte Erwartung und ein Erfolgsgefühl.

Im Internet gibt es inzwischen eine ganze Reihe von sogenannten «Musikempfehlungssystemen». Die versorgen den Fan aufgrund seiner Vorlieben mit Tipps für neue CDs, die ihm gefallen könnten. Im Prinzip funktionieren diese Systeme alle ähnlich: Sie analysieren, welche Musik der User schon in seiner Sammlung besitzt oder positiv bewertet hat, suchen andere Nutzer mit einem ähnlichen Profil, schauen dann, was die sonst noch hören, und empfehlen eine Auswahl daraus. Heute schon kann man sich im Netz spezielle «Radiosender» suchen, Musikkanäle, die genau das Schema von Musik spielen, das einem gefällt. Ähnliche Entwicklungen gibt es ja auch zur «personalisierten Zeitung»: Ein Computersystem merkt sich, was für Artikel der Leser in der Vergangenheit abgerufen hat, und bietet ihm jeden Morgen eine entsprechende Nachrichtenmischung an.

Ich habe solche Konzepte immer sehr kritisch gesehen, unter anderem, weil ich Journalist bin und den Ehrgeiz habe, mit meinen Artikeln auch Menschen auf ein Thema aufmerksam zu machen, auf das sie eben nicht von selbst gekommen wären. Wenn wir uns die Musik von Computeralgorithmen empfehlen lassen, dann besteht die Gefahr, dass wir nur unsere Erwartungen bestätigt bekommen. Daniel Levitin fordert von solchen Systemen, dass sie einen «Abenteuer-Knopf» haben, an dem der Hörer einstellen kann, wie weit er sich aus dem geschützten Bereich seiner Hörgewohnheiten herauswagen will.

Steht also jedem im Prinzip die ganze Welt der Musik offen, wenn er nur bereit ist, aus seinen Schemata auszubrechen? David Huron gießt in seinem Buch *Sweet Anticipation* ein bisschen Wasser in diesen Wein. Insbesondere was die Aneignung von Musik fremder Kulturen angeht, ist er pessimistisch. Das statistische Lernen ermögliche es zwar, sich an alle möglichen Musiken dieser Welt zu gewöhnen, aber das sei nicht gleichzusetzen mit Verstehen. Man könne wohl ein neues auditives Schema relativ schnell erlernen, doch seien die mentalen Repräsentationen von Musik, die wir in unserer frühen Kindheit gelernt haben, erheblich weniger flexibel. Als Beispiel habe ich in Kapitel 3 schon die musikalischen Skalen gebracht: Wir haben als Angehörige der westlichen Kultur unsere 12-tönige Skala so weit verinnerlicht, dass wir indische oder arabische Musik, die eine andere Tonleiter verwendet, beim Hören zwangsläufig in diese Skala hineinpressen – wir runden die

Töne auf oder ab zu denen, die wir erwarten, auch wenn sie dann für unsere Ohren ein bisschen «schief» klingen.

In den letzten Jahren ist zum Beispiel eine ethnisch angehauchte Lounge-Musik in Mode gekommen, etwa auf den «Buddha-Bar»-Kompilationen. Und die besteht häufig daraus, dass man eine Aufnahme aus einem außereuropäischen Kulturkreis nimmt und darüber eine hochgradig kitschige westliche Synthesizer-Soße gießt. Das Fremde wird dabei degradiert zu einer exotischen Klangfarbe, mit einer Auseinandersetzung mit dem anderen Kulturkreis hat das wenig zu tun.

Es geht mir nicht darum, Musikern mit dem moralischen Zeigefinger zu kommen oder ein ethnologisches Reinheitsgebot aufzustellen. Selbstverständlich darf jeder machen, was er will, und jeder darf auch hören, was er will, und Musik aller Art als Hintergrundkulisse verwenden, sei es nun Jazz, weil er irgendwie cool klingt, oder arabische Musik, weil sie gut in ein Café passt, in dem die Wasserpfeifen kreisen. Nur beschreibt Huron eine Form von kulturellem Imperialismus, die vor allem Auswirkungen in den Ländern hat, aus denen diese Musiken kommen. Wenn ein Heranwachsender in Korea hauptsächlich moderne koreanische Popmusik höre (die auf der westlichen Musiksprache aufbaut), dann werde es ihm später schwerfallen, sich auf die traditionelle koreanische Musik einzulassen, selbst wenn er die Sprache spricht, die Mythologie kennt, die Geschichte und die sozialen, politischen und religiösen Umstände. All dieses Wissen erlaube ihm nicht notwendigerweise, «die Klangfolgen entsprechend dem psychologischen Muster zu erfahren, das dem eines traditionell erfahrenen Hörers entspricht». Anders gesagt: Wer nicht in einer Kultur aufgewachsen ist und seinen Hörsinn dort geschult hat, der wird die Musik auch nie «richtig» verstehen.

Musikethnologen mögen diese fremden Klänge sammeln und archivieren, aber irgendwann wird es keinen Geist mehr geben, der diese Musik angemessen erfahren kann. Da ist es ähnlich wie mit den Bemühungen, das Aussterben von Sprachen zu verhindern: Irgendwann gibt es sie im besten Fall noch als Dokumentation auf Tonbändern und Mitschriften – aber wenn sie niemand mehr spricht, sind sie faktisch tot und nur noch ein Fossil von akademischem Interesse.

9. Doctor, Doctor
Musik und Gesundheit

> Jede Krankheit ist ein musikalisches Problem –
> die Heilung eine musikalische Auflösung.
>
> *Novalis*

Dass Musik eine heilsame Wirkung hat, ist schon seit Platon bekannt. «Musik und Rhythmus finden ihren Weg zu den geheimsten Plätzen der Seele», sagte der sinngemäß. «Mit Musik geht alles besser», meint der Volksmund, und es ist schon fast eine Binsenweisheit, dass Musik zum körperlichen und seelischen Wohlbefinden beiträgt – schließlich mag fast jeder Mensch Musik, und wenn man die richtige Musik für seinen Geschmack findet, dann unterstützt das jede Therapie.

Unter dem Etikett «Musiktherapie» kann man eine verwirrende Vielfalt an Behandlungsmethoden finden: von esoterischen Ritualen bis hin zu evidenzbasierten, das heißt auf harten wissenschaftlichen Studien aufbauenden medizinischen Methoden. Wissenschaftliche Untersuchungen zum Erfolg dieser diversen Therapien gab es bis vor kurzem kaum. Noch 1994 stellte der Psychotherapieforscher Klaus Grawe in seinem Standardwerk *Psychotherapie im Wandel* fest, die Forschung zur Musiktherapie sei «außerordentlich dürftig». Das hat sich in den vergangenen Jahren geändert. Zwar gibt es noch immer allerlei esoterischen Wildwuchs, inzwischen bemühen sich aber viele Forscher um eine empirische Fundierung ihrer Methoden.

Zwischen Esoterik und Evidenz

Etwa 2000 Musiktherapeuten gab es im Jahr 2006 in Deutschland, sie organisieren sich in mehreren Fach- und Berufsverbänden, der größte davon ist die Deutsche Gesellschaft für Musiktherapie (DGMT). Für den Laien ist die Vielfalt der Therapien verwirrend: Viele Verfahren benennen sich nach ihrem Erfinder, etwa die «Orff-Musiktherapie». Andere sind nach der psychotherapeutischen Richtung benannt, von der sie herkommen, etwa die «verhaltenszentrierte Musiktherapie». Nur wenige dieser Therapien machen sich die Mühe, die Wirkung der Musik objektiv zu belegen – ist sie nur eine «Begleitmusik» zur Psychotherapie, oder trägt sie wirklich eigenständig zur Heilung bei? Um das herauszufinden, muss man wohlüberlegte Studien anstellen, aber das tun die wenigsten Verfechter dieser Verfahren. «Trotz der Notwendigkeit empirisch überprüfter Behandlungskonzepte und Wirkprinzipien der Musik», schreibt der Heidelberger Psychologe Alexander Wormit, «steht ein schulenorientiertes und neuerdings eklektisches Denken in der deutschen Musiktherapie immer noch im Vordergrund.»

«Die musiktherapeutische Szene ist geprägt durch romantische Vorstellungen», sagt auch Thomas Münte von der Universität Magdeburg, und der Hannoveraner Musikforscher Eckart Altenmüller spricht von der «Strickpulliecke», aus der sich die Disziplin befreien müsse.

Das Deutsche Zentrum für Musiktherapieforschung (DZM) in Heidelberg hat es sich zum Ziel gesetzt, die evidenzbasierte Musiktherapie zu fördern – also jene, die sich streng kontrollierten Studien stellt. Dessen Geschäftsführer Hans Volker Bolay betont, dass auch andere Methoden ihren Platz haben. «Evidenzbasierte Verfahren können kein K.-o.-Argument gegenüber bewährten Methoden sein, die mit klassischen Methoden der Psychologie evaluiert worden sind», sagt er. Allerdings gibt auch er zu, dass unter dem Namen Musiktherapie einiges firmiert, was allenfalls der Psychohygiene dient. «Ich nenne das die musikalische Hausapotheke, mit der man viel Geld machen, aber wenig bewirken kann», sagt Bolay.

Er teilt die musiktherapeutischen Verfahren in drei Gruppen ein: Die erste Gruppe arbeitet mit den Verfahren der evidenzbasierten Medizin und neuerdings auch bildgebenden Verfahren, um direkt die Wirkung von Musik im Hirn festzustellen. Gute Daten gibt es für die Wirkung von Musik bei Schlaganfall, Tinnitus und chronischem Schmerz.

Bei der zweiten Gruppe wird Musik in psychotherapeutischen Verfahren eingesetzt, die sich wissenschaftlich evaluieren lassen, etwa mit Kontrollgruppen und Placebostudien.

Der dritte Bereich schließlich ist die Verwendung von Musik in den diversen Schulen der klassischen Psychotherapie, die ihren Erfolg vor allem durch Fallstudien zu belegen versuchen.

Je nachdem, wie die Musik in der Therapie verwendet wird, unterscheidet man zwischen der aktiven Musiktherapie, bei der die Patienten selbst musizieren, und der rezeptiven, bei der sie lediglich Musik hören. Das ist ein wichtiger Unterschied – aktives Musizieren baut das Gehirn ja in gewisser Weise um, das ist vor allem wichtig, wenn man die Plastizität des Gehirns nutzen will.

Vorsicht ist geboten, wenn eine Therapie verspricht, das Hören einer bestimmten Musik habe eine bestimmte heilende Wirkung – nach allen modernen Erkenntnissen ist die Wirkung von Musik von der persönlichen kulturellen Erfahrung abhängig und nicht zu verallgemeinern. Mit Klassik gegen Depressionen – solche oft aus der esoterischen Ecke kommenden Wohlfühlangebote sind einfach Humbug.

In den nächsten Abschnitten soll es um solche Formen der Musiktherapie gehen, deren Wirksamkeit tatsächlich in kontrollierten Studien belegt ist und bei denen Musik nicht nur die Stimmung aufhellt, sondern nachprüfbar die körperlichen Leiden von Kranken heilt oder lindert. Besonders eindrucksvoll funktioniert das bei Patienten, deren Gehirn geschädigt ist – durch einen Schlaganfall oder eine degenerative Erkrankung – und denen Musik hilft, ihre alten Fähigkeiten wiederzugewinnen.

Es begann mit einem Kribbeln

Erich Paul Richter, Organist und Cembalist der Messiaskirche in Hannover, hatte am 1. Februar 2007 noch spätabends in seiner Wohnung am Flügel gesessen. Als er vom Instrument aufstand, stolperte er. Doch er dachte sich wenig dabei und ging zu Bett.

Das war sein Fehler. Richter ist kein Mediziner, sonst hätte ihn das Kribbeln auf dem linken Handrücken misstrauisch gemacht – für Ärzte ein eindeutiges Zeichen. In den ersten drei bis vier Stunden nach einem Schlaganfall gibt es noch Möglichkeiten, das Schlimmste zu verhindern. So aber waren Teile seiner rechten Gehirnhälfte im Schlaf nicht mit Blut versorgt und wurden unwiderruflich geschädigt. Der heute 49-jährige Musiker merkte es erst am nächsten Morgen, als er beim Aufstehen aus dem Bett fiel, weil seine linke Körperhälfte ihm nicht mehr gehorchte.

Nach einem Krankenhausaufenthalt kam Richter in eine neurologische Rehaklinik. Dort mussten zunächst sein linker Arm und sein linkes Bein passiv bewegt werden, um den spastischen Verkrampfungen entgegenzuwirken. Als Nächstes hätte eine langwierige Physiotherapie auf ihn gewartet, um die Feinmotorik wieder zu trainieren: Holzstäbchen in vorgebohrte Löcher stecken, Glasperlen auf eine Schnur fädeln, Flaschenverschlüsse auf- und zudrehen. Nicht gerade anregende Tätigkeiten für Menschen, die im Vollbesitz ihrer geistigen Kräfte sind – und zudem eine Therapie mit zweifelhafter Aussicht auf Erfolg.

Richters Glück war es, dass er den Hannoveraner Musikermediziner Eckart Altenmüller kannte. Dessen Doktorandin Sabine Schneider hatte gerade in der Zeitschrift *Journal of Neurology* die ersten Ergebnisse einer Studie zu einer neuartigen Schlaganfall-

therapie veröffentlicht. In dieser und einer weiteren Veröffentlichung konnten Altenmüller und Schneider zeigen: Eine Therapie
mit dem Namen Musikunterstütztes Training (MUT) funktioniert.
Und sie ist traditionellen Methoden überlegen.

«Ich habe gerade die Katastrophe meines Lebens erlebt – jetzt
gehe ich Klavier spielen lernen», beschreibt Eckart Altenmüller
das paradox anmutende Prinzip der Therapie, für die Patienten
keine Vorkenntnisse mitbringen müssen. Sie lernen, einfache
Melodien nach Art von *Alle meine Entchen* zu spielen, zunächst
grobmotorisch auf großen elektronischen Trommeln, später dann,
wenn ihnen die Finger wieder gehorchen, am Keyboard.

Ein arrivierter Berufsmusiker soll nach dem Vorfall, der sein
Leben auf den Kopf stellte, Freude daran haben, quälend langsam
ein Kinderlied auf der Klaviatur zu buchstabieren? «Klar habe ich
andere Vorstellungen», sagt Richter, «aber ich freue mich daran,
überhaupt wieder irgendwelche Bewegungen mit der linken Hand
machen zu können.»

250 000 Menschen haben jedes Jahr in Deutschland einen
Schlaganfall. Bei 90 Prozent von ihnen ist der Bewegungsapparat
betroffen. Thomas Münte, der als Arzt an der Universität Magdeburg den klinischen Teil der MUT-Studien betreute, schätzt, dass
ein Drittel dieser Patienten für die Musiktherapie in Frage käme
– immerhin etwa 70 000 Menschen.

Bemerkenswert an den MUT-Studien ist, dass sie den Kriterien
der evidenzbasierten Medizin genügen. Die Methode wurde an einer Gruppe von über 60 Patienten getestet, die Hälfte der Schlag-
anfallopfer erhielt im selben Umfang traditionelle Therapien. Bei
den Patienten, die MUT bekamen, verbesserten sich die wichtigsten Bewegungsparameter im Verlauf von 15 Übungssitzungen
deutlich. Und – peinlich für die Rehaszene – die traditionellen
Physio- und Ergotherapien brachten praktisch keinen Fortschritt
für die Kranken.

Dass die Betroffenen so gut auf die musikalische Therapie ansprechen, hat damit zu tun, dass Musik ein so globales Phänomen

257

im Hirn ist und neben dem Gehör auch den Bewegungsapparat, das Gefühl und den Verstand anspricht. Weil bereits die kurze Beschäftigung mit Musik offenbar messbar das Gehirn «umbaut» (siehe Seite 284), kam Altenmüller auf die Idee, sie für die Therapie von Schlaganfallpatienten einzusetzen. Denn nach dem Anfall sind die grundlegenden motorischen Fähigkeiten des Muskelapparats nicht verschwunden – im Gegenteil, bei spastischen Lähmungen werden die Muskeln zu stark aktiviert und verkrampfen sich, weil über das Rückenmark eine unkontrollierte Informationsflut auf sie einströmt.

Die Kontrolle wiederzugewinnen, die vorher von den geschädigten Hirnpartien ausgeübt wurde, ist das Ziel der Therapie. «99 Prozent der Kontrolle ist Hemmung von Information, und Feinmotorik ist die Unterbindung von Grobmotorik», sagt Altenmüller. Wie ein Kleinkind muss der Patient neue Hirnareale darauf trainieren, Schritt für Schritt die Herrschaft über seine Extremitäten zu gewinnen.

Das ist ein langwieriger Prozess; biblische Wunder vollbringt auch die Musiktherapie nicht. Noch eineinhalb Jahre nach dem Schlaganfall bedarf es geduldiger Vorbereitungen, bevor Richters Finger so weit sind, einfache Melodien zu spielen. Der Arm wird auf eine spezielle Halterung gelegt, damit er völlig entspannt ist und Richter die verkrümmten Finger strecken kann. Erst dann löst er vorsichtig die Impulse aus, die den Noten entsprechen. «Als wenn man sprechen wollte, ohne das Gesicht zu verziehen», beschreibt Richter diese Anstrengung. Stolz ist er darauf, dass er inzwischen nicht nur kleine Melodien spielen kann, sondern bereits den Daumenuntersatz beherrscht, der nötig ist, um eine längere Tonfolge zu spielen – eine Fähigkeit, die er in seinem früheren Leben im Schlaf beherrschte. Und er beginnt schon, beidhändig Stücke zu spielen, bei denen die linke Hand nicht viel zu tun hat. Die rechte ist ja virtuos wie eh und je.

Ein weiteres eindrucksvolles Beispiel dafür, dass Musik die Plastizität des Gehirns nach einem Schlaganfall nachweislich fördern kann, hat Gottfried Schlaug von der Harvard Medical School in Boston geliefert. Er studiert aphasische Patienten – Menschen, die ihr Sprachvermögen verloren haben. Bei ihnen ist das Broca-Areal in der linken Hirnhälfte geschädigt. Aphasiker können verstehen, was andere zu ihnen sagen, sie wissen auch, was sie antworten wollen, aber sie können es nicht artikulieren. Schlaug zeigt gern das Video eines Mittsiebzigers, der 2003 einen Schlaganfall hatte. Er kann im Film nicht einmal seinen Namen sagen, und auf die Frage nach dem Text von *Happy Birthday* kommt nur ein hilfloses Nuscheln. Als Schlaug ihn aber bittet, *Happy Birthday* zu singen, kommt ihm das Lied fehlerfrei über die Lippen, inklusive Text.

Der Grund dafür ist, dass wir den Text von Liedern in einem Hirnareal verarbeiten, das in der rechten Hirnhälfte angesiedelt ist. Offenbar gibt es also dort auch ein Sprachvermögen. Die Melodic Intonation Therapy (abgekürzt MIT) soll bewirken, dass diese Hirnregion die linguistischen Fähigkeiten des zerstörten Broca-Areals übernimmt. Die Methode wurde schon 1973 von dem Arzt Martin Albert in Boston entwickelt, nun konnte ihre Wirksamkeit erstmals in einer kontrollierten Studie nachgewiesen werden.

In den ersten Therapiestunden setzt sich die Therapeutin dem Kranken gegenüber, ergreift seine linke Hand und bewegt sie rhythmisch. Dabei singt sie mit ihm kurze Sätze auf einfache Zwei-Ton-Melodien, die sich an die natürliche Sprachmelodie anlehnen. «I am thirsty!», tief-tief-hoch-tief, singen die beiden – der erste Satz, den der Patient nach seinem Schlaganfall äußern kann. So wird über Wochen in vielen Einzelstunden ein Repertoire von Sätzen geübt. Nach und nach wird aus dem Singen wieder ein Sprechen, und nach 75 Stunden Training kann der Patient sich wieder in ganzen Sätzen mit seinem Gegenüber unterhalten – auch wenn die Sprache immer noch stockend kommt und ein wenig fremdartig klingt.

Schlaug konnte zeigen, dass Patienten, bei denen herkömmliche logopädische Therapien über Jahre nichts ausgerichtet hatten, mit musikalischer Hilfe wieder zu sprechen begannen. Und anhand von Hirnscans konnte sein Team demonstrieren, dass der Patient nach der Therapie eine gesteigerte Aktivität in der rechten Hirnhälfte aufwies – genau gegenüber dem Broca-Areal. Der Lerneffekt vergeht nicht nach dem Ende der Therapie, sondern ist auch nach zwei Jahren noch messbar.

Dass die 30 Jahre alte Methode nicht längst zum Standard geworden ist, verwundert Schlaug. «Vielleicht liegt es daran, dass der Therapeut die Hemmung überwinden muss, mit dem Patienten zu singen.» Die Musik liefere ein einzigartiges Vehikel, um die Sprachlosigkeit zu überwinden. «Es ist eine Methode, die jeder Sprachtherapeut kennen sollte.»

Für beide Schlaganfalltherapien gilt: Ihre Wirksamkeit wurde nachgewiesen, aber wie die Musik genau zur Rehabilitation beiträgt, darüber kann nur spekuliert werden. Eine große Rolle könnte der Rhythmus spielen – Studien von Michael Thaut von der amerikanischen Colorado State University haben ergeben, dass das Hören von Rhythmen den unsicheren Gang von Schlaganfallopfern stabilisieren hilft (siehe Seite 111).

Wird Erich Paul Richter jemals wieder «richtig» Klavier spielen können? «Eine Prognose machen wir nicht», blockt der Pianist die Frage ab. «Im Moment ist mir das völlig egal.» Er freut sich an seinen kleinen Lernfortschritten. Motivation, sagt auch Eckart Altenmüller, sei der Schlüsselfaktor für den Erfolg. «Ein depressiver Schlaganfallpatient wird auch am Klavier keine Freude haben.» Inzwischen geht Richter wieder große Strecken zu Fuß, obwohl man ihm schon angeboten hatte, seine Wohnung rollstuhlgerecht einzurichten.

Auf YouTube sieht er sich gern Videos von großen Pianisten an. Und wenn er deren linke Hand in Nahaufnahme sieht oder auch, wenn er alte Aufnahmen von sich selbst hört – «dann fangen meine Finger an, sich von selbst zu bewegen».

Der Ton im Kopf

Die meisten Menschen haben es schon einmal erlebt, zum Beispiel nach dem Besuch eines lauten Rockkonzerts: Der Hörapparat ist überstrapaziert worden, und das äußert sich durch einen unangenehmen Pfeifton im Ohr. Ein solcher Ton kann auch entstehen, wenn das Gehör unterfordert ist. Wenn man Menschen in einen schalltoten Raum sperrt, dann stellt sich bei 90 Prozent von ihnen binnen fünf Minuten ein solcher Pfeifton ein. Fast immer verschwindet dieser Ton nach ein paar Minuten oder Stunden. Bei manchen Menschen aber hält er an, sie leben praktisch ständig mit einem Pfeifkonzert im Kopf. Dieser Tinnitus beeinträchtigt das gesamte Leben, er lenkt ab von wichtigen Aufgaben und verleidet nicht zuletzt auch das Musikhören. Etwa eine Million Menschen ist in Deutschland davon betroffen.

Über die Entstehung des Tinnitus weiß man noch sehr wenig. Er kann nach einer Lärmschädigung auftreten oder nach einem Hörsturz, die Folge einer Innenohrerkrankung sein oder von hohem Blutdruck. Bislang nahm man an, dass der Ton von fehlerhaft arbeitenden Hörzellen «erzeugt» wird, die sozusagen falsche Signale ins Gehirn senden. Inzwischen aber haben bildgebende Verfahren gezeigt, dass der Ton gehört werden kann, ohne dass die Hörbahn, also die «Leitung» von den Sinneszellen zum Gehirn, irgendwelche Aktivitäten zeigt. Das heißt: Der Ton entsteht im Kopf und nicht im Innenohr, der Patient «hört falsch».

Es werden zwar viele Therapien gegen den Tinnitus angeboten, aber ihre Wirksamkeit konnten die meisten bisher nicht unter Beweis stellen. Von starken Medikamenten über allerlei alternative Therapien bis hin zur Durchtrennung des Hörnervs – an Tinnituspatienten wurde schon viel herumgedoktert, aber einen durchschlagenden Erfolg gab es bislang kaum. Am besten funktionierten noch kleine akustische Geräte, die mit einem Rauschen den Pfeifton maskieren, wie man sagt – also den Ton überdecken, sodass er nicht mehr als störend wahrgenommen wird.

Jetzt aber hat ein Team um Hans Volker Bolay am Deutschen Zentrum für Musiktherapieforschung (DZM) in Heidelberg eine Therapie entwickelt. Die befreite in einer klinischen Studie, an der knapp 200 Patienten teilnahmen, 80 Prozent der Probanden entweder ganz vom Tinnitus oder reduzierte den störenden Ton zumindest stark. Ein sehr eindrucksvolles Ergebnis, das natürlich mit Musik erreicht worden ist.

Musik wird bei einigen Tinnitustherapien eingesetzt, meist als Mittel zur Entspannung oder um den Piepton zu übertönen. In der Heidelberger Therapie dagegen will man nicht vom Tinnitus ablenken, im Gegenteil, der Patient soll sich ganz auf ihn konzentrieren und das Hören neu lernen.

Voraussetzung ist zunächst einmal, dass es sich überhaupt um einen definierbaren Ton handelt. Etwa die Hälfte der Betroffenen hört nur ein breitbandiges Rauschen, die anderen einen Ton, der meist so rein wie ein Sinuston klingt – und nur diese Patienten kommen für eine musikalische Therapie in Frage.

Die Therapie besteht dann aus zwölf Sitzungen, die meist innerhalb einer Woche absolviert werden. Zunächst einmal wird der störende Ton mit Hilfe eines Sinuston-Generators genau bestimmt. Dann wird er immer wieder von außen eingespielt. Der «innere» Ton muss Platz machen für einen, der von außen kommt. «Der Tinnitus wird dann variabel», sagt Bolay, «er fängt an zu wandern in der Tonhöhe, er fängt an zu wandern im Kopf.»

Die Musik, die der Patient hört, wird genau an seinen individuellen Pfeifton angepasst. Es geht nicht um «schöne» Musik, sondern um Klangfolgen und Akkorde, die sich um den störenden Ton ranken, denn in diesem Frequenzbereich soll ja das Hören neu trainiert werden. Die Patienten lernen auch, «ihren» Ton zu singen und entsprechende Resonanzen zu erzeugen.

Die Musiktherapie konnte den Tinnitus erheblich besser reduzieren als bisherige Therapien. Aber auch wenn der Pfeifton nicht vollständig verschwand, konnte die Methode dazu beitragen, das Problem zumindest zu lindern: Sie gab den Patienten eine Technik an die Hand, mit der sie ihn aktiv ausblenden und ihre Aufmerksamkeit auf andere Dinge lenken konnten.

«So, wie der Mensch hören lernt», sagt Hans Volker Bolay, «so kann er den Tinnitus hören lernen – oder er kann ihn verlernen.»

Gestörtes Gefühl

Musik ist tief mit Gefühlen verknüpft, und deshalb ist es kein Wunder, dass man Musik auch als Therapie einsetzt bei Menschen, deren Gefühlsleben systematisch gestört ist. Und zwar insbesondere bei zwei Krankheiten, die fast exakt gegensätzliche Krankheitsbilder zeigen: Autismus[*] und das sogenannte Williams-Syndrom. Autisten sind Menschen, deren soziale Interaktion mit anderen schwer gestört ist. Ihnen fehlt die Empathie, das Sich-in-andere-hineinversetzen-Können, sie haben Schwierigkeiten, aus den Gesichtern anderer Menschen deren Gefühl abzulesen, deshalb meiden sie soziale Situationen und ziehen sich eher in sich zurück. Menschen mit Williams-Syndrom dagegen haben praktisch keine Hemmungen Fremden gegenüber, sie gehen auf jeden fröhlich zu, ihnen fehlt das «gesunde Misstrauen». Williams-Patienten sind oft verrückt nach Musik – viele Autisten dagegen machen sich nichts aus ihr.

Menschen mit leichteren Formen des Autismus können durchaus gesellschaftlich «funktionieren». Sie fühlen sich unter Menschen trotzdem fremd. Eine bekannte Autistin, die sogar öffentliche Vorträge hält und damit kein Problem hat, ist die amerikanische Wissenschaftlerin Temple Grandin, die über humane Methoden der Viehhaltung forscht. Wenn sie sich in größeren menschlichen

---

[*] Ich benutze hier das Wort «Autismus» für alle sogenannten Autismusspektrums-Störungen, zu denen auch das Asperger-Syndrom gehört. Das Spektrum reicht von leichter Verhaltensauffälligkeit bis zu schwerer geistiger Behinderung.

Gruppen aufhält, fühlt sie sich wie «eine Anthropologin auf dem Mars» – eine Beschreibung, die einem Buch des Neurologen Oliver Sacks den Titel gegeben hat.

Autisten werden oft als unmusikalisch beschrieben, aber das stimmt so nicht. Während sich viele von ihnen tatsächlich nicht für Musik interessieren, sind andere durchaus fasziniert von ihr. Temple Grandin zum Beispiel kann sich für die komplexe Struktur der Musik von Bach begeistern. Aber auf die Frage von Sacks, ob sie sie genießt, antwortet sie nur, dass sie eine intellektuelle Freude beim Hören dieser Musik empfindet, sie bewegt sie nicht im Inneren.

Manche Autisten sind sogenannte Savants – Menschen, die eine gewisse intellektuelle Spezialität entwickelt haben, eine sogenannte Inselbegabung, und darin fast unglaubliche Leistungen vollbringen, zum Beispiel vielstellige Zahlen miteinander multiplizieren. Es gibt «musikalische Savants», die sich sehr gut Melodien merken können. Aber auch «normale» autistische Kinder haben meist überdurchschnittliche musikalische Fähigkeiten, so besitzt ein großer Teil von ihnen das absolute Gehör. Das wurde von manchen Forschern so interpretiert, dass Autisten die «lokalen» Eigenschaften von Musik, also die einzelnen Töne, besser wahrnehmen können als die «globalen», etwa den Bogen einer Melodie – ähnlich wie sie sich auch sonst in ihrem Leben gern in den Details verlieren, aber die großen Zusammenhänge nicht sehen können. Allerdings konnte das experimentell nicht bestätigt werden. In einem Versuch am Institut von Isabelle Peretz in Montreal schnitten die autistischen Kinder bei musikalischen Tests generell besser ab als eine gleichaltrige Kontrollgruppe – egal, ob es um einzelne Töne ging oder um Melodien.

Große Unterschiede in der Verarbeitung von emotionalen Merkmalen der Musik konnte dagegen Daniel Levitin feststellen. Er untersuchte an der McGill-Universität, ebenfalls in Montreal, ob die Expressivität der Musik, also der Ausdruck, den Musiker in ihr Spiel legen, bei autistischen Menschen ankommt. Dazu wurden von einem Klavierstück vier Versionen aufgenommen: eine mit musikalischem Ausdruck gespielte, eine «mechanische», bei der alle Töne gleich laut waren und der Rhythmus maschinell exakt; außerdem eine Version, die in der Mitte zwischen diesen beiden war, und eine, bei der musikalische Akzente nach dem Zufallsprinzip gesetzt wurden. Aufgabe der Testpersonen war es, diese vier Tonbeispiele entsprechend ihrem musikalischen Ausdruck in eine Reihenfolge zu bringen. Das ähnelt einem Versuch von Stefan Koelsch (siehe Seite 214), und die Kontrollgruppe aus «normalen» Kindern konnte diese Reihenfolge auch sehr gut herstellen. Die autistischen Kinder dagegen waren mit der Aufgabe überfordert. Auch wenn ihnen die Musik gefiel – der emotionale Aspekt ging ihnen ab. «Wir nehmen das als einen Beleg dafür», sagt Daniel Levitin, «dass Individuen mit autistischem Syndrom mehr von den strukturellen Aspekten der Musik angezogen werden als von den expressiven oder emotionalen.»

Trotzdem: Eine musikalische Therapie kann ein Weg sein, Kontakt zu autistischen Menschen zu bekommen, die auf dem sprachlichen Kanal kaum zu erreichen sind. «Wenn wir effektive nonverbale Formen des Musikunterrichts entwickeln könnten», sagt Pamela Heaton von der University of London, die viel mit autistischen Kindern forscht, «dann verstehen wir vielleicht besser, wie diese Kinder lernen und andere Informationen verarbeiten.»

Während die Ursachen der autistischen Störungen weitgehend im Dunkeln liegen, sind sie beim Williams-Syndrom wohlbekannt: Es entsteht durch einen genetischen Fehler auf dem Chromosom 7. Kinder mit Williams-Syndrom haben verminderte kognitive Fähigkeiten (ihr IQ liegt im Mittel um den Wert 60), sie sind oft behindert in ihrer Auge-Hand-Koordination. Und der Experte erkennt sie sofort an ihren charakteristischen, elfenartigen Gesichtszügen.

Es gibt aber einige Bereiche, in denen Williams-Kinder überdurchschnittlich befähigt sind: Sie können sich gut Gesichter merken, haben eine hohe «soziale Intelligenz», ein gewisses sprachliches Talent – und eben eine ausgeprägte Liebe zur Musik. Eine «hypermusikalische Spezies» nennt Oliver Sacks sie, und er berichtet in seinem Buch *Der einarmige Pianist*, wie er einmal in Massachusetts ein Sommerlager von Menschen mit Williams-Syndrom besuchte:

«Alle machten sie einen ungewöhnlich umgänglichen und interessierten Eindruck, und obwohl ich keinem der Camper jemals begegnet war, begrüßten sie mich auf denkbar fröhliche und vertraute Weise – ich hätte ein alter Freund oder Onkel sein können und kein Fremder. Überschwänglich und redselig fragten sie mich, wie meine Anfahrt gewesen sei, ob ich Familie hätte, welche Farben und welche Musik ich bevorzugte. Keiner von ihnen war scheu – selbst die Jüngeren nicht, die in einem Alter waren, in dem die meisten Kinder auf Fremde schüchtern oder ängstlich reagieren. Unbefangen kamen sie näher, nahmen mich bei der Hand, blickten mir tief in die Augen und unterhielten sich mit einer Geläufigkeit, die ihr Alter Lügen strafte.»

Dann berichtet Sacks von den vielfältigen musikalischen Aktivitäten in dem Lager – es wurde praktisch ständig musiziert. Und auch Kinder, die aufgrund ihrer Behinderung Probleme hatten, sich die Schuhe zuzubinden oder die Jacke zuzuknöpfen, verfügten über erstaunliche instrumentale Fähigkeiten.

Die musikalischen Begabungen der Williams-Menschen sind ganz andere als die musikalischer Savants aus dem autistischen Spektrum, bemerkt Sacks, «weil man bei Savant-Talenten häufig den Eindruck hat, dass sie vollkommen ausgebildet zutage treten, mechanisch sind, wenig Verstärkung durch Lernen oder Üben brauchen und weitgehend unabhängig vom Einfluss anderer sind.» Williams-Kinder dagegen wollen Musik immer mit anderen und für andere spielen – für sie ist Musik ein allgegenwärtiger sozialer Klebstoff, der sie mit ihren Mitmenschen verbindet. Daniel Levitin hat in seinem Labor Menschen mit Williams-Syndrom in den Scanner gelegt und sie Musik hören lassen. Er kam zu dem Ergebnis, dass dabei erheblich größere Teile des Gehirns aktiv wurden als bei normal gesunden Menschen. «Ihre Gehirne summten», fasst er dieses Ergebnis zusammen.

Für David Huron von der Ohio State University sind Autismus und Williams-Syndrom «komplementäre» Störungen, die vor allem das Sozialverhalten betreffen: auf der einen Seite die Unfähigkeit, emotionalen Kontakt zu anderen Menschen herzustellen, auf der anderen Seite das ebenso ungesunde völlige Fehlen von Distanz zu den anderen. Und diese Komplementarität spiegelt sich wider in der Art, wie diese Menschen Musik empfinden. Huron sieht darin eine Bestätigung der Theorie, dass die ursprüngliche Funktion eine soziale war (siehe Seite 35), dass wir über Musik Bindungen zu anderen Menschen aufbauen und aufrechterhalten

Musik hat also mehrere Komponenten, die sie so geeignet machen für die unterschiedlichsten medizinischen und psychologischen Therapien: Weil sie eine über das gesamte Gehirn verteilte Aktivität darstellt, ist sie geeignet für Patienten, bei denen die Koordination von Hirnpartien gestört ist. Weil sie eng mit Gefühlen verknüpft ist, eignet sie sich zur Begleitung vieler Psychotherapien. Und schließlich ist sie ein Stoff, der Menschen miteinander verbindet, und deshalb auch zur Intervention bei sozialen Störungen geeignet.

Musik ist tatsächlich heilsam – ein weiterer Grund, sie niemandem vorzuenthalten.

10. I'd like to teach the world to sing
Was Musikunterricht mit uns macht

> Ein Fremder in New York: «Können Sie mir
> sagen, wie ich zur Carnegie Hall komme?»
> Antwort: «Üben, üben, üben!»
>
> *Witz, anonym*

Der Autor Malcolm Gladwell erzählt in seinem Buch *Überflieger*, in dem er die Karrieren besonders erfolgreicher Menschen beschreibt, die Geschichte der frühen Beatles. Die waren 1960 eine von vielen unbekannten Liverpooler Bands, und durch einen Zufall bekamen sie ein Engagement in Hamburg. Das waren noch nicht die Konzerte in großen Hallen, bei denen reihenweise die weiblichen Teenager in Ohnmacht fielen – die Beatles spielten in Strip-Clubs auf der Reeperbahn, vor einem Publikum, das anderes im Sinn hatte, als einer aufstrebenden englischen Band zuzuhören. Aber sie spielten viel, bis zu acht Stunden pro «Schicht».

John Lennon sagte einmal über diese Zeit: «In Liverpool hatten wir immer nur Ein-Stunden-Sessions gespielt, und wir spielten unsere besten Nummern, immer dieselben. In Hamburg mussten wir acht Stunden spielen, also mussten wir eine neue Art zu spielen finden.»

Gladwell rechnet die Live-Praxis der Beatles in ihrer Hamburger Zeit von 1960 bis 1962 vor: Insgesamt 270 Abende standen sie auf der Bühne, nie weniger als fünf Stunden. Bis zu ihrem großen Durchbruch 1964 haben die Beatles über 1200 Live-Stunden absolviert. Das schafft heute kaum eine Band in ihrer gesamten Laufbahn.

Auch wenn die Beatles auf dem Höhepunkt ihrer Karriere, kurz vor ihrer Auflösung, kaum noch live auftraten – diese ersten Jahre haben sie geprägt. Ihr Biograph Philip Norman schreibt in seinem Buch *Shout* über die Hamburger Zeit: «Sie waren nicht gut auf der Bühne, als sie da hinfuhren, und sie waren sehr gut, als sie zurückkamen. Sie lernten nicht nur Ausdauer. Sie mussten auch eine enorme Menge an Stücken lernen – alle möglichen Coverversionen, nicht nur Rock 'n' Roll, auch ein bisschen Jazz. Vorher waren sie überhaupt nicht diszipliniert auf der Bühne. Aber als sie zurückkamen, klangen sie wie niemand anders. Das hat sie geformt.»

10 000 Stunden üben

In den vergangenen Kapiteln habe ich versucht zu zeigen, dass fast jeder Mensch musikalisch ist. Meistens ging es dabei um ein sehr grundlegendes musikalisches Verständnis – um Beweise dafür, dass wir alle die inneren Regeln, die Grammatik der Musik unseres Kulturkreises verinnerlicht haben.

Aber was ist, wenn es um wirklich herausragende musikalische Leistungen geht – um die virtuosen klassischen Geiger, die stilprägenden Jazz-Trompeter, um Ausnahmeerscheinungen wie Mozart oder eben die Beatles? Spätestens da, wird mancher einwenden, kommt doch das Talent zum Tragen, da scheiden sich die Ausnahmebegabungen von der breiten Masse. Oder?

Die Frage, was denn eigentlich eine Begabung ist, haben Psychologen in den vergangenen Jahrzehnten heiß diskutiert. Letztlich fügt sie sich ein in die Diskussion, welche unserer Fähigkeiten angeboren sind und welche durch unser soziales Umfeld bestimmt werden. Mit welchen wir auf die Welt kommen und welche wir erst mühsam erlernen müssen. *Nature versus nurture* heißt das im Englischen, und es ist klar, dass für fast alle menschlichen Fähigkeiten gilt: Weder kommen sie komplett von der «Natur», noch sind sie zu hundert Prozent «Kultur», die Wahrheit liegt irgendwo in der Mitte. Allerdings neigt sich die Waage immer mehr zugunsten derjenigen, die sich an die alten Sprichworte halten, nach denen noch kein Meister vom Himmel gefallen ist oder Übung den Meister macht, dass es ohne Fleiß keinen Preis gibt und Genie aus einem Prozent Inspiration und neunundneunzig Prozent Transpiration besteht.

Im Sport ist eigentlich jedem klar, dass die Grundlage für exzellente Leistung eine Mischung aus angeborenen Eigenschaften und jahrelangem Training ist. Wer ein guter Basketballer werden will, der sollte eine gewisse Körpergröße haben, einfach weil das ein unschätzbarer Vorteil ist – der Weg zum Korb ist kürzer, und man kann sozusagen über den Köpfen der kleineren Konkurrenten spielen. In anderen Sportarten sind die Unterschiede differenzierter: Schaut man sich die Endläufe über 100 und 10 000 Meter bei den Olympischen Spielen an, dann stellt man fest: In beiden Disziplinen sind die besten Sportler Schwarze, auf der Kurzstrecke dominiert der breitschultrige, muskulöse Typ, auf der Langstrecke die hageren, hochgewachsenen Läufer aus Kenia und Äthiopien. Turnerinnen sind meist klein und zierlich, sie würden es auch mit viel Training im Kugelstoßen nicht weit bringen.

In der DDR und anderen Ostblockländern wurde früher gezielt in den Schulen nach «Talenten» für die diversen Sportarten gesucht, und dabei ging es insbesondere um solche körperlichen Anlagen. Allerdings war auch klar, dass das nur eine Voraussetzung für den Erfolg war – der Drill begann dann erst, und der Grund für die Goldmedaillen war nicht, dass es in diesen Ländern so viele körperliche Ausnahmeerscheinungen gab, sondern dass die Sportler von frühester Kindheit aussortiert und auf Weltniveau getrimmt wurden. Teilweise mussten sie es mit lebenslangen körperlichen Schäden bezahlen.

Aber diese Voraussetzungen meinen wir ja auch eigentlich gar nicht, wenn wir von Talent reden. Die Tatsache, dass jemand im

270

äthiopischen Hochland geboren wird und eine gewisse Proportion der Beinknochen aufweist, die ihn für den Langstreckenlauf prädestiniert, fällt für uns nicht darunter. Talent ist eine irgendwie magische Beigabe, mit der jemand auf die Welt kommt. Woraus besteht sie, insbesondere in der Musik?

Bevor wir uns dieser Frage zuwenden, müssen wir noch eine grundsätzlichere stellen: Ist Musikalität überhaupt eine einheitliche Eigenschaft? Wir wenden den Begriff ja auf Menschen mit den unterschiedlichsten Fähigkeiten an: Es gibt herausragende Pianisten, die keine Noten lesen können (zugegeben, wenige). Klassische Geiger, die keine drei Töne improvisieren können. Gitarristen, die beim Singen nicht in der Lage sind, den Ton zu halten. Komponisten, die weder singen noch ein Instrument spielen können.

Und dann gibt es noch die Musikkritiker, die selbst überhaupt keine musikalischen Werke hervorbringen, aber ein sehr gutes Gefühl für die Musik anderer haben, die uns mit ihrem Urteil Orientierung geben. Der 2004 gestorbene britische Radio-DJ John Peel war für die Entwicklung der Popmusik wichtiger als so mancher Musiker, weil er früh das Potenzial von jungen Nachwuchsbands erkannte und ein Gespür für innovative neue Sounds und Stile hatte. Ich habe auch immer die Kritiker bewundert, die eine Platte nur ein paarmal hören mussten und dann ein sehr präzises und auch noch sprachlich auf den Punkt gebrachtes Urteil abgeben konnten. Den guten Kritiker – genannt sei zum Beispiel Konrad Heidkamp von der *Zeit*, der Anfang 2009 viel zu früh starb – zeichnet aus, dass er sein Urteil begründen und vermitteln kann, dass er das Subjektive sozusagen auf eine höhere, allgemeine Ebene hebt.

Was haben alle diese Musik-Spezialisten und -Genies, die wir zu Recht bewundern, gemeinsam? Es ist nicht die Virtuosität auf einem Instrument, es ist nicht der ergreifende musikalische Vortrag, es ist nicht die theoretische Durchdringung von Musik oder lexikalisches Wissen. Der britische Musikforscher John Sloboda von der Keele University fasst das so zusammen: *«Musical ability is the ability to ‹make sense› of music.»* Ich zitiere das auf Englisch, weil dieses *make sense* so schwer ins Deutsche zu übersetzen ist. *To make sense* kann heißen, «sich einen Reim auf etwas zu machen», eine Sache zu verstehen, aber auch etwas hervorzubringen, das für andere «Sinn ergibt». Jemand, der musikalisch ist, bewegt sich sicher in der musikalischen Sprache, er versteht, was andere musikalisch ausdrücken, oder er ist selber zu musikalischen Äußerungen fähig, die andere verstehen (und das heißt bei Musik immer: auf die andere emotional ansprechen).

Wenn man Musikalität so definiert, dann umfasst sie ein breites Spektrum, von den erstaunlichen Fähigkeiten passiver Musikhörer, um die es in diesem Buch so viel ging, bis zur Spitzenleistung von Musikern und Komponisten. Die Musikalität der Masse haben wir nun zur Genüge behandelt – um sie zu entwickeln, reicht es aus, der Musik nur lange genug ausgesetzt zu sein, den Rest macht das Gehirn automatisch. «Der Grad der Expertise», schreibt John Sloboda, «scheint eine monotone Funktion der Dauer der entsprechenden kognitiven Aktivität zu sein» – und er bezieht das auf alle kognitiven Hirnvorgänge. Übung verfestigt Erinnerungen, prägt die Muster im Hirn ein.

Aber gilt das auch für aktive Musiker? Die haben zunächst mal gegenüber den nicht musizierenden Zeitgenossen den Vorteil, dass sie sich viel intensiver und auch auf andere Weise mit musikalischem Material auseinandersetzen. Aber ist bei ihnen auch die Übung alles? Muss dazu nicht noch jenes Quäntchen «Talent» kommen, das das musikalische «Genie» von der Masse unterscheidet?

Um die Frage sinnvoll beantworten zu können, haben Sloboda und seine psychologischen Kollegen vier Merkmale herausdestilliert, die in dem Begriff vom Talent stecken:

1. Es hat genetische Ursachen. Talent ist etwas, mit dem man geboren wird und das man hat – oder eben nicht.

2. Es gibt Methoden, dieses Talent schon früh bei Kindern zu diagnostizieren, eben bevor sie herausragende Leistungen erbringen, und es dann gezielt zu fördern.

3. Diese «Frühdiagnose» ist ein verlässliches Prognoseinstrument – die Talentierten bringen es in ihrer Disziplin weiter als die Untalentierten.

4. Talent haben immer nur wenige. Das liegt sozusagen im Wesen des Begriffs – wir *definieren* Talent so, dass es nur eine kleine Elite von Menschen besitzt. Auch wenn heute Schachprogramme fast jeden menschlichen Spieler schlagen, hat das nicht unsere Vorstellung davon verändert, was ein talentierter Schachspieler ist – eben einer von den wenigen, die besser spielen als der größte Teil der schachspielenden Menschheit.

Was bedeutet es unter diesen Prämissen, dass jemand ein Talent für Sport hat? Es bleiben nur die oben schon erwähnten angeborenen körperlichen Vorzüge übrig. Wenn ein Mitarbeiter von Jogi Löw dagegen in den Jugendmannschaften des Landes auf «Talentsuche» geht, dann schaut er sich um unter jungen Männern, die bereits seit zehn Jahren intensiv trainieren, für die der Fußball schon lange der Mittelpunkt des Lebens ist. Da kann man getrost davon ausgehen, dass der größte Teil ihrer Fähigkeiten antrainiert ist.

Für Leistungen in der Schule gibt es tatsächlich gute Indikatoren – mit einem allgemeinen Intelligenztest kann man schon unter Sechsjährigen diejenigen herauspicken, denen es in der Schule leichter fallen wird, Leistungen zu erbringen, als anderen. Da könnte man von einem allgemeinen kognitiven «Talent» sprechen. Aber bei Musik? Woran erkennt man, dass ein sechsjähriges Kind später einmal ein guter Musiker wird? Körperliche Merkmale können es kaum sein – es gibt Pianisten mit großen und mit kleinen Händen, dicke und dünne Sänger. Motivation ist immer ein guter Prognosefaktor: Ein Kind, das Spaß an der Musik hat, wird mehr Zeit und Energie aufwenden, um seine Fähigkeiten zu schulen.

Ansonsten aber stellen wir Musikalität immer im Nachhinein fest – eben wenn der 16-jährige Pianist Kit Armstrong das klassische Repertoire schon mit bewundernswert «erwachsenem» Ausdruck präsentiert, wie Claus Spahn es in der *Zeit* beschreibt. Aber selbst dieser 16-Jährige hat schon Tausende von Stunden musiziert – und wahrscheinlich einige mehr als seine gleichaltrigen Kollegen.

Um das Angeborene vom Angelernten zu trennen, müsste man in einer Langzeitstudie bei kleinen Kindern eine Prognose stellen, sie über Jahre wissenschaftlich begleiten, ihre Übungszeiten erfassen und schließlich schauen, wer es im musikalischen Leben wie weit bringt. Eine solche Studie gibt es nicht. Was einige Wissenschaftlerteams gemacht haben: Sie haben erwachsene Musiker befragt, wie viel sie in ihrem Leben geübt haben, und dann diese Zahlen verglichen mit der Qualität ihres musikalischen Vortrags. Und dabei kommt fast immer ein erstaunlich enger Zusammenhang heraus.

Die Frage ist zunächst einmal: Wie unterscheidet man die guten von den weniger guten Musikern? Eine unabdingbare Voraussetzung ist natürlich, das Instrument (beziehungsweise bei Sängern: die Stimme) technisch zu beherrschen. Wer einen bestimmten Lauf in einem Stück von Rachmaninow nicht im geforderten Tempo spielen kann, der fällt von vornherein aus der Wertung heraus. Das entspricht der B-Note beim Eiskunstlauf – wer beim dreifachen Toeloop auf die Nase fällt, der kriegt einen kräftigen Punktabzug.

Aber Technik ist nicht alles, vor allem in der heutigen Zeit, in der man die Noten jedes noch so schweren Klavierstücks durch einen Computer jagen kann, und heraus kommt eine technisch perfekte, aber seelenlose Intonation des Stücks. Menschen hören sehr genau den Unterschied zwischen einer maschinellen und einer menschlichen Version (siehe Seite 213), und wenn man die Definition ernst nimmt, dass Musikalität etwas mit «Sinn machen» zu tun hat, dann sind die guten Pianisten diejenigen, die über die reine Technik hinaus mit ihrer Interpretation den emotionalen

Gehalt eines Stückes herausarbeiten können. Der Pianist Arthur Schnabel (1882–1951) sagte einmal: «Mit den Noten gehe ich nicht besser um als andere Pianisten. Bei den Pausen zwischen den Noten – da ist die Kunst angesiedelt!» Für einen Versuch an der Hochschule für Musik und Theater in Hannover nahmen die Forscher trotzdem die Exaktheit der musikalischen Wiedergabe als Maßstab, um die Qualität von Pianisten zu beurteilen – nicht bei der Interpretation eines Stücks, wo Ungleichmäßigkeiten ja durchaus gewollt sind, sondern beim Spielen von Tonleitern, eine manchmal stumpfsinnige Übung, ohne die es wohl niemand auf dem Klavier zu etwas bringt. Die Regelmäßigkeit des Anschlags bei diesen Skalen-Etüden ist leichter messbar als das musikalische Einfühlungsvermögen, wer den Rhythmus gekonnt variieren will, der muss ihn ja erst einmal beherrschen.

Die Forscher um Hans-Christian Jabusch wollten wissen: Kann man die motorischen Fähigkeiten jugendlicher Pianisten in Zusammenhang bringen mit ihrer musikalischen Biographie? Die Parameter, die dabei erfasst wurden, waren auf der einen Seite die Exaktheit ihrer Tonleitern (gemessen in der durchschnittlichen Abweichung der Töne vom Sollwert in Millisekunden) und auf der anderen Seite Werte wie die Zeit, die sie mit Übung verbracht haben, aber auch Größen wie der Spaß an der Musik. Das alles korrelierte ganz hervorragend miteinander, und die Forscher kamen sogar zu einer Formel:

$$A = 44 - 0{,}97 \cdot J - 0{,}6 \cdot Sp_U - 1{,}2 \cdot H + 2{,}9 \cdot Sp_K - 0{,}93 \cdot E - 1{,}6 \cdot Sp_M$$

A ist dabei die mittlere rhythmische Abweichung (in Millisekunden), J ist die Dauer des Klavierunterrichts in Jahren, Sp_U der Spaß am Üben (auf einer Skala von 1 bis 5), H die Häufigkeit des Übens, Sp_K die Freude am Kunstunterricht in der Schule, E der Grad der elterlichen Aufsicht beim Klavierüben und Sp_M der Spaß an der Musik allgemein.

Auch wenn man diese Formel jetzt nicht als einen exakten Ausdruck betrachten muss: Alle Faktoren (außer der Begeisterung für den Kunstunterricht, die offenbar abträglich ist) verbesserten die Exaktheit des Klavierspiels, 10 Jahre Unterricht zum Beispiel gleich um 10 Millisekunden. Wer 15 Jahre Klavier spielt und bei allen anderen Werten optimal dasteht, für den sinkt die Abweichung vom Sollwert auf nur noch 5,7 Tausendstelsekunden. Und ein Faktor T, der für «Talent» stehen würde, kommt in der Formel nicht vor.

Wer nun einwendet, dass solche Messungen die Förderung kleiner «Musikroboter» begünstigten, der sei auf die Studien des schwedischen Psychologen K. Anders Ericsson von der Florida State University verwiesen, die in den 90er Jahren Furore machten und zur sogenannten 10 000-Stunden-Regel führten. Vereinfacht gesagt: Wer Weltklasse auf einem gewissen Gebiet sein will, der muss über einen Zeitraum von zehn Jahren 10 000 Stunden Übung in sein Fach stecken.

Ericsson und seine Mitarbeiter ließen sich von den Musikprofessoren an der Berliner Universität der Künste zehn Violinstudenten nennen, die das Zeug dazu hatten, später einmal international anerkannte Sologeiger zu werden. Weitere zehn Studenten wurden von den Professoren als «gute Geiger» ausgewählt. Und dann nahm man noch zehn Violinisten in die Studie, die keine Ambitionen als Berufsmusiker hatten, sondern Musiklehrer werden wollten. In jeder Gruppe waren sieben Frauen und drei Männer. Die Qualitätsauswahl erfolgte also nicht aufgrund irgendwelcher Messwerte, sondern aufgrund des Expertenurteils der Hochschulprofessoren.

Die Studenten wurden nun unter anderem befragt, seit wann sie Geige spielten und wie viel Zeit sie in ihr Instrument investiert hatten. Fast alle hatten früh mit dem Unterricht angefangen, etwa mit fünf Jahren. Aber drastische Unterschiede zeigten sich in der Zahl der Stunden, die sie geübt hatten: Die weniger ambitionierten Studenten aus der dritten Gruppe hatten insgesamt etwa 4000 Übungsstunden angehäuft, die «guten Geiger» etwa 8000. Die prospektiven Spitzen-Violinisten dagegen hatten schon mit 20 Jahren 10 000 Stunden Geige gespielt.

10 000 Stunden – das ist viel, sehr viel. Wenn man die in einem Zeitraum von zehn Jahren unterbringen will, dann sind das 1000 Stunden pro Jahr oder auch drei Stunden jeden Tag, sieben Tage die Woche. Wobei die Übungszeit bei den Super-Geigern auch nicht konstant war: Sie begannen mit ein paar Stunden pro Woche, wie es halt bei Kindern so ist, die zum Musikunterricht gehen. Aber während die angehenden Musiklehrer es auch später bei dieser Übungszeit beließen, legten die «Experten» von Jahr zu Jahr kräftig zu: Mit zehn Jahren übten sie etwa sechs Stunden pro Woche, mit 15 schon 16 Stunden, und mit 20 Jahren lag ihre Wochen-Probezeit bei stolzen 27 Stunden.

Wenden Sie so viel Zeit für irgendeine Aktivität außer Ihrem Job und Schlafen auf? Dann gehören Sie wahrscheinlich auch zu den Experten auf diesem Gebiet. Denn die 10 000-Stunden-Regel gilt nicht nur für Musiker, sondern laut Ericsson und anderen Psychologen auch in vielen anderen Gebieten: Seien es Schachspieler oder Fußballer, Eisläufer oder Meisterdiebe – 10 000 Stunden in zehn Jahren, das war die Faustregel für das wahre Expertentum.

Die Regel besagt nicht, dass jeder, der nur irgendwie 10 000 Stunden mit einer Tätigkeit verbringt, dadurch automatisch zur Weltspitze gehört. Sie stellt nicht in Abrede, dass die Menschen mit unterschiedlichen Fähigkeiten an den Start gehen, dass sie ein unterschiedliches Lerntempo haben. Sie sagt nur umgekehrt: Ohne diese Zeit-Investition wird man es kaum schaffen. Eben ohne Fleiß kein Preis. «Üben», schreibt Malcolm Gladwell in seinem Buch über die Ausnahmetalente, «ist nicht das, was man tut, wenn man gut ist. Es ist das, was einen gut macht.»

Aber was ist mit den Wunderkindern, die sich ans Klavier setzen und schon in jungen Jahren Meisterwerke komponieren? Was ist mit dem Wunderkind schlechthin, mit Mozart? Mehrere Forscher haben das Schaffen von Mozart unter die Lupe genommen, und alle kommen zu dem gleichen Ergebnis: Auch Mozart, dessen musikalisches Genie unbestritten ist, kam um die 10 000-Stunden-Regel nicht herum.

Der kleine Wolfgang Amadeus wurde schon als Kind von seinem Vater Leopold, dem bekanntesten Musiklehrer seiner Zeit, unter die Fittiche genommen und musikalisch unterrichtet. Mit vier schrieb er seine ersten Kompositionen, mit sieben ging er auf Europatournee, mit acht schrieb er seine erste Sinfonie. Straft diese Biographie nicht alle Thesen Lügen, nach denen nur die Übung den Meister macht?

Musikalische Wunderkinder gab es damals viele, und es war auch durchaus üblich, dass ihre Kompositionen aufgezeichnet wurden. Die Frage ist ja nicht, ob Mozart, der später zum Meister wurde, schon früh Noten geschrieben hat – die Frage ist: Ab wann konnte man seine Werke als erstklassige Kompositionen bezeichnen? Der Autor Robert Weisberg, der das Buch *Kreativität und Begabung – Was wir mit Mozart, Einstein und Picasso gemeinsam haben* geschrieben hat, kommt zu dem Ergebnis, dass Mozart sein erstes Meisterwerk mit 21 Jahren komponierte, das Klavierkonzert Nr. 9 (Köchelverzeichnis 271). Mozarts frühe Werke, auch wenn sie heute im Werkverzeichnis brav aufgelistet werden, sind weitestgehend Kuriositäten und werden kaum öffentlich aufgeführt.

Wenn man seine musikalische «Reife» auf das Alter von 21 Jahren ansetzt, dann kann man Mozart sogar als Spätentwickler einstufen: Bei dem Drill, den ihm sein Vater angedeihen ließ, hat er seine 10 000 Stunden wahrscheinlich schon vor der Pubertät absolviert.

Ein einziges Schlupfloch hat die 10 000-Stunden-Regel vielleicht: Avantgardisten haben es manchmal leichter. Die ersten Punkmusiker, die um 1976 gegen das verrannte Kunstgewerbe der Rockmusik rebellierten, waren tatsächlich blutige Laien an ihren Instrumenten, beherrschten wirklich nur die sprichwörtlichen drei Akkorde. Die Happenings, die Andy Warhol in den 60ern in seiner Factory veranstaltete, verlangten von den Künstlern keine Fertigkeiten, die sie mühsam erwerben mussten. Die ersten Hip-

Hop-Sänger hatten keine Reimschule besucht, sondern dichteten relativ unschuldig drauflos.

Die Zeit der Avantgarde ist aber immer kurz, wenn sich eine neue Musikrichtung entwickelt. Irgendwann gibt es auch für diesen Stil Standards und Konventionen, und wenn viele Musiker ihn praktizieren, dann trennt sich auch dort wieder die Spreu vom Weizen, und Newcomer müssen viele Übungsstunden investieren, um die Standards zu erfüllen. Der Charme des Brachial-Punks von Bands wie den Sex Pistols währte nur wenige Jahre, dann differenzierte sich die Szene aus. Die Songs wurden komplexer, und Musiker wie Joe Jackson, Elvis Costello und The Clash öffneten sich vielen anderen musikalischen Genres.

«Kunst kommt von Können», sagt der Volksmund und drückt damit eine grundlegende Skepsis gegenüber vermeintlich avantgardistischer Kunst aus, die glaubt, auf das Handwerkliche verzichten zu können, und nur noch die mehr oder weniger originelle Idee in den Mittelpunkt stellt. Der Zuschauer oder Zuhörer fühlt sich veräppelt, wenn er überzeugt ist, dass die Menschen auf der Bühne (oder an den Staffeleien) letztlich nicht mehr können als er selber. So, wie man in seinem eigenen Job durch Erfahrung zum Experten geworden ist, so erwartet man das irgendwie auch vom Künstler.

Natürlich ist die Regel von den 10 000 Stunden Übung nur eine grobe Faustregel. Es geht ja nicht nur darum, die Übungsstunden abzureißen, sondern sie sinnvoll zu nutzen, von guten Lehrern motiviert zu werden und Spaß an der Sache zu haben. John Sloboda betont, dass zu dem intensiven Training noch andere Faktoren hinzukommen. «Viel formales Training behindert die Entwicklung der musikalischen Fähigkeit durch die Überbetonung von Leistung.» Auch Eckart Altenmüller beklagt, dass manche Musikstudenten viel zu viel üben würden. Nicht wenige Berufsmusiker leiden unter Leistungsdruck und Stress, haben Angst, die in sie gesetzten Erwartungen nicht zu erfüllen, und landen dann in ärztlicher oder psychologischer Behandlung.

Die Erfahrung zeigt, dass Musiker, die zu viel üben, ab einem gewissen Punkt wieder schlechter werden. Musikalische Fähigkeit ist letztlich das Nicht-Maschinelle, das Nicht-Technische, das interessanterweise kaum systematisch gelehrt wird. Man könnte auch sagen: die Liebe zur Musik.

Der «Mozart-Effekt»

Kinder geraten heute schon in jungen Jahren unter Leistungsstress. Die Frühförderung beginnt immer früher, schon lange vor der Einschulung. Der Trend geht zum Einzelkind, und dieses eine Kind muss dann eine Menge Erwartungen auf Seiten der Eltern erfüllen. In der guten Absicht, dem Kind die besten Chancen für das künftige Leben zu eröffnen, gibt es kaum noch eine spielerische Tätigkeit, die nicht als Mosaiksteinchen gesehen wird in der erhofften geistigen und persönlichen Entwicklung des Nachwuchses.

Kein Wunder, dass da irgendwann auch die Musik ins Visier der Erziehungsratgeber geriet. Mit Musikunterricht kann man viel früher beginnen als mit gezielter mathematischer oder sprachlicher Förderung. Kinder haben eine natürliche Begeisterung für Musik. Und nach allem, was ich in den bisherigen Kapiteln geschrieben habe, kann Musik nur gut sein für die Entwicklung des Gehirns, für emotionale und soziale «Intelligenz». Die Frage ist aber: Lassen sich diese positiven Folgen der Musikerziehung auf andere Felder übertragen? Werden die durch die Musik geschaffenen «Nervenautobahnen», von denen Eckart Altenmüller spricht, vom Gehirn auch für andere Zwecke benutzt, wenn die Musik gerade Pause hat? Macht Musik schlauer?

Musikbegeisterten Menschen (und dazu gehören auch die meisten Musikforscher) ist diese Frage zuwider. Natürlich glauben sie an die förderliche Wirkung der Musik, aber gleichzeitig lehnen sie es ab, Musik als Mittel zu einem anderen Zweck einzusetzen. Musik soll man um der Musik willen machen und nicht deshalb, weil man mit ihrer Hilfe vielleicht besser Dreisatzaufgaben lösen kann. «Während man zum Beispiel vom Deutschunterricht erwartet, dass Kinder Lesen und Schreiben lernen», schreibt der Berliner Philosoph Ralph Schumacher, «wird in den Musikunterricht häufig die Hoffnung gesetzt, dass Kinder nicht nur Singen und zum Beispiel Klavierspielen lernen, sondern anschließend auch über bessere kognitive Kompetenzen in anderen außermusikalischen Bereichen verfügen.»

Schumacher hat für das Bundesministerium für Bildung und Forschung (BMBF) eine Broschüre mit dem Titel *Macht Mozart schlau?* zusammengestellt. Sie geht der Frage auf den Grund, ob Musik dazu geeignet ist, die allgemeinen geistigen Fähigkeiten von Kindern zu verbessern. Die Broschüre ist die Spätfolge einer Arbeit, die 1993 in der angesehenen Zeitschrift *Nature* erschien und deren Ergebnisse unter dem Schlagwort «Mozart-Effekt» bekannt wurden. Die Geschichte dieses – angeblichen – Effekts zeigt sehr schön, wie relativ dürftige wissenschaftliche Ergebnisse aufgebauscht und verfälscht werden können.

Der Artikel in *Nature* war eigentlich nur eine kleine Forschungsnotiz mit dem Titel *Music and Spatial Task Performance* («Musik und das Lösen von räumlichen Aufgaben»). Frances Rauscher und Gordon Shaw von der University of California in Irvine veröffentlichten darin das Ergebnis einer Studie, mit der sie angeblich nachweisen konnten, dass Mozart-Musik kurzfristig die kognitiven Leistungen von Studenten verbessert. 36 Studenten (wahrscheinlich Psychologiestudenten) wurden in drei Gruppen aufgeteilt. Eine Gruppe hörte eine Klaviersonate von Mozart, die zweite Gruppe allgemeine Anweisungen zur Entspannung, und die dritte hörte einfach nur Stille. Danach absolvierten die Studenten einen Test zur räumlichen Vorstellungsfähigkeit, der Teil eines allgemeinen Intelligenztests war: Sie mussten ein Blatt Papier mehrmals falten, mit einer Schere eine Zahl von Schnitten machen und dann vorhersagen, welche Form das entfaltete Papier haben würde.

Die Mozart-Gruppe erzielte Ergebnisse, die im Schnitt acht bis neun IQ-Punkte höher waren als die der Kontrollgruppen. Der Effekt hielt allerdings nicht sehr lange an: Nach 10 bis 15 Minuten war er vorbei, der Vorsprung der Studenten aus der Mozart-Gruppe war wieder dahingeschmolzen.

Aus diesem Bericht den Schluss zu ziehen, dass «Mozart klug macht», verbietet sich eigentlich gleich aus mehreren Gründen. Erstens wurden die Versuchspersonen nicht wirklich klüger, sie erzielten ja nur einen sehr kurzen Effekt der Leistungssteigerung. Zweitens war diese Studie natürlich überhaupt nicht dazu geeignet, den Effekt von Musikerziehung auf das Gehirn zu testen – dazu hätte man die individuellen Biographien der Probanden kennen müssen. Und drittens machten die Autoren auch keine spezifischen Aussagen über die Musik Mozarts, sie hatten schließlich keine Vergleichsmusik, etwa Bach oder Heavy Metal, getestet.

Trotzdem entfaltete der Name Mozart einmal mehr seine schlagzeilenträchtige Wirkung. Die Sache wurde von den Medien aufgenommen und zum «Mozart-Effekt» stilisiert. Ein zweifelhafter Scharlatan namens Don Campbell ließ sich den Begriff patentieren und betreibt seither einen schwunghaften Handel mit Büchern und CDs für alle Lebenslagen. Auch Rauscher und Shaw sprangen auf den Zug auf, den ihre eigenen Forschungen ins Rollen gebracht hatten, und gründeten ein Institut mit dem Namen «The Music Intelligence Neural Development Institute» (M.I.N.D.). Shaw veröffentlichte ein Buch mit dem Titel *Keeping Mozart in Mind*. Politiker ließen sich nicht lange lumpen: In den US-Staaten Tennessee und Georgia beglückten die Gouverneure jedes neugeborene Baby mit einer Mozart-CD.

Frances Rauscher wollte den kognitiven Effekt klassischer Musik sogar im Tierreich nachweisen. 1998 berichtete sie von Versuchen, bei denen sie Rattenbabys vor und nach der Geburt mit

Mozart-Musik beschallt hatte. Nachher konnten die Tiere angeblich besser den Ausweg aus einem Labyrinth finden als die Kontrollgruppe, die keine Musik gehört hatte. Die Forscherin wollte die vorteilhafte Wirkung der klassischen Musik sogar in den sezierten Hirnen der Ratten nachweisen.

Spätestens an dieser Stelle regte sich Widerspruch. Der Psychologe Kenneth Steele von der Appalachian State University schrieb zu den Experimenten, dass die Beschallung der ungeborenen Ratten ziemlich überflüssig gewesen sei, denn Ratten werden taub geboren. Und auch erwachsene Ratten können die meisten Frequenzen, die in einer Klaviersonate verwendet werden, nicht hören.

Doch auch die ursprüngliche Studie geriet unter Beschuss. Mehrere Forscher versuchten, die Experimente zu reproduzieren – mit mehr oder weniger Erfolg. Vor allem aber wurde kritisiert, was für weitreichende Schlüsse Rauscher und Shaw aus ihren Versuchen gezogen hatten.

Der Psychologe Glenn Schellenberg von der University of Toronto hat gleich eine ganze Reihe von Experimenten zum «Mozart-Effekt» gemacht. Er konnte ihn tatsächlich reproduzieren, aber gleichzeitig stellte er einen «Schubert-Effekt» der gleichen Größenordnung fest. Und wenn man Studenten, die sich für Thriller-Literatur interessierten, eine spannende Geschichte vorlas, ergab sich ein kurzfristiger «Stephen-King-Effekt».

Schellenberg schloss daraus, dass der Schlüssel zu der Leistungssteigerung nicht in der Musik Mozarts zu suchen sei, sondern in der Tatsache, dass sie die Stimmung der Studenten verbesserte und ihre Erregung anwachsen ließ. Denn dass eine höhere Erregung die kognitiven Leistungen verbessert, ist aus vielen Studien bekannt. Um das zu testen, führte Schellenberg den Versuch noch einmal mit einem traurigen, langsamen Stück des Barockkomponisten Tommaso Albinoni durch – und siehe da, es gab keinen «Albinoni-Effekt».

Dafür gibt es einen «Blur-Effekt» für Fans der Britpop-Band und einen «Kinderlieder-Effekt» für Vorschulkinder. Flotte, dem Alter und Geschmack der Hörer angemessene Musik scheint generell kurzfristig die Geistesleistung zu steigern.

Frances Rauscher, eine der Erfinderinnen des «Mozart-Effekts», relativiert inzwischen selbst die hochfliegenden Hoffnungen, die viele an ihr erstes Experiment geknüpft haben. «Es wäre sicher falsch zu behaupten, dass uns Mozart generell klüger macht», sagte sie 2006 dem Wiener *Falter.* Auch rät sie vom Kauf angeblich schlau machender CDs für Ungeborene ab. Die werdenden Mütter sollten nicht direkt den Bauch mit Musik beschallen, weil das die Schlafrhythmen des Babys stören würde. «Und Frauen, die auf Heavy Metal stehen, sollen auch in der Schwangerschaft Heavy Metal hören.» Denn nichts ist für das Baby besser als eine Mutter, die zufrieden und guter Stimmung ist.

Von der Behauptung, dass passives Musikhören schlauer macht, bleibt also nicht viel übrig. Was aber ist mit dem aktiven Musizieren? Wer ein Instrument lernt oder im Chor singt, in dessen Gehirn verändert sich eine ganze Menge. Und daher ist die Vorstellung nicht so abwegig, dass das so veränderte Gehirn auch auf anderen Gebieten zu verbesserten Leistungen fähig ist.

Aufbautraining fürs Gehirn

Stellen Sie sich vor, Sie melden sich im Fitnessstudio an, nachdem Sie jahrelang einen bewegungsarmen Lebensstil gepflegt haben. Sie gehen zur ersten Trainingsstunde, es ist alles noch sehr mühselig, aber als Sie abends nach Hause kommen, sagt Ihr Lebenspartner: «Mensch, man sieht schon, wie es wirkt!»

Das würden wir vom Fitnesstraining nicht erwarten. Nicht einmal unter dem Mikroskop könnte man wohl nach einer Trainingsstunde eine Veränderung der Muskelmasse feststellen. Für musikalische Aktivitäten aber gilt: Schon die erste Stunde verändert merklich unseren «Musikmuskel», das Gehirn.

Wer Hanteln stemmt, der zielt darauf, einen ganz bestimmten Muskel lokal zu vergrößern. Im Fitnessstudio gibt es für jede Muskelpartie des Körpers Spezialgeräte, mit denen man just diese eine Partie trainiert. Das Ziel ist also das Wachstum von Körpermasse, und das braucht halt seine Zeit.

Musik dagegen ist, wie wir gesehen haben, im Gehirn kein lokales Phänomen. Es geht im Wesentlichen nicht darum, eine bestimmte Hirnregion wachsen zu lassen (das geht überhaupt nur sehr eingeschränkt, vor allem bei älteren Menschen). Nein, beim Musizieren werden Regionen, die jeder von uns schon intensiv nutzt, auf neue Weise miteinander verknüpft.

Offensichtlich ist das beim Klavierspiel: Der Tastendruck mit einem Finger wird mit einem bestimmten Ton assoziiert. Wenn man lange genug trainiert, dann ist die Verbindung zwischen der Vorstellung eines Tons und der Ausführung der entsprechenden Handbewegung so weit automatisiert, dass man gar nicht mehr darüber nachdenken muss. Diese Vernetzung kann man nicht erst nach jahrelangem Training nachweisen, sondern schon nach kurzer Zeit. Nach sehr kurzer Zeit, sagen Eckart Altenmüller von der Hochschule für Musik und Theater in Hannover und Marc Bangert von der Harvard Medical School – nämlich schon nach 20 Minuten. Sie veröffentlichten 2003 eine Studie, in der sie die Lernerfolge von Klavierschülern per EEG nachwiesen.

Eine Gruppe von 17 Probanden, die alle noch nie ein Musikinstrument gespielt hatten (solche Testpersonen sind in Deutschland übrigens mittlerweile schwer zu finden), wurde an ein Keyboard gesetzt. Die Leute lernten, «blind» zu spielen – sie hörten einfache Melodien und sollten die korrekten Tasten ertasten, ohne sie sehen zu können. So wollte man vermeiden, noch zusätzliches «Rauschen» im Gehirn zu erzeugen, es ging ja um die Vernetzung von Hörsinn und Bewegung. Zehn Trainingseinheiten von je 20 Minuten Länge absolvierten die Klavierschüler.

Eine zweite Testgruppe hatte eine erheblich frustrierendere Aufgabe: Für sie war der Versuch genauso aufgebaut – nur dass bei jedem Stück die Tastaturbelegung des Keyboards völlig willkürlich verändert wurde. Die Töne waren also nicht mehr wie in einer Tonleiter aufgereiht, sondern zufällig über die Tastatur verteilt. Für jedes Stückchen galt es also, zunächst einmal diese Belegung herauszufinden – und beim nächsten Stück war schon wieder alles anders.

Diese Kontrollgruppe konnte beim besten Willen nichts dauerhaft lernen; es galt lediglich, sich für kurze Zeit eine Tastaturbelegung zu merken, dann kam schon wieder die nächste. Wir kennen das von Telefonnummern, die wir nur einmal anrufen müssen – die sind meist schon nach wenigen Minuten wieder vergessen. Wichtige Nummern dagegen, die wir öfters anrufen, speichern wir schon nach wenigen Malen dauerhaft, und manchmal können wir sie noch nach Jahrzehnten wieder abrufen.

Getestet wurden die Probanden aus beiden Gruppen dann, indem man ihnen Musik vorspielte und dabei die Hirnaktivität per EEG maß. Und prompt zeigte sich: Bei der Gruppe, die auf der «richtigen» Tastatur gelernt hatte, wurden beim Hören von Musik auch die motorischen Zentren des Gehirns aktiv – und das schon nach der ersten Trainingseinheit. Sie spielten also im Geist die Melodie auf dem Keyboard mit. Bei den Probanden mit der zufällig belegten Tastatur war eine solche Wirkung nicht nachweisbar.

Und es gab auch einen umgekehrten Effekt: Wenn die Klavier-Neulinge auf den Tasten eines stummgeschalteten Keyboards spielten, dann wurden auch die entsprechenden Areale im Hörzentrum aktiv.

Diese Versuche sind erstens ein weiterer Beweis für die sogenannte Plastizität des Gehirns, seinen ständigen Umbau. Die «Weisheit» vergangener Jahrzehnte, dass sich im erwachsenen Gehirn nicht mehr viel verändert und wir nur noch abbauen, ist in den letzten Jahren durch viele Versuche widerlegt worden. Insbesondere für die Musik gilt: Was Hänschen nicht lernt, lernt eben Hans. Es ist nie zu spät, den Horizont zu erweitern, und auch ältere Menschen sind durchaus lernfähig. Zwar scheint es für die Musik ebenso wie für die Sprache eine Zeit zu geben, in der das Gehirn besonders aufnahmefähig ist. In Untersuchungen werden immer besonders ausgeprägte Hirnveränderungen festgestellt, wenn die Probanden vor dem 7. Geburtstag mit dem Musikunterricht angefangen haben. Aber das bedeutet nicht, dass das Lernen danach keinen Sinn mehr hätte.

Und das zweite Ergebnis des Versuchs ist eben die Schnelligkeit, mit der die Vernetzung stattfindet. Von ihr waren die Forscher selbst überrascht. Das Phänomen kennt jeder, der ein Musikinstrument lernt und dann zum Beispiel Musiker im Fernsehen sieht. Hatte man vorher nur wahrgenommen, dass der Gitarrist den Hals seines Instruments irgendwie mit den Fingern der linken Hand traktiert, sieht man nun, welche Akkorde er greift. Oft kann man das sogar ohne Videobild heraushören, und es kribbelt in den eigenen Fingern. (Dazu braucht man übrigens, anders als bei Klaviermusik, nicht unbedingt das absolute Gehör, weil zumindest die Grundakkorde auf der Gitarre sich in ihrer Klangcharakteristik stark voneinander unterscheiden – ein G-Dur-Akkord klingt sehr viel anders als ein D-Dur-Akkord.)

Irgendwann wird die Verbindung zwischen Ohr und Hand so direkt, dass man auch bei der Begleitung eines Stückes, das man noch nie gespielt hat, sofort den richtigen Akkord greift. Das fasziniert erfahrungsgemäß Laien (und einige klassisch ausgebildete Musiker, die nie gelernt haben, aus dem Stegreif zu spielen) am meisten: wenn ein Musiker am Klavier oder der Gitarre ein für ihn neues Stück im ersten Anlauf so hinlegt, dass es «richtig» klingt.

Die Veränderung des Gehirns beim Musizieren kommt schnell, aber sie bleibt lange. Forscher haben schon in die Köpfe verstorbener Prominenter geschaut, sei es nun Einstein oder Lenin, und im Gehirn nach den Spuren besonderer Intelligenz oder anderer hervorstechender geistiger Eigenschaften gesucht – meist ohne Erfolg. Die reine Gesamtmasse des Gehirns zum Beispiel sagt wenig darüber aus, ob der Träger besonders schlau war. Doch Musiker scheinen da eine Ausnahme zu sein. «Die Macht der Musik kann man im Gehirn erkennen», sagt der amerikanische Neurologe und Bestseller-Autor Oliver Sacks, der 2007 sein Buch *Der einhändige Pianist* veröffentlichte. «Heutige Anatomen», schreibt Sacks, «hätten Schwierigkeiten, das Gehirn eines bildenden Künstlers, Schriftstellers oder Mathematikers zu identifizieren – aber sie können ohne zu zögern das Gehirn eines Berufsmusikers erkennen.»

Sacks bezieht sich dabei besonders auf Forschungen, die der deutsche, an der amerikanischen Harvard University lehrende Hirnforscher Gottfried Schlaug 1995 veröffentlicht hat. Dabei kam heraus, dass bei Berufsmusikern das sogenannte Planum Temporale – eine Hirnstruktur hinter der Hörrinde, die viel mit der Verarbeitung von Sprache und Musik zu tun hat – stärker asymmetrisch ausgebildet ist als bei musikalischen Laien. Und zwar ist insbesondere bei Musikern, die das absolute Gehör haben, die linke Seite erheblich kräftiger.

Die Forscher zogen daraus den Schluss, dass erfahrene Musiker mehr ihre linke, «rationale» Seite zur Verarbeitung von Musik nutzen und weniger die rechte, «emotionale» (wobei diese Darstellung selbstverständlich vergröbert ist). Man kann es vielleicht so sagen: Für sie ist Musik weniger ein holistischer Gesamteindruck, sondern mehr eine Sprache, die sich rational in ihre Elemente zerlegen lässt. Und so ist ein Teil der Verarbeitung von Musik auf die linke Seite und dort ins Sprachzentrum gewandert.

Ich kann dazu wieder einmal subjektive Erfahrungen beisteuern: Mit etwa 20 Jahren hatte sich mein Musikgeschmack vom einfachen Pop über den teilweise schwülstigen «Art-Rock» von Bands wie Genesis hin zum damals modernen Jazz-Rock (heute nennt man das «Fusion») von Musikern wie John McLaughlin und Chick Corea verlagert. Diese Synthese aus avantgardistischem Jazz und Rock war im Dunstkreis des Jazz-Genies Miles Davis entstanden, und sie sprach mich nicht nur wegen ihrer wilden Energie an, sondern auch, weil sie äußerst komplizierte harmonische und rhythmische Strukturen aufwies. Es war ein intellektuelles Vergnügen, die 11/8-Rhythmen mancher Stücke zu durchschauen oder die Harmonien auf der Gitarre «nachzubauen».

Ein Nebeneffekt dieser Beschäftigung war es, dass wir nur noch mit einem gewissen Hochmut auf die simple Popmusik herunterschauten, frei nach dem Motto: Ein Song, den man nach dem ersten Hören nachspielen kann, wird ja so viel nicht wert sein (das wiederum erinnert mich, angesichts meiner damals doch begrenzten Spielkünste, an den Spruch von Groucho Marx: «Ich mag keinem Club angehören, der mich als Mitglied aufnimmt.»). Immer komplexer wurden die Klangungetüme, und oft verloren sie in ihrer intellektuellen Künstlichkeit das, was Musik ausmacht: das Gefühl.

Dann spielte mir eines Tages ein Freund einen Stapel ganz anderer Platten vor: die Sex Pistols, Buzzcocks, Talking Heads – Ikonen der neuen Punk- und New-Wave-Bewegung, die genau die intellektuelle Künstlichkeit der Pop- und Jazz-Musik bekämpfte, für deren Kompositionen oft eine Schallplattenseite nicht reichte. Stattdessen spielten sie Zweieinhalbminutenstücke, die zwar mit drei Akkorden auskamen, dafür voller Energie und Emotion waren. Auch ich fing Feuer – und tatsächlich war es mir nach einer kurzen Zeit der Umgewöhnung möglich, die Musik wieder «nichtanalytisch» zu hören. Ich hätte alle Akkorde benennen können, aber wollte einfach wieder davon absehen. Damals gab es noch keine Hirnscanner, es würde mich jedoch nicht wundern, wenn ich in solchen Momenten wieder einen Teil der musikalischen Verarbeitung von der linken zurück in die rechte Hirnhälfte verlagert hätte.

Die Verbindung zwischen rechter und linker Gehirnhälfte ist der sogenannte Balken, in der Fachsprache Corpus callosum genannt. Und die Arbeitsgruppe von Gottfried Schlaug konnte zeigen, dass bei Musikern dieser Balken signifikant größer ist als bei musikalischen Laien. Offenbar fördert das aktive Musizieren also die Kommunikation zwischen den Hirnhälften!

Inzwischen können Forscher sogar anhand von Hirnuntersuchungen fast schon feststellen, was für ein Instrument ihr Proband spielt. Auf der Geige zum Beispiel gibt es keine Bünde wie auf der Gitarre, also Metallstege, die die Tonhöhe exakt festlegen. Geiger müssen immer selbst das «Feintuning» ihres Tons übernehmen, und das auf einem sehr kurzen Griffbrett. Ein Geiger mit schlechtem Gehör kann seine Zuhörer ganz gehörig quälen. Aber umgekehrt gilt eben auch: Geige spielen schult das Gehör, genauer gesagt die Wahrnehmung von winzigen Tonhöhen-Unterschieden.

Musikergehirne sind also anders als das «Normalhirn». Sie weisen Unterschiede in der Verarbeitung von Tönen auf, haben in manchen «musikalischen» Arealen tatsächlich mehr Hirnmasse. «Musik ist der stärkste Reiz für die neuronale Umstrukturierung, den wir kennen», sagt Eckart Altenmüller.

Diese Veränderungen sind vor allem auf drei Prozesse zurückzuführen: erstens die Vernetzung von motorischen und akustischen Zentren im Hirn, zweitens ein größeres analytisches Verständnis für Musik und drittens eine Schärfung der akustischen Wahrnehmung, speziell für die Klänge des eigenen Instruments.

Wenn das Gehirn sich beim Musizieren derart plastisch verändert – hat das dann auch Auswirkungen auf andere kognitive Fähigkeiten, anders als der passive Musikgenuss? Wird die sprachliche oder mathematische Kompetenz gefördert, sozusagen als willkommene Nebeneffekte des Musikunterrichts?

Die Frage ist nicht leicht zu beantworten – es fehlt vor allem an guten Studienobjekten. Musikunterricht zieht sich über Jahre hin, und man darf bezweifeln, dass man eine statistisch gute Stichprobe bekommt, wenn man sich einfach ein paar Kinder heraussucht, die ein Instrument spielen, und eine gleich große Gruppe ohne Musikunterricht. Denn es ist noch immer so, dass Kinder von gutverdienenden, intellektuellen Eltern eher zum Musikunterricht geschickt werden als Unterschichtkinder. Und bei einer guten Studie will man ja einen Faktor isolieren, die anderen aber möglichst konstant halten.

Glenn Schellenberg, der schon zur Relativierung des Mozart-Effekts beitrug, hat mehrere vergleichende Untersuchungen zu dem Thema gemacht. In seiner ersten Studie griff er sich 144 Sechsjährige heraus, die vor der Einschulung einen IQ-Test machten und dann einen zweiten ein Jahr später. Die Kinder wurden in vier Gruppen eingeteilt: Eine erhielt Keyboardunterricht, die zweite Gesangsstunden, die dritte spielte Theater, und die vierte bekam keine außerschulische Förderung. Nach einem Jahr war bei allen vier Gruppen der Intelligenzquotient gestiegen – das ist eine bekannte Konsequenz des Schulunterrichts. Der Anstieg bei den Kindern, die Musikunterricht erhielten, war allerdings größer als bei den beiden anderen Gruppen.

Das war die Situation nach einem Jahr Musikunterricht – wie würde die Sache nach mehreren Jahren aussehen? In einer zweiten Studie ließ Schellenberg 150 Studienanfänger einen IQ-Test machen und korrelierte die IQ-Werte mit der Dauer der Musikerziehung, die die Studenten genossen hatten. Dabei achtete er darauf, andere Werte wie Familieneinkommen und die Bildung der Eltern konstant zu halten. Es ergab sich wieder ein Zusammenhang zwischen IQ und der Zahl der Jahre des Musizierens, auch wenn er kleiner war als in der Studie mit den Erstklässlern.

Schellenberg ist sehr vorsichtig in der Einschätzung seiner Ergebnisse. Da Schule generell den IQ hebt, könnte der kleine Vorteil der Musikschüler einfach daher kommen, dass sie eine weitere «schulartige» Aktivität betrieben haben, anders etwa als Jugendliche, die in ihrer Freizeit Sport treiben. Aber selbstverständlich kann der kleine kognitive Vorsprung tatsächlich an den Veränderungen des Musikergehirns liegen. Allerdings ist der Preis für die paar IQ-Punkte hoch, wenn man die Musik nur als Mittel zum Zweck sieht: Musikunterricht ist langwierig und teuer – kaum eine Investition, die sich unter dem kalten Blick einer Kosten-Nutzen-Analyse rechnet.

«Zusammenfassend sind die Befunde hinsichtlich einer positiven Auswirkung des Musizierens auf andere kognitive Leistungen enttäuschend», sagt auch Eckart Altenmüller. Das kann aber damit zu tun haben, dass in fast allen Studien der IQ als Maßstab herangezogen wird – dabei hat das Musizieren noch ganz andere Auswirkungen auf die Persönlichkeit, zum Beispiel auf das Sozialverhalten. «Wie etwa will man intrapersonale und interpersonale Intelligenz mit vertretbarem Aufwand messen?», schreibt Altenmüller. «Wie sollen ‹kreatives Potenzial›, ‹Selbstvertrauen›, ‹langfristige Zielsetzung›, ‹ästhetisches Empfinden›, ‹emotionale Wärme› in einer Langzeitstudie an schwer kontrollierbaren, hochdynamischen und zahlreichen Einflussfaktoren ausgesetzten biologischen Systemen – nämlich an Kindern – mit wissenschaftlicher Exaktheit erfasst werden?»

Und auch, wenn jeder begeisterte Musiker die emotionale Bildung preist, die man durch die Beschäftigung mit Musik bekommt, sind selbst da Fragezeichen angebracht. «Wo man singt, da lass dich ruhig nieder, böse Menschen haben keine Lieder» – zu dem Spruch gibt es genügend Gegenbeispiele, betont der Wiener Psychologe Oliver Vitouch: «Mindestens ebenso klischeehaft geläufig ist das Bild des sentimentalen Nazi-Schergen, der in romantischem Gestus hingebungsvoll Beethoven und Wagner hört.» Musik hat wohl noch keinen bösen Menschen zu einem guten gemacht.

Späte Liebe

Nun habe ich auf vielen Seiten die Musikalität des Durchschnittsmenschen beschrieben, die regelrechte Sucht, die unser Gehirn nach Musik hat, die vielen positiven Wirkungen des Musizierens und dass man nicht früh genug damit anfangen kann, Kindern den Spaß an der Musik zu vermitteln. Aber was ist mit denen, bei denen die Chance in Kindheit und Jugend verpasst worden ist? Ist es für sie zu spät, noch ein Instrument zu lernen oder zu-

mindest ihre Sangesfähigkeit zu trainieren? Gilt für sie der Satz
«Was Hänschen nicht lernt, lernt Hans nimmermehr»?

Die Frage stellte sich auch Steven Mithen, dessen «Hmmmmm»-
Theorie ich in Kapitel 1 vorgestellt habe. Der Archäologe ist der
festen Überzeugung, dass die Musik nicht nur in unseren Genen
steckt, sondern stammesgeschichtlich weiter zurückreicht als die
Sprache. «Aber gleichzeitig konnte ich keinen Ton oder Rhythmus halten», schreibt Mithen in einem Artikel im *New Scientist.*
Natürlich sagten ihm alle seine musikwissenschaftlichen Freunde,
die er im Lauf seiner Recherchen kennengelernt hatte, das läge nur
daran, dass man ihm die Musik in früher Kindheit ausgetrieben
habe. Auch er könne noch das Singen lernen, selbst mit Mitte 40.

Mithen entschloss sich, ein Experiment zu machen. Er wollte
ein Jahr Gesangsunterricht nehmen und seinen Lernfortschritt do-
kumentieren – mit einem Gehirnscan vorher und nachher. In Larry
Parsons von der University of Sheffield fand er einen Hirnforscher, der das Experiment begleiten wollte, und außerdem suchte
er sich eine Gesangslehrerin, Pam Chilvers. Zwei Lieder wollte
Mithen lernen: *A Gaelic Blessing* von John Rutter und *Lascia ch'io
pianga* von Georg Friedrich Händel.

Vor dem ersten Scan im Juni 2006 nahm er ein paar Stunden
Unterricht und schockierte nach eigenen Worten die Lehrerin mit
seiner völligen Unfähigkeit. Die fMRI-Untersuchung beschreibt
Mithen als ein «grausiges Erlebnis»: Er lag auf dem Rücken im
Scanner und sang die Noten, die ihm auf einem Bildschirm direkt
vor seinen Augen eingeblendet wurden.

Dann kam das Jahr des Übens. Und das war zunächst einmal
frustrierend. In seinem Buch hatte er die soziale Bindungsfunk-
tion von Musik gefeiert, in seiner eigenen Familie sorgten seine
nächtlichen Gesangsübungen zunächst einmal für Unfrieden, vor
allem die Kinder beschwerten sich. Aber nach und nach besserte
sich das, und es gab Momente, in denen er mit seiner Frau sang
und sie beide eine durch die Musik vermittelte Intimität verspür-
ten – bis er sich versang.

293

Der zweite Scan nach einem Jahr war für Steven Mithen nicht weniger stressig als der erste. Im Gesangsunterricht hatte er die korrekte Körperhaltung und Atemtechnik gelernt – aber all das konnte er in der unnatürlichen Position im Scanner nicht anwenden. Frustriert und erschöpft kam er wieder herausgekrochen. Umso erstaunter war er, als Larry Parsons ihm demonstrieren konnte, dass beim zweiten Versuch just die Gehirnregionen eine erhöhte Aktivität zeigten, die für die Wahrnehmung von Tonhöhe und Harmonien zuständig sind. Ganz offenbar zeigte sein Gehirn eine erhöhte musikalische Aktivität, auch wenn ihm selbst der Fortschritt nur marginal vorkam.

Jetzt hätte ich Steven Mithen gern als ein Beispiel dafür angeführt, dass auch der reife Mensch noch seine musikalischen Fähigkeiten entwickeln kann – aber auf meine Rückfrage, ob er denn heute noch singe, kam eine kurze E-Mail: «Ich habe aufgegeben. Es war so viel Arbeit, und ich war so schlecht!»

Damit steht er nicht allein. Viele Menschen, die im mittleren Alter noch einmal mit Musikunterricht beginnen, geben nach einiger Zeit frustriert auf. Ich kann da wieder einmal von eigenen Erfahrungen berichten: Ich habe mir mit 40 ein schönes, altes Klavier gekauft und wollte es noch einmal mit Unterricht probieren. Zwischen dem zehnten und zwölften Lebensjahr hatte ich bereits zwei Jahre Klavierstunden gehabt und auch danach immer mal wieder simple Dinge am Piano gespielt. Daran wollte ich jetzt anknüpfen. Ich suchte mir als Lehrer einen erstklassigen Jazz-Pianisten aus Hamburg, der mich einmal pro Woche zu Hause besuchte. Mein Ziel war ganz klar die Jazz-Richtung, und deshalb habe ich auch nur bedingt notierte Stücke gespielt – es ging darum, die Jazz-Improvisationstechnik am Piano zu lernen. Das war genau das Richtige für mich, dachte ich, eine Menge theoretisches Wissen hatte ich ja schon, und so stellte ich mir vor, dass der Rest mit etwas Üben kein Problem sein würde.

Aber mit dem Üben fing es schon an: Woche um Woche kam der Lehrer ins Haus und fragte, wie viel ich geübt hätte – und ich musste kleinlaut zugeben, dass da diese wichtige Sache im Büro gewesen sei und ich leider, leider nur einmal dazu gekommen sei, meine Akkorde und Skalen zu üben. Erwachsene, insbesondere wenn sie einen anspruchsvollen Job und vielleicht auch noch eine Familie haben, leiden unter extremer Zeitnot, und als Erstes fällt natürlich das Üben hintenrunter. Und wenn man noch einmal an die Geschichte mit den 10 000 Stunden denkt, die den Meister machen: Selbst für die 2000 Stunden, die einen guten Amateur ausmachen, braucht man bei einer halben Stunde pro Tag knapp zehn Jahre – und das mit einem Gehirn, das längst nicht mehr so plastisch ist wie das eines Kindes.

Der andere Grund, warum ich den Unterricht dann doch wieder aufgab: Ich hatte mir einfach ein zu hohes Ziel gesteckt. Erwachsene haben eine jahrzehntelange musikalische Sozialisation hinter sich, und das, was ihnen gefällt, ist dann oft nicht gerade die simpelste Musik. Während Kinder mit einfachen, altersgerechten Stücken ihre ersten Schritte am Instrument machen können, herrscht bei erwachsenen Anfängern eine erheblich größere Diskrepanz zwischen der Musik, die sie gern spielen würden, und der Musik, die sie spielen können. Sie wollen viel, aber die Finger machen nicht unbedingt mit. Und dann noch die Tonleitern! Gerade für den Jazz muss man eine Vielzahl von Skalen beherrschen, und die in jeweils zwölf Tonarten.

Jedenfalls kam es, wie es kommen musste. Ich bewegte mich nicht von der Stelle, war frustriert, und irgendwann habe ich dann aufgegeben. Zum Glück nicht die Musik überhaupt, das Singen ist mir als ein schönes Hobby geblieben.

Noch ein Beispiel eines Menschen, der im reiferen Alter noch angefangen hat, ein Instrument zu lernen: Frank Wilson, ein amerikanischer Neurologe, der seine Erfahrungen mit dem Klavierunterricht in dem Buch *Tone Deaf And All Thumbs?* festgehalten hat, das 1986 erschien. Der Titel besteht aus zwei fast unübersetzbaren englischen Ausdrücken: *tone deaf* hatten wir bereits in einem früheren Kapitel, es heißt wörtlich «tontaub» und bezeichnet

Menschen, die Töne nicht auseinanderhalten können (was ja sehr selten vorkommt). Als *all thumbs* bezeichnet man im Englischen jemanden, der «zehn Daumen» (oder zwei linke Hände) hat, also mit den Fingern nicht sehr geschickt ist. Dass erwachsene Menschen diese beiden Eigenschaften hätten und sich deshalb musikalisch nicht mehr entwickeln könnten, gegen dieses Vorurteil wendet sich Wilsons Buch.

Bei ihm kam die zündende Idee, als er seiner elfjährigen Tochter beim Klavierspielen zusah und sich fragte, wieso das Kind nach sechs Jahren Unterricht so schnelle Noten auf dem Klavier spielen konnte. Die Mechanik der Hand faszinierte Wilson sowieso (er hat später ein sehr erfolgreiches Buch darüber geschrieben), und er rechnet in seinem Buch auch vor, dass ein guter Pianist bei Schumanns Toccata in C-Dur (Opus 7) 24,1 Noten pro Sekunde spielt, verteilt auf zehn Finger. Bis dahin war es für den Anfänger natürlich ein weiter Weg, aber, so schreibt Wilson, sein Leben war danach nicht mehr dasselbe wie vorher. Ich möchte hier gar nicht von seinen langen Übungsstunden erzählen oder von den Problemen mit der Bühnenangst (bei seinem ersten Vorspielabend versagte er völlig), sondern einen Absatz zitieren, der zeigt, wie das aktive Klavierspiel ihm ein Fenster in eine andere Welt aufstieß:

«Ich übte Debussys *La Cathédrale Engloutie* (Die versunkene Kathedrale), als das Klavier plötzlich einen Ton von sich gab, den ich nie vorher gehört oder mir auch nur vorgestellt hatte. Es kam mir fast so vor, als würden das Klavier und ich gleich aus dem Fenster schweben, dass Debussy und ich zusammen im Raum waren, außerhalb der Zeit, gefangen in einer Resonanz, die er in seinem Geist erschaffen hatte, als er das Stück schrieb. Ich spielte den Akkord noch ein paarmal, um sicher zu sein, dass meine Ohren mich nicht getrogen hatten, dann ging ich nach draußen und schaute eine Stunde oder so die Bäume an. Musik kann dich auf diese Weise überraschen, sie lässt dich nachsinnen über die Natur des Menschen oder unsere Vorstellung von Unsterblichkeit.»

Worte können die Erfahrungen kaum fassen, die man beim Musizieren macht, und deshalb ist es so schade, wenn sie so vielen Menschen vorenthalten bleiben. Frank Wilson ist inzwischen ein älterer Herr, er nahm seine ersten Klavierstunden vor 25 Jahren, und ich habe auch bei ihm angefragt, ob er denn der Musik und insbesondere dem Piano treu geblieben ist. «Wir sind umgezogen und konnten das Klavier nicht mitnehmen», schrieb Wilson zurück. «Unsere Tochter, die eigentliche Pianistin in der Familie, hat den Drei-Meter-Flügel gegen eine Ducati getauscht, und jetzt fahren wir alle Motorrad.»

Dem entnehme ich, dass auch bei ihm die musikalische Aktivität eingeschlummert ist. Aber zumindest hat er einige Jahre mit dem Instrument verbracht und dabei wertvolle neue Erfahrungen gesammelt.

In seinem Buch gibt Wilson den spätberufenen Musikern ein paar Ratschläge, wie sie bei der Stange bleiben können. So muss man sich bewusst sein, dass man es wohl nicht mehr in die Carnegie Hall oder einen anderen Musentempel schaffen wird – dazu reicht einfach die Übungszeit nicht mehr aus. Und weil es nicht um eine Profi-Karriere geht, sollte man das Üben nicht nur als eine Vorbereitung auf öffentliche Auftritte betrachten – die Hobbymusiker nur recht selten haben –, sondern als Zweck an sich. Der Weg ist das Ziel, sozusagen. Dilettantismus ist erst in den letzten beiden Jahrhunderten zum Schimpfwort geworden, im 18. Jahrhundert wurde jeder als ein Dilettant bezeichnet, der eine Sache lediglich als Liebhaber um ihrer selbst machte. Es kann ein Segen sein, Musik nur aus Liebe zu machen und dem Perfektionismus der Branche, E oder U, nicht unterworfen zu sein. Und es gibt auch immer mehr Lehrer, die gemerkt haben, dass der Erwachsene einen anderen Zugang zur Musik braucht als ein Kind von sieben Jahren, und dementsprechende Kurse anbieten.

Und für die Menschen, die nicht die Zeit aufbringen können, die das Lernen eines Instruments erfordert, gibt es immer noch den Gesang – vor allem natürlich für die, die schon immer begeistert unter der Dusche oder im Auto gesungen und sich nie getraut haben, das auch vor anderen zu tun. Ein bisschen Stimmbildung brauchen auch diese Menschen, aber die Bahnen im Gehirn zwischen dem Hörzentrum und der Muskulatur des Stimmapparats sind doch schon ganz gut vorgeprägt.

Dem Chorsingen haftet noch immer ein spießiges Image an – dabei ist es der beste Weg für Laien, zum aktiven Musizieren zu finden. Es gibt inzwischen in allen deutschen Städten ein breites Angebot, sowohl was das Niveau, als auch was den Stil angeht: Chöre, die Jazz singen oder kirchliche Musik, Pop mit deutschen oder englischen Texten, das klassische Repertoire von Bach bis zur Moderne. Chöre, die auch Anfänger aufnehmen, oder solche, die fast professionelle Ansprüche an ihre Mitglieder stellen. Es muss eben nicht nur Volkslied sein. Der Deutsche Musikrat veranstaltet alle vier Jahre den Deutschen Chorwettbewerb, und wer einmal bei der Endausscheidung dieses Wettbewerbs war und gesehen und gehört hat, wie Sängerinnen und Sänger aller Altersklassen und Musikstile eine Stadt regelrecht erobern – der kann sich fast die Lektüre dieses Buches sparen, weil er hautnah erlebt, welche Kraft die Musik entfalten kann.

In letzter Zeit ist immer häufiger vom «lebenslangen Lernen» die Rede. Dabei geht es meistens um Qualifikationen, die wir für den Job brauchen und die sich zum Beispiel aufgrund des technischen Fortschritts ständig verändern. Wenn Sie im Büro am Computer arbeiten, dann müssen Sie wahrscheinlich alle paar Jahre wieder eine neue Software lernen, und Sie wissen, dass man dabei zunächst noch jeden Menüaufruf und jede Tastenkombination ganz bewusst und umständlich ausführt, während man nach drei Monaten das neue Programm schon intuitiv bedient und gar nicht mehr bewusst nach jedem Befehl sucht. Das geht, vor allem, wenn man gute Trainer hat, die auch den technikferneren Menschen den Übergang erleichtern. Diese «Automatisierung» von Prozessen und Bewegungen passiert auch, wenn wir Musikunterricht nehmen, und selbstverständlich ist auch in der Musik lebenslanges Lernen möglich. Nur: Anders als im Job zwingt uns

298

niemand dazu, es ist unsere eigene Entscheidung – die Entscheidung zu einem fröhlichen Dilettantismus, der uns Fenster in neue Welten aufstoßen kann.

Das unbeliebte Schulfach

Fragt man Jugendliche nach ihrer liebsten Freizeitbeschäftigung, dann sagen 63 Prozent der Mädchen und 50 Prozent der Jungen: Musik hören. Bei den Mädchen kommt die Musik direkt nach «Freunde treffen». Bei der Frage nach dem liebsten Schulfach dagegen liegt Musik ganz hinten, weit hinter der angeblich so unbeliebten Mathematik.

Irgendetwas stimmt da nicht. Was macht den Musikunterricht in der Schule so unbeliebt? Warum überträgt sich die ursprüngliche Begeisterung, die jeder Mensch für Musik hat, nicht auf die Schulstunden?

Musikunterricht in der Schule hat es nicht leicht. In Zeiten der Pisa-Diskussion geht es um Bildungsstandards, die Jugendlichen sollen fit gemacht werden für die harte Konkurrenz im Leben da draußen, und da rutscht die Musik in der Prioritätenliste der Bildungsplaner ganz nach unten. Musikunterricht zeichnet sich häufig dadurch aus, dass er ausfällt, und wenn er denn stattfindet, dann scheint er die Jugendlichen so zu begeistern, dass sie ihn abwählen, sobald sie die Gelegenheit dazu bekommen. In Hamburg belegen nur noch acht Prozent der Schüler in der gymnasialen Oberstufe Musik, und in Bayern wählen 90 Prozent der Hauptschüler das Fach sogar schon nach der 6. Klasse ab.

Ich war lange nicht in einer Musikstunde einer deutschen Schule, kenne die heutigen Probleme nur aus der Elternsicht, deshalb zitiere ich einmal ein paar typische Szenen aus dem Schulalltag eines Gymnasiums, geschildert von der Musiklehrerin und Fachautorin Beate Dethlefs-Forsbach:

«In der Klasse 6b führt Musiklehrer Meier eine seit Jahren bewährte Unterrichtsreihe zu *Peter und der Wolf* durch, um den Schülern das Hören mit Noten zu vermitteln. Dirk und Mario beginnen zu wiehern, andere Schüler miauen oder bellen, dazwischen klingt ein lautes ‹I-aah›. Nach mehreren Ermahnungen, doch endlich zuzuhören, schaltet Herr Meier entnervt den CD-Player aus und beschließt, mit dieser Klasse keine Musik mehr zu hören. Das gemeinsame Singen hatte er schon vor einem halben Jahr aufgegeben. Nach einem Blick in den schulinternen Lehrplan plant er, in den nächsten Stunden Tonleitern in Dur und Moll bis zu drei Vorzeichen durchzunehmen ...

Nun führt Frau Schulze zusammen mit der Referendarin Frau Goblach in der 10a ein Projekt zur aktuellen Musikszene durch. Die Schüler arbeiten mit Begeisterung in Gruppen an selbstgewählten Themen, sie haben dazu CDs, Videos und viele Materialien mitgebracht. Eine Gruppe geht zur Bibliothek, eine andere ist im Schulhaus unterwegs, um ihren Fragebogen in allen Klassen zu verteilen. Für die nächste Lehrprobe verlangt der Fachleiter jedoch, dass Frau Gobach eine ‹richtige Musikstunde› vorführt.»

Peter und der Wolf – haben wir das nicht alle mal in der Schule durchgenommen? Den *Freischütz?* Die Mozart-Sonaten? Die Unbeliebtheit des Musikunterrichts hat sicher damit zu tun, dass die Sonatenform von Symphonien wenig mit der Lebenswirklichkeit der Jugendlichen von heute zu tun hat. Der Unterricht orientiert sich weitgehend am klassischen Repertoire, in der letzten Stunde vor den Ferien dürfen die Schüler dann ihre Lieblings-CDs mitbringen, die der Lehrer leicht irritiert mit anhört.

Natürlich kann es andererseits nicht die Aufgabe der Schule sein, sich bei den Hörgewohnheiten der Kids anzubiedern. Man muss ja kein halbes Jahr Hip-Hop behandeln, weil die Jugendlichen gerade darauf stehen. Im Gegenteil, Musikunterricht soll ja den Horizont erweitern, die Ohren öffnen für Unerhörtes. Nur hat man manchmal den Eindruck, dass die Lehrkräfte selbst schon recht verstopfte Ohren haben und ihrerseits nicht offen sind für Neues.

Wie in keinem anderen Fach hat der Musiklehrer, vor allem in den höheren Jahrgängen, damit zu kämpfen, dass seine Schüler äußerst unterschiedliche Voraussetzungen mitbringen. Die einen spielen schon jahrelang ein Instrument, haben außerhalb der Schule sehr umfassende und spezielle Kenntnisse erworben, die anderen haben Schwierigkeiten, einen Takt einigermaßen gerade mitzuklopfen. Und natürlich ist es für den Lehrer verlockend, diesen musikalisch unbefriedigenden Unterricht als Pflichtübung zu betrachten und seine Energie eher ins Schulorchester zu stecken, mit dem er dann auf Konzertabenden die bildungsbürgerlichen Eltern beeindrucken kann.

Aber die Tatsache, dass Musik nicht zu den Kernfächern gehört, die unabdingbar für den Erfolg in Studium und Beruf sind und bei der Pisa-Studie ständig abgefragt werden, ist auch eine Chance. Musikunterricht könnte ein Feld sein, in dem Lehrer und Schüler zusammen viele Dinge ausprobieren, Projekte durchführen, fächerübergreifend arbeiten. Indem sie Musik nicht nur analysieren, sondern auch machen, jeder entsprechend seinem Niveau. Mehr als jedes andere Fach ermöglicht Musik das im wahrsten Sinne des Wortes spielerische Lernen. Voraussetzung dafür ist, dass der Unterricht von der Erfahrungswelt der Kinder und Jugendlichen ausgeht und ihnen dann neue Welten eröffnet. Das definiert auch die Rolle des Musiklehrers neu. «Eine Voraussetzung für den Musikunterricht ist die Bereitschaft des Lehrers, auch das Fremde, Ungewohnte, auch Schüler mit andersartigen Musikinteressen zu tolerieren und in den Unterricht einzubeziehen», schreibt Beate Dethlefs-Forsbach.

Ich habe in diesem Buch viele neue Erkenntnisse der Hirnforschung darüber beschrieben, was Musik mit unserem Gehirn anstellt. Die Pädagogen und Didaktiker sind gerade erst dabei, die Konsequenzen dieses neuen Wissens für Kindergarten und Schule umzusetzen. Eine wichtige Erkenntnis ist zum Beispiel: Man kann nie früh genug anfangen. Auch wenn ich im vorigen Abschnitt die über 40-Jährigen animiert habe, Musikunterricht zu nehmen – es ist nie wieder so einfach wie im Kindesalter, am besten vor dem achten Lebensjahr.

Bisher ist es fast ausschließlich den Eltern überlassen, ihre Kinder mit Musikinstrumenten vertraut zu machen. Das zementiert ein soziales Gefälle, das überhaupt nichts mit musikalischen Fähigkeiten zu tun hat. In einigen Bundesländern hat man das erkannt und gibt schon Grundschulkindern klassische Musikinstrumente wie Geige oder Cello an die Hand. Das Projekt «Jedem Kind ein Instrument» ist 2007 in Nordrhein-Westfalen gestartet, bis 2010 soll jedes Kind im Ruhrgebiet die Möglichkeit haben, ein Instrument zu lernen. Das ist teuer, weil viele Familien sich die Instrumente nicht leisten können, und wird von Stiftungen unterstützt. Inzwischen ist der Funke auch auf andere Bundesländer übergesprungen, es gibt entsprechende Initiativen auf kommunaler Ebene oder auch in einzelnen Schulen.

Die Berichte von Lehrern, die solche Programme angestiftet haben, ähneln sich stets: Gerade Kinder aus «bildungsfernen Schichten» oder mit «Migrationshintergrund» nehmen diese Angebote begeistert auf, halten das fremdartige Instrument in Ehren. Mutwillige Beschädigungen gibt es kaum.

Auch außerhalb der Schulen gibt es viele neue Projekte, die Kinder und Jugendliche zum aktiven Musik-Machen anregen. So fährt in Hamburg der «Jamliner» durch die als soziale Brennpunkte bekannten Stadtviertel – ein fahrbares Tonstudio in einem alten Bus, in dem Jugendliche Musik machen und das Ergebnis gleich als CD mit nach Hause nehmen können. Kindergärten werden von «Singpaten» besucht – die singen den Kleinen alte Volkslieder vor, die denen manchmal echt exotisch vorkommen, weil ihre Eltern sie schon nicht mehr beherrschen. Bekannte Musiker wie der Komponist Gino Romero Ramirez gehen in Grundschulen und bringen Schülern aus Migrationsfamilien das Geigen bei. Der Dokumentarfilm *Rhythm Is It!* beschreibt ein Projekt der Berliner Philharmoniker und ihres Dirigenten Simon Rattle, bei dem Schulkinder binnen sechs Wochen eine Aufführung von Strawinskys Ballett *Le sacre du printemps* einstudierten.

Der Sinn all dieser Aktivitäten ist nicht, jedes Kind zu einem späteren Musiker zu machen. Einige werden den Musikunterricht anschließend aufgeben, andere werden weitermachen und ihre 10 000 Stunden üben, um schließlich Meister auf ihrem Instrument zu werden. Und dazwischen gibt es noch ganz viel Raum für die, denen es so ähnlich geht wie mir in meiner musikalischen Biographie: Ich habe vieles angefangen und wieder aufgehört und dadurch vielleicht die Chance verpasst, zu einem wirklichen Spitzenkönner auf dem Klavier, der Gitarre oder an der Stimme zu werden. Trotzdem habe ich das ganze Leben musiziert, und ich bedaure jeden, dem diese Erfahrung versagt geblieben ist.

Wer Musik macht, wird Teil einer großen Gemeinschaft, auch wenn er nicht zu den Genies zählt. In einem Interview im *Zeit-Magazin* hat es der oft unterschätzte Bandleader James Last, der gerade 80 geworden ist, auf den Punkt gebracht: «Es ist eine schöne Vorstellung, irgendwann auf der großen Bühne im Jenseits aufzuspielen und anschließend mit Mozart, Bach, John Lennon, Kurt Cobain, Duke Ellington und all den anderen, die uns mit ihrer Musik so viel gegeben haben, an der großen Bar im Himmel zu sitzen, einen Drink zu nehmen und einige Takte zu spielen.»

Bibliographie

Allgemeine Literatur

Bruhn, H./R. Kopiez/A. C. Lehmann (Hgg.) (2008): Musikpsychologie. Reinbek: Rowohlt.

Hornby, N. (2003): 31 Songs. London: Viking.

Huron, D. (2006): Sweet Anticipation. Cambridge/Mass., London: MIT Press.

Levitin, D. J. (2009): Der Musik-Instinkt. Heidelberg: Spektrum.

Mithen, S. (2006): The Singing Neanderthals. Cambridge/Mass.: Harvard University Press.

Patel, A. D. (2008): Music, Language, and the Brain. New York, Oxford: Oxford University Press.

Sacks, O. (2008): Der einarmige Pianist. Reinbek: Rowohlt.

Spitzer, M. (2002): Musik im Kopf. Stuttgart: Schattauer.

Literatur zu den einzelnen Kapiteln

Kapitel 2

Gray, P. M., B. Krause, J. Atema, R. Payne, C. Krumhansl, L. Baptista (2001): The music of nature and the nature of music. In: Science 291, S. 52–54.

Huron, D. (2001): Is music an evolutionary adaptation? In: Annals of the New York Academy of Sciences, 930, S. 43–61.

Kapitel 3

Koelsch, S., W. A. Siebel (2005): Towards a neural basis of music perception. In: Trends in Cognitive Sciences 9, S. 578–583.

Peretz, I., M. Coltheart (2003): Modularity of music processing. In: Nature Neuroscience 6, S. 688–691.

Kapitel 4

Grahn, J. A., M. Brett (2007): Rhythm and beat perception in motor areas of the brain. In: Journal of Cognitive Neuroscience 19, S. 893–906.

Kapitel 5

Ayotte, J., I. Peretz, K. Hyde (2002): Congenital amusia. A group study of adults afflicted with a music-specific disorder. In: Brain 125, S. 238–251.

Bigand, E., B. Poulin-Charronnat (2006): Are we «experienced listeners»? A review of the musical capacities that do not depend on formal musical training. In: Cognition 100, S. 100–130.

Cuddy, L. L., L. Balkwill, I. Peretz, R. R. Holden (2005): Musical difficulties are rare: A study of «tone deafness» among university students. In: Annals of the New York Academy of Sciences, 1060, S. 311–324.

Dalla Balla, S., J.-F. Giguère, I. Peretz (2007): Singing proficiency in the general population. In: Journal of the Acoustical Society of America 121, S. 1182–1189.

Levitin, D. J. (1994): Absolute memory for musical pitch: Evidence from the production of learned melodies. In: Perception & Psychophysics 56 (4), S. 414–442.

Pfordresher, P. Q., S. Brown (2008): Poor-pitch singing in the absence of «tone-deafness». In: Music Perception 25, S. 95–115.

Kapitel 6

Huron, D. (2005): The Plural Pleasures of Music. In: Proceedings of the 2004 Music and Music Science Conference. Hg. v. Johan Sundberg & William Brunson. Stockholm: Kungliga Musikhögskolan & KTH, S. 1–13.

Juslin, P., D. Västfjäll (2008): Emotional responses to music: The need to consider underlying mechanisms. In: Behavioral and Brain Sciences 31, S. 559–575.

Langner, G. (2007): Die zeitliche Verarbeitung periodischer Signale im Hörsystem: Neuronale Repräsentation von Tonhöhe, Klang und Harmonizität. In: Zeitschrift für Audiologie 46, S. 8–21.

Kapitel 7

Limb, C. J., A. R. Braun (2008): Neural substrates of spontaneous musical performance: An fMRI study of jazz improvisation. In: PLoS ONE 3 (2): e1679. doi:10.1371/journal.pone.0001679.

Maess, B., S. Koelsch, T. C. Gunter, A. D. Friederici (2001): Musical syntax is processed in Broca's area: an MEG study. In: Nature Neuroscience 4, S. 540–545.

Perani, D., M. C. Saccuman, P. Scifo, D. Spada, G. Andresolli, R. Rovelli, C. Baldoli, S. Koelsch (2008): Music in the first days of life. In: Nature Precedings, http://hdl.handle.net/10101/npre.2008.2114.1.

Kapitel 8

Schulkind, M. D., L. K. Hennis, D. C. Rubin (1999): Music, emotion, and autobiographical memory: They're playing your song. In: Memory & Cognition 27, S. 948–955.

Saffran, J. R., E. K. Johnson, R. N. Aslin, E. L. Newport (1999): Statistical learning of tone sequences by human infants and adults. In: Cognition 70, S. 27–52.

Kapitel 9

Argstatter, H., T. K. Hillecke, J. Bradt, C. Dileo (2007): Der Stand der Wirksamkeitsforschung – Ein systematisches Review musiktherapeutischer Meta-Analysen. In: Verhaltenstherapie & Verhaltensmedizin 28, S. 39–61.

Argstatter, H., C. Krick, H. V. Bolay (2008): Musiktherapie bei chronisch-tonalem Tinnitus. In: HNO 56, S. 678–685.

Mottron, L., I. Peretz, E. Melnard (2000): Global processing of music in high-functioning persons with autism: Beyond central coherence? In: Journal of Child Psychology and Psychiatry 41, S. 1057–1065.

Schlaug, G., S. Marchina, A. Norton (2008): From singing to speaking: Why singing may lead to recovery of expressive language function in patients with Broca's aphasia. In: Music Perception 25, S. 315–323.

Schneider, S., P. W. Schönle, E. Altenmüller, T. F. Münte (2007): Using musical instruments to improve motor skill recovery following a stroke. In: Journal of Neurology 254, S. 1339–1346.

Wormit, A. F., H. J. Bardenheuer, H. V. Bolay (2007): Aktueller Stand der Musiktherapie in Deutschland. In: Verhaltenstherapie & Verhaltensmedizin 28, S. 10–22.

Kapitel 10

Ericsson, K. A., R. T. Krampe, C. Tesch-Römer (1993): The role of deliberate practice in the acquisition of expert performance. In: Psychological Review 100, S. 363–406.

Bundesministerium für Bildung und Forschung (Hg.): Macht Mozart schlau? Die Förderung kognitiver Kompetenzen durch Musik. Bonn, Berlin 2006.

Rauscher, F. H., G. L. Shaw, K. N. Ky (1993): Music and spatial task performance. In: Nature 365, S. 611.

Schellenberg, E. G. (2005): Music and cognitive abilities. In: Current Directions in Psychological Science 14, S. 317–320.

Schlaug, G., L. Jäncke, Y. Huang, H. Steinmetz (1995): In vivo evidence of structural brain asymmetry in musicians. In: Science 267, S. 699–701.

Steele, K. M., K. E. Bass, M. D. Crook (1999): The mystery of the Mozart effect: failure to replicate. In: Psychological Science 10, S. 366–369.

Register

A 273
Abbado, Claudio 46
Abraham, Otto 88 f.
AC / DC 224
Adorno, Theodor W. 132, 176
Akkord 164, 166, 211
Akkord, neapolitanischer 192
Aktivierungszustand 226
Albert, Martin 259
Aldridge, David 238, 241
Altenmüller, Eckart 10, 21, 132,
    149–151, 153 f., 157, 177, 233, 254,
    256–258, 260, 279 f., 285, 290, 292
Alzheimer'sche Krankheit 121, 222
Amplitude 161
Amusie 121–126
Aphasie 259
Armstrong, Kit 274
Aslin, Richard 183 f.
Auflösung 64 f., 104, 157, 167, 176,
    191, 233, 269
Ausdruck 118, 207, 210–214, 264 f.,
    274
Autismus 263–267
Autokorrelation 164
Autotune 99, 137

Babysprache 33 f., 40, 185
Baccara 232
Bach, Johann Sebastian 18, 81 f., 119,
    140, 149 f., 158, 208, 213, 215, 264,
    282, 298, 303
Backstreet Boys 242
Bader, Kristian 57

Baha Men 232
Baker, Felicity 246
Balken 289
Bandbreite, kritische 74, 160
Bangert, Marc 285
Barenboim, Daniel 212
Barrabas-Ruf 149 f., 154
Basalganglien 111 f.
Basilarmembran 54 f., 61, 63, 88, 90,
    164
Beach Boys 205
The Beatles 21, 53, 75, 98, 129 f., 140,
    172 f., 190, 205 f., 221, 235 f., 236,
    238, 241, 248, 268 f.
Beethoven, Ludwig van 18, 46, 141,
    182, 188, 203, 292
Begabung 16, 264, 266, 269–280
Békésy, Georg von 61
Belohnungssystem 187
Belohnungszentrum 151
Berliner Philharmonie 302
Bernstein, Leonard 173
Bigand, Emmanuel 144
Bilzingsleben 38
Biographie, musikalische 127,
    234–246, 275, 278, 303
Bläck Fööss 201
Blackmore, Ritchie 94
Blue notes 85
Blues 86, 116 f., 173, 180, 237, 247
Bohlen, Dieter 17
Bolay, Hans Volker 254 f., 262
Boléro 96, 100, 122
Bor, William 246

308

Bösendorfer 97, 212 f.
Braun, Allen 126, 201
Broca-Areal 66, 121, 194, 259 f.
Broca, Paul 121
Brubeck, Dave 115
Bruhn, Herbert 177
Buzzcocks 237, 289
Byrne, David 19

Cage, John 106
Campbell, Don 282
Carlos, Walter 208
Carnegie Hall 268, 297
Cher 19, 137, 231
Chill 149–153, 155, 157
Chilvers, Pam 293
Chopin, Frédéric 213
Chor 36, 46, 120, 132f, 145, 150, 284, 298
The Clash 173, 279
Cocker, Joe 228
Cohen, Leonard 145, 147, 156, 210, 236
Cohn, Mark 113
Computer 10, 18, 22, 52, 56, 93, 97 f., 109, 117, 141, 201, 204–230, 250, 274, 298
Corea, Chick 288
Costello, Elvis 279
Coverville 224
Crosby, Stills, Nash&Young 237
Cross, Ian 26
Cuddy, Lola 127

Dalla Balla, Simone 134 f., 230
Darwin, Charles 19, 26, 29 f.
Datenbank 93, 221
Davies, Ray 223
Davis, Miles 236, 289
Debussy, Claude 296

Deep Purple 94
Dethlefs-Forsbach, Beate 299, 301
Deutsche Gesellschaft für Musik-
therapie (DGMT) 254
Deutscher Chorwettbewerb 298
Deutscher Musikrat 298
Deutsches Zentrum für Musik-
therapieforschung (DZM) 254, 262
«Deutschland sucht den Superstar»
16, 131
Digitalisierung 205
Dilettant 297–299
Dissonanz 80, 158–165, 167, 177, 196
Distanzsinn 49
Dreiklang 165, 166–173, 179, 194
Dunbar, Robin 37
Dur 75, 76 f., 82–87, 140, 165, 166–173, 179, 181, 191, 224, 287, 300
Dur-Dreiklang 165, 169, 172 f., 179
Dur-Tonleiter 77, 168
Dylan, Bob 130, 190

Eagles 140
Ebeling, Martin 164
Eck, Douglas 213
EKP (ereigniskorrelierte Potenziale)
64
Ekseption 208
ELAN 193 f.
Elbphilharmonie 16, 45
Elektroenzephalogramm (EEG) 64, 69, 112 f., 126, 193–195, 213 f., 285 f.
Element of Crime 237
Emotion 21, 30, 69, 131, 145–158, 174 f., 192, 210, 239, 289
Empathie 146, 155 f., 263
Endorphine 37
ERAN 194
Ericsson, K. Anders 276

309

Erinnerung, falsche 226 f.
Erwartung 18, 110, 113–115, 134,
   157 f., 181–193, 220, 232, 246–250,
   279 f.
Escher, M. C. 30
Essaouira 85
Etikette 100
Evolutionstheorie 29–33

Falk, Dean 34
Feeling 201
Fenster, ovales 54 f.
Ferguson, Jim 131
Ferneyhough, Brian 177
Filmmusik 153
Fisher, Sir Ronald Aylmer 31
Flow 202 f.
Fluchtreflex 192
fMRI 65, 104, 195 f., 201, 293
FM-Synthese 208
Franklin, Aretha 145 f.
Free Jazz 106, 176
Frequenz 52–63, 72–81, 86–88, 94–99,
   136, 143, 154 f., 159–164, 208, 262,
   283
Friederici, Angela 193
Fritz, Thomas 158
Frühförderung 280–284
Fury in the Slaughterhouse 148
Fuzzy-Logik 248
Fry 124

Gabriel, Peter 115
Gamble, Clive 38
Gamelan-Orchester 75, 84 f., 177
Gang, aufrechter 34, 39, 105
Gänsehauterlebnis 149–151
Ganztonskala 84
Gedächtnis, autobiographisches
   222–230

Gedächtnis, episodisches 157
Gefühl 16, 19 f., 30, 43 f., 49, 67,
   102 f., 117, 131, 141–144, 145–158,
   167, 174–178, 184, 185–193, 210–
   215, 219, 220–231, 237–252, 258,
   263–267, 271, 289
Gehör, absolutes 42 f., 63, 86–92,
   141, 246, 284–292
Gehör, relatives 86
Gehörgang 55
Gehörknöchelchen 55
Geißenklösterle 29
Geissmann, Thomas 25
Genesis 236, 239, 288
Gesang, gregorianischer 159, 166
Gibbon 25, 32
Gladwell, Malcolm 268, 277
Gleichgewicht 49, 55, 105 f., 191
Glückshormon 151, 175
Gnawa 85
Google 204, 217
Grahn, Jessica 109, 111
Grammatik 167–170, 179–181,
   193–204, 269
Grandin, Temple 263 f.
Grant-Allen 124
Grass, Günter 115
Grawe, Klaus 253
Gray, Patricia 23 f.
Grundakkord 69, 157, 169 f., 191,
   233, 287
Grundfrequenz 58, 78 f., 89, 96,
   160 f.
Grundton 58–60, 72–74, 78–81, 84,
   96, 160–162, 171, 181, 191, 233

Halbtonschritt 75–81, 84, 168 f.,
   183
Händel, Georg Friedrich 293
Hannon, Erin 117

310

Harmonie 33, 63–70, 82, 114, 158,
159–165, 166–178, 190–194,
200–204, 236, 243, 247, 289, 294
Harmonielehre 166
Heaton, Pamela 265
Heavy Metal 245, 282, 284
Heck, Dieter Thomas 219
Heidkamp, Konrad 271
Heintje 219
Helmholtz, Hermann von 82,
160–164
Hendrix, Jimi 31
Hirnstamm 66, 154 f., 157
Hitparade 190, 219
Hmmmmm 39–44, 104 f., 293
Holiday, Billie 240
Homo ergaster 28, 36 f., 104 f.
Homo heidelbergensis 28, 38, 40 f.
Homo sapiens 25–29, 39–41
Hörbuch 210
Hornby, Nick 228, 234 f.
Hörnerv 55, 63–71, 164, 261
Hörschwelle 55
Hörsinn 15, 50, 74, 93–99, 104, 251,
285
Hörzelle 54–56, 62 f., 88, 261
Hörzentrum 63, 88, 104, 202, 286,
298
Hüllkurve 96 f.
Huron, David 31 f., 175 f., 186–188,
191, 225, 250 f., 266 f.

Ibbott, Brian 224
Idle, Eric 98
Improvisation 106, 199–204, 224,
294
Innenohr 54, 61 64, 88, 109, 164, 261
Intelligenz, künstliche 204–218
Interpretation 38, 116–120, 140 f.,
200 f., 210–213, 224, 274 f.

Intervall 67–86, 92, 124, 138 f.,
159–165, 166, 174–178
ITPRA 191 f.

Jabusch, Hans-Christian 275
Jackson Five 240
Jackson, Joe 248, 279
Jamliner 302
Jäncke, Lutz 103
Jazz 21, 24, 45–48, 57, 85, 106, 108,
114, 116–118, 136, 166 f., 176–178,
201–204, 214 f., 236, 238, 244–252,
268, 288–299
Jazz-Rock 288
«Jedem Kind ein Instrument» 302
Johnson, Russell 46
Jud's Gallery 189
Juslin, Patrik 154

Kadenz 100, 191–204
Kehlmann, Daniel 176
Kellaris, James 233
Kennedy, Nigel 248
Kerkeling, Hape 174
Kindheits-Amnesie 243
The Kinks 223
Kirchentonart 172
Klangfarbe 47, 59–63, 67, 72–74, 89,
93–99, 123, 140–143, 187, 190, 196,
210, 251
Klangfarbenmelodie 95 f.
Kleinhirn 111
Kleist, Heinrich von 200
Koelsch, Stefan 11, 13, 16, 66 f., 69,
158, 176–178, 193–195, 197 f., 213 f.,
265
Komma, pythagoreisches 81
Kompressor 99
Konditionierung 155, 185
Konsonanz 82, 159–165, 167, 177

Kontaktsinn 49
Kontur 68 f., 134 f., 182 f.
Konzertsaal 45–49
Kortex, auditorischer 67
Kraus, Peter 86

Ladinig, Olivia 214
Lamont, Alexandra 242 f.
Langner, Gerald 165
Led Zeppelin 94, 113, 225, 235, 246
Legato 211
Leibniz, Gottfried Wilhelm 215
Leitton 191
Lennon, John 231, 268
Lernen, lebenslanges 298 f.
Lernen, statistisches 185, 203, 249
Levitin, Daniel 19, 26, 89, 100 f., 131,
  140 f., 220, 248, 250, 264–266
Lexikon, musikalisches 67–70, 124,
  192 f., 218, 220–231, 234
Lick 202
Limb, Charles 201
Lobi 83
Loftus, Elisabeth 226 f.
Los Del Rio 234
Lounge-Musik 251
Ludwig 216
Lustprinzip 175–177, 187

Mahavishnu Orchestra 236
Markowitsch, Joachim 228
Marshall, Tony 222
Marx, Groucho 289
Maskieren 261
Massive Attack 237
Mastering 99
MBEA 124–126
McCartney, Paul 178
McLaughlin, John 288
McLean, Don 129

Medizin, evidenzbasierte 253–260
Melodic Intonation Therapy 259 f.
Melodie 14 f., 20–25, 40, 57, 63–70,
  72–74, 83, 85, 88–99, 108–115,
  122–126, 132–144, 145, 147, 152,
  158 f., 166–173, 181–185, 187–191,
  197, 200–202, 209, 216 f., 221,
  223, 229 f., 232 f., 257–259, 264,
  285 f.
Melodyne 209
Metrum 67–71, 100–106, 180
Mey, Reinhard 129
Midi 207–214, 224
Miller, Geoffrey 30
Mission Impossible 115
Mitchell, Joni 190
Mithen, Steven 22, 24, 28, 38, 40–44,
  104, 293 f.
Mittelohr 54
Moll 75–81, 83–85, 142, 165, 166–78,
  191, 224, 300
Moll-Akkord 142, 168 f., 173, 191
Moll-Tonleiter 75, 172
Montero, Gabriela 201
Moore, Gary 189
Motherese 33 f.
Mozart, Wolfgang Amadeus 16, 18,
  53, 87, 157, 191, 216, 242, 269,
  277–284, 300, 303
Mozart-Effekt 198, 241 f., 280–284,
  291
Münte, Thomas 254, 257
Musikalität 9, 14–21, 25–29, 87 f., 123,
  133, 139–144, 215, 224, 271–280,
  292
Musikempfehlungssystem 249 f.
Musiktherapie 253–267
Musikunterricht 90 f., 124–128,
  198, 265, 268 f., 280 f., 284–292,
  294–303

Musikunterstütztes Training 257

Muzak 152

N400 194
Nachhall 47–49
Namensgedächtnis 225
Neandertaler 22, 38, 39–44
Nena 108 f.
Neue Deutsche Welle 130
Neue Musik 174–178
New Wave 289
No Doubt 143
Noning, Henkjan 214
Norman, Philip 269
North, Adrian 245 f.
Novalis 253
Nouvel, Jean 46
Nugent, Ted 152

Oasis 143
Obama, Barack 145
Oberton 58–63, 75–81, 83–86, 96 f.,
    136, 160–165, 167, 173
Obertonreihe 160, 173, 208
Ohrwurm 128, 143, 220, 231–234
Oktave 60–63, 72–74, 76–83, 133, 141,
    160–165, 191
Organum 159

P300 126
Panksepp, Jaak 150
Parkinson'sche Krankheit 111 f.
Parson, Larry 293 f.
Partitur 95 f., 209–215, 223
Patel, Aniruddh D. 23, 84, 86, 112
Peel, John 271
Perani, Daniela 196
Peretz, Isabelle 64, 66 f., 124 f., 134,
    179–180, 220, 229, 264
Pfau 31 f.

Pfordresher, Peter 137 f.
Pinker, Steven 27–29
Pink Floyd 61, 115
Pires, Maria João 212
Plastizität 255–260, 286 f.
Platon 45, 253
Plichta, Marzia 225
Police 171
Polygynie 31
Prince 130, 237
Protosprache 40–44
Pubertät 142, 244, 278
Puls 72–74, 106 f., 107–115, 176, 180
Punk 289
Pythagoras 71–80, 81–83, 86, 159,
    163

Queen 61, 234
Query by humming 217

Radiohead 171
Raffaseder, Hannes 94, 143
Raga 75, 84
Ramirez, Gino Romero 302
Rattle, Simon 302
Rauschecker, Josef 231
Rauschen 52–55, 56–63, 72, 261 f., 285
Rauschen, weißes 56
Rauscher, Frances 281–283
Ravel, Maurice 96, 100, 121–123
Red Hot Chili Peppers 221, 240
Reflex 33, 66, 154 f., 186, 192
Residualton 59
Rhythmus 29, 35, 41, 45, 63, 69,
    101–118, 124 f., 143, 148, 158, 164,
    166, 181, 190, 211 f., 217, 223, 245,
    249, 253, 260, 265, 275, 293
Richter, Erich Paul 256 f.
Richthofen, Christian von 57
Rihanna 140

313

Rimski-Korsakow, Nikolai
  Andrejewitsch 183
Rio Reiser 237
Rock 'n' roll 23, 86, 158, 173, 245,
  247, 269
Rolling Stones 130, 142
Roxy Music 235
The Rutles 98
Rutter, John 293

Saccuman, Maria Cristina 196
Sacks, Oliver 123, 223 f., 231 f., 264,
  266, 288
Saffran, Jenny 183
Sampling 97 f., 208 f.
Sängerformant 136
Savant 264–267
Schach 22, 216, 273, 277
Schaeffer, Pierre 97
Schäfer, Frank 219
Schellenberg, Glenn 142 f., 283,
  291 f.
Schema 247–253
Schlaflied 18, 33
Schlaganfall 64, 121, 255–260
Schlaug, Gottfried 259 f., 288 f.
Schmerzschwelle 55
Schmid, Michael 177
Schnabel, Arthur 275
Schnecke 54 f., 61, 88
Schneider, Sabine 256 f.
Schönberg, Arnold 53, 95 f., 175 f.
Schwebung 73 f.
Schulkind, Matthew 229, 239–241
Schumacher, Ralph 281
Schumann, Robert 296
Seeger, Pete 130
Separation call 151
Sex Pistols 279, 289
Shaw, Gordon 281

Shepard-Skala 60 f.
Shepard-Risset-Glissando 61
Sinatra, Frank 97, 240
Sinatra, Nancy 240
Singen 14, 17, 22, 25 f., 28, 32–38, 44,
  60, 64, 67–70, 72, 83, 87–99, 108,
  112, 119 f., 123, 127 f., 129–142, 159,
  178, 201, 209 f., 224, 229, 230 f.,
  234, 259 f., 262, 271, 281, 293, 295,
  298, 300, 302
Singpate 302
Singvogel 23, 88
Sinuskurve 52 f., 59
Sinuston 52–63, 73, 109, 163, 184, 262
Skala 55, 72–74, 75–81, 82–87, 92, 133,
  169, 173, 179, 250 f., 275
Skala, pentatonische 23
Sloboda, John 271 f., 279
Songsmith 170 f.
Sound 46, 48 f., 53, 87, 89, 92, 94–99,
  142 f., 190, 206, 208 f., 223, 236,
  241 f., 271
Spahn, Claus 274
Spannung 36, 91, 167, 191–193
Spears, Britney 224
Spiegelneuron 155 f.
Sprache 9, 18 f., 27 f., 33 f., 39–44,
  47 f., 62, 64, 66, 72, 86, 89, 91, 99,
  104 f., 115, 120, 121–126, 130, 136,
  180 f., 185, 193, 197–200, 204 f.,
  207–210, 215, 251 f., 259, 272,
  287 f., 290–293
Springsteen, Bruce 228, 234
Staccato 211
Starship 240
Steele, Kenneth 283
Steely Dan 237
Steigbügel 54 f., 61
Stimmung, gleichstufige 81–83
Stimmung, mitteltönige 81–83

Stimmung, wohltemperierte 81–83
Stockhausen, Karlheinz 176
Störtheorie 162 f.
Strawinsky, Igor Fjodorowitsch 303
Suzuki-Methode 90 f.
Synkope 114
Synthesizer 97, 108, 208 f., 235, 251
Swing 116–118, 218, 238, 247

Tag 221
Takt ²/₄ 114 f.
Takt ³/₄ 114 f.
Takt ⁴/₄ 114 f.
Talent 120, 268–280
Taliban 22
Talking Heads 289
Techno-Musik 57, 118, 137
Teilton 79 f., 96, 161
Tempo 33, 50, 93, 95, 102, 107, 117 f.,
    134 f., 140–146, 147, 211–215, 221,
    274
Thaut, Michael 111 f., 260
Thema 16, 24, 38, 96, 115, 122 f.,
    183, 188, 190, 202 f., 215 f., 233,
    247–250, 291
Tinnitus 50, 255, 261–263
Tone deaf 120–126, 127 f., 295 f.
Tongeschlecht 165, 166–173
Tonhöhe 33, 42 f., 54, 124 f., 136–142,
    163 f., 179, 196 f., 214, 262, 290,
    294
Tonleiter 23, 60, 72–81, 83–87, 141,
    168–173, 181, 250, 286
Ton Steine Scherben 237
Tonstudio 47, 49, 205 f., 302
Tontaub 120, 126–128, 295 f.
Touma, Habib Hassan 83
Toyota, Yasuhisa 46
T-Pain 137
Trance 175, 202

Trehub, Sandra 33, 117
Tschaikowsky, Pjotr Iljitsch 87
Tune deafness 126
Turner, Tina 228

UB40 242
Unisono 83, 132 f.
Urheberrecht 189

Varèse, Edgar 57
Verschmelzung 164 f.
Vierspurtechnik 206
Vigneault, Gilles 134
Vitouch, Oliver 292
Vivaldi, Antonio 242
Vogel 23, 25, 29
Vogelmann, Karl 238 f.
Volkslied 129, 298
Volksmusik 23, 115, 155

Wagner, Richard 87, 187, 249, 292
Walgesang 24 f.
Walzer 114 f., 118
Warhol, Andy 278
Watts, Alan 19
Weisberg, Robert 278
Weltmusik 75
Werckmeister, Andreas 82
Widmer, Gerhard 212
Wiener Walzer 118
Williams, Robbie 24, 243
Williams-Syndrom 263–267
Winkler, István 112
Wise Guys 232 f.
Wormit, Alexander 254
Wray, Alison 40
Würfelspiel, musikalisches 216

Young, Neil 190

315

Zappa, Frank 13, 94, 236
Zentrum, motorisches 67–70
Zentrum, prämotorisches 67–70,
  111, 231

Zentrum, tonales 171 f., 175, 180, 197
Zerebellum 111
Zwölftonmusik 174–178, 193

Christoph Drösser
Der Mathematikverführer
Zahlenbeispiele für alle Lebenslagen

Wie findet Frau den Traumprinz? Und wie viel muss Mann aus der Bierdose trinken, damit sie am Strand nicht umkippt? Sind DNA-Tests wirklich sicher? Liegt Goethes Atem noch in unserer Luft? – Doch, das alles kann man ausrechnen! Bestsellerautor Christoph Drösser erklärt gängige Rechenverfahren anhand von spannenden und überraschenden Alltagsgeschichten. Ein pfiffiges Buch für Mathe-Fans und Mathe-Muffel.

rororo 62426

Oliver Sacks
Der einarmige Pianist
Über Musik und das Gehirn

In seinem neuesten Buch erzählt Oliver Sacks von Menschen, die nach einer Hirnverletzung ihre Musikalität verlieren, und von anderen, die durch eine solche Verletzung erst Musikalität entwickeln, ja von Musik geradezu besessen sind – wie der einarmige Pianist Paul Wittgenstein, für den große Komponisten eigens Stücke für die linke Hand schrieben.

Musik, so zeigt Sacks, hat die einzigartige Kraft, das Gehirn in ganz bemerkenswerter und komplexer Weise zu verändern, und wir Menschen sind eine musikalische Spezies – nicht nur eine sprachliche.

ISBN 978 3 498 06376 4
auch als Taschenbuch: rororo 62425